JIMI HENDRIX
SESSIONS 1963-1970

JIMI HENDRIX
SESSIONS

**1963-1970:
Die kompletten
Studiosessions**

JOHN McDERMOTT

mit Billy Cox und Eddie Kramer

1996 EDITION OLMS ZÜRICH

Autorisierte deutsche Erstausgabe für Deutschland, Österreich, Schweiz
Copyright © 1996 by EDITION OLMS AG
CH-8634 Hombrechtikon/Zürich

ISBN 3-283-00299-1

Die Deutsche Bibliothek-
CIP-Einheitsaufnahme

McDermott, John:
Jimi Hendrix: Sessions; 1963-1970: Die kompletten Studiosessions; John McDermott; Billy Cox; Eddie Kramer. (Übers.: Peter von Stahl). - Autoris.dt. Erstausg., 1. Aufl. - Hombrechtikon/Zürich: Ed. Olms, 1996
Einheitsacht.: The Jimi Hendrix <dt.>
ISBN 3-283-00299-1
 NE: Cox, Billy; Kramer, Eddie

Übersetzung: Peter von Stahl
Titelfotos & Digital Imaging: Gered Mankowitz © Bowstir Ltd 1996
Frontis: Gered Mankowitz © Bowstir Ltd 1996
Design: Peter von Stahl
Produktion: PvS Medienservice, Hamburg
Produktions-Assistenz: Silvie Bohla

Copyright © 1995 by John McDermott

First Published in USA & Canada by Little, Brown & Company

Printed in Germany

Inhalt

Der Zweck dieses Buches ist es, Jimi Hendrix' bemerkenswerten Katalog von Aufnahmen, sowohl die veröffentlichten als auch die unveröffentlichten, zusammenzustellen. Nachdem ich in meinem Buch „Hendrix: Setting the Record Straight" versucht hatte, die unzähligen persönlichen und beruflichen Faktoren von Jimis Karriere zusammenzutragen, soll „Jimi Hendrix: Sessions" nun Hendrix' einzigartiger Herangehensweise an das Komponieren und Aufnehmen gewidmet sein.

Das Vorbild für dieses Buch (wie auch für alle Bücher dieser Sorte) ist natürlich Mark Lewisohns vorzügliche und detaillierte Chronologie „The Beatles Recording Sessions". Ich kann jedoch - im Gegensatz zu dem Beatles-Buch, nicht für mich beanspruchen, wirklich jede Hendrix-Aufnahmesession dokumentiert und erläutert zu haben, denn dies wäre ein unmögliches Vorhaben gewesen: Anders als bei den Beatles, deren Studio-Logbücher, technische Daten und Besetzungslisten peinlichst genau von der EMI archiviert wurden, sind Jimi Hendrix' Aufnahmesessions niemals in vergleichbar kontinuierlicher und organisierter Art festgehalten worden. Die Beatles haben die überwiegende Mehrheit ihrer Sessions in den legendären Abbey Road Studios aufgenommen – eine Anlage, die von ihrer Plattenfirma EMI betrieben wurde. Hendrix dagegen wanderte von Studio zu Studio, bis er im Mai 1970 schließlich das Electric Lady Studio, seine State-Of-The-Art-Klangküche, im Herzen von Greenwich Village eröffnete.

Das Aufnahmestudio war, wie Billy Cox es später beschreiben sollte, Jimis Labor. Die Folge: Hendrix ließ Hunderte von Spulen mit Mehrspur-Tonbändern zurück, gefüllt mit unausgegorenen Skizzen, spontanen Augenblicken der Inspiration und zahllosen Stunden unvollendeter Ideen – zusätzlich zu der Handvoll Alben, deren Veröffentlichung er genehmigte. Nichts bezeugt seine einzigartigen Talente deutlicher und eindrucksvoller als die Musik, die er während einer Karriere schuf, die weniger als vier Jahre dauerte.

Während die von Jimi genehmigten Meisterwerke den Verbrauchern nach wie vor zugänglich sind, gingen viel zu viele Hendrix-Mehrspur-Masters in den Jahren seit seinem vorzeitigen Tod im September 1970 leider verloren (oder sie wurden gestohlen). Um andere wichtige Aufnahmen toben endlose Gerichts-Streitigkeiten, die nun zum Teil schon ins dritte Jahrzehnt gehen. Die heftigen Auseinandersetzungen drehen sich zumeist um Urheberrechts-Fragen oder (weitaus häufiger) um strittige Tantiemenzahlungen und haben zur Folge, daß diese Aufnahmen weder zur Veröffentlichung noch zur Recherche zur Verfügung stehen. Noch schlimmer war das eher kurzsichtige Vorgehen, wie es zum ersten Mal von Alan

Douglas praktiziert wurde: Während der Produktion von „Crash Landing" und „Midnight Lightning", den ersten zwei posthumen Kompilationen, die er bearbeitete, löschte er doch tatsächlich ursprüngliche Aufnahmen zugunsten neuer Overdubs von Gastmusikern, die mit Hendrix niemals gespielt hatten. Einige ursprüngliche Master-Tonbänder wurden bearbeitet, ohne daß zuvor Sicherheitskopien angefertigt wurden, während andere Hendrix- Mehrspur-Aufnahmen von Douglas wegen angeblicher Unkommerzialität einfach zerstört wurden. Solche Aktionen haben wenig zu der Erwartung beigetragen, daß es wirklich noch „verborgene" Hendrix-Aufnahmen gibt, die sein großartiges Talent weitergehend beleuchten könnten.

Um eine ausgewogene Perspektive aus dem Kontrollraum wie auch aus dem Aufnahmeraum der Studios zu erhalten, halfen mir Billy Cox und Eddie Kramer dabei, dieses Buch zu schreiben und steuerten unzählige Erinnerungen an die Sessions bei, aus denen Hendrix' Aufnahme-Erbe besteht.

Billy Cox war einer von Jimis engsten Vertrauten. Ihre Freundschaft reicht bis zu den Tagen des gemeinsamen Militärdienstes bei der US-Armee zurück. Nach ihrer Entlassung formierten die beiden in Nashville die Band King Kasuals und begannen, als Musiker Fuß zu fassen. Ihre Karrieren entwickelten sich schließlich in verschiedene Richtungen, zuvor hatte sich jedoch eine tiefe Verbindung aufgebaut. Bevor sich die beiden trennten, gelobten sie, daß sobald einer „das große Ding landet", er sich um den anderen kümmern werde. Hendrix löste sein Versprechen im April 1969 ein und verband sich in Zeiten tiefen inneren Aufruhrs wieder mit seinem alten Freund. Trotz der enormen Beliebtheit der Jimi Hendrix Experience spürte Hendrix, der sich endlich aus den Reihen der namenlosen Session-Gitarristen gelöst hatte, daß sich seine Gruppe aufzulösen begann. In diesen finsteren Tagen fand Hendrix bei seinem alten Freund Cox Ermutigung und emotionale Stabilität. Desweiteren belebte Cox' Ankunft das schöpferische Miteinander wieder, das Jimi mit seinem ersten Produzenten Chas Chandler erfolgreich durchlebt hatte: jene persönliche Projektionsfläche für die Konzepte und Ideen, die Hendrix ausarbeiten wollte. Im Gegenzug entwickelte der von Jimi ermutigte Cox seine Fähigkeiten nicht nur als Bassist, sondern auch als Songwriter.

Eddie Kramer spielte eine bedeutende Rolle im Zustandekommen von Jimis Aufnahme-Vermächtnis, indem er als Toningenieur sämtliche von Jimi autorisierten Platten betreute – von „Are You Experienced?" bis „Band of Gypsys". Kramer beaufsichtigte auch die Produktion der ersten vier posthumen Alben.

Kramers Fachwissen und seine Leidenschaft für Sound-

Erforschung ergänzten Chandlers Produktions-Fähigkeiten vollkommen. Jimi gedieh auf dieser Wechselwirkung, und Kramers spezielles Verhältnis zu Hendrix gründete auf diesen Experimenten. Kramer war auch ein wesentliches Mitglied des handverlesenen Teams, dem Hendrix den Bau der Electric Lady Studios anvertraute. Kramer arbeitete in der neuen Anlage als leitender Toninenieur und setzte dort seine Aufnhamen mit Hendrix bis zum Tod des Gitarristen fort.

Cox, Kramer und ich benutzen vielfache Quellen, um Hendrix' erstaunlichen Aufnahme-Katalog bis ins Detail zusammenzustellen. Wann immer es möglich war, hörten wir uns ursprüngliche Mehrspur-Aufnahmen an und ergänzten dies mit dem Durchforsten von zahlreichen unveröffentlichten Aufnahmen aus diversen Privat-Sammlungen. Es existieren zweifellos auch Aufnahmen, die wir hier nicht erwähnen konnten. Um den Blickwinkel so umfassend wie möglich zu gestalten, befragten wir auch Musiker wie Cox, Buddy Miles und Noel Redding, die mit Hendrix spielten, wie auch viele Toningenieure, die seinen Sound formten und unter seiner Regie arbeiteten.

Die Termine der einzelnen hier aufgelisteten Sessions entnahmen wir direkt von den ursprünglichen Tonband-Schachteln. Allerdings geben diese Termine keinen endgültigen Hinweis auf all die verschiedenen Aufnahmen und definitiv endgültigen Abmischungen, weil Jimi – insbesondere seit der Arbeit an „Electric Ladyland" – regelmäßig die eigentlich fertigen Masterbänder wieder hervorgekramt hat, um seine musikalischen Beiträge daran weiter zu verbessern. Viele solche Tracks, von „Gypsy Eyes" bis „Dolly Dagger", wurden immer wieder hervorgeholt, wenn Jimi glaubte, den einen oder anderen Overdub hinzuzufügen oder löschen zu müssen.

Wenn nicht gesondert erwähnt, teilen sich die Rollen während der Aufnahme-Sessions wie folgt auf: Jimi Gitarre und Gesang, Mitch Mitchell Schlagzeug und Noel Redding Baß. Die klare Rollenverteilung begann im Oktober 1967 bei den Sessions für „Axis: Bold as Love" aufzuweichen, wo Jimi erstmals Reddings Baß-Figuren durch seine eigenen erstetzte. Schon lange bevor sich Band of Gypsys im Herbst 1969 formierte, war Buddy Miles ein regelmäßiger Teilneh-

mer an Jimis Jam-Sessions. Jimis Freundschaft mit Miles und den verschiedenen Mitgliedern seiner Band Express führte häufig zu Gastauftritten von Musikern wie Duane Hitchings, Bill Rich und Jim McCarty.

Bis Billy Cox im Mai 1969 einstieg, hatte sich Jimi mehr und mehr auf Miles Express-Haudegen wie Roland Robinson und Bill Rich am Baß verlassen. Obwohl Noel Redding die Experience erst nach dem Auftritt beim Denver Pop-Festival am 29. Juni 1969 offiziell verließ, war seine Rolle bei Hendrix' Studio-Aufnahmen schon zuvor verblaßt. Reddings leistungsfixierter Ansatz bei den Aufnahmen war mit Hendrix' Philosophie aneinandergeprallt. Als Jimi damit begann, das Studio mehr als einen Kompositions-Ort denn als Platz zum Aufnehmen fertiger Masters zu sehen, war keine effiziente Zusammenarbeit der beiden mehr möglich.

Nach der Auflösung der „Experience" entwickelte sich Hendrix' Sound weiter. Bei den Aufnahmen, die während des Spätsommers 1969 gemacht wurden, spielte das erweiterte Ensemble, mit dem er in Woodstock aufgetreten war. Die Gruppe bestand aus Hendrix, Mitchell und Billy Cox, gepolstert von dem Gitarristen Larry Lee und den Percussionisten Juma Sultan und Jerry Velez. Die Instabilität dieser Besetzung wurde in Woodstock zum ersten Mal klar und bestätigte sich während der folgenden Aufnahme-Sessions im Hit Factory und später im Record Plant.

Jimis nächste Gruppe, die Band of Gypsys, bestand aus Hendrix, Cox und Buddy Miles. Sofern nicht anderweitig notiert, wurden alle Sessions vom 25. September 1969 bis 16. Februar 1970 in dieser Besetzung gespielt .

Nach dem Ableben der Band of Gypsys gestaltete Jimi die „Experience" um: er behielt Cox und nahm Mitch Mitchell in die Band zurück. Mit dieser Besetzung machte Hendrix eindrucksvolle Fortschritte bei der Vollendung seines längst überfälligen vierten Studio-Albums. Ende Mai 1970 begann Hendrix mit den Aufnahmen in den Electric Lady Studios und arbeitete ausschließlich dort bis zu seinem Tod im September 1970. Sein tragischer Tod verhinderte die Vollendung dieses entscheidenden Projekts und stellte Eddie Kramer und Mitch Mitchell vor die schmerzvolle Aufgabe, das posthume „Cry of Love" fertig zu stellen.

Für Laura und Jeff.
J.McD., Newton, 1995
Für Brenda. Danke, daß Du mich aus dem Dreck gezogen hast!
B.C., Nashville, 1995
Ich möchte dieses Buch dem Gedenken an Jimis Genie und Inspiration im Studio widmen. Mit Jimi zu arbeiten, war eine Erfahrung, wie man sie nur ein Mal im Leben machen kann.
Nochmals Dank auch an meine lieben Eltern und an meine Kinder Alex und Lara. Haltet die Augen offen und zieht euch das hier rein!
E.H.K., Rhinebeck, 1995

Die frühen Jahre

Unmittelbar nach seiner Entlassung aus der US-Armee 1962 widmete der 19jährige Jimi Hendrix sich voll und ganz der Musik. Gemeinsam mit seinem ehemaligen Armee-Kumpanen Billy Cox ließ er sich in Nashville nieder, um an seiner Karriere zu arbeiten und seinen Lebensunterhalt zu bestreiten.

Cox organisierte Hendrix' erste bekannte Aufnahme-Session. Cox war als Bassist für King/Starday Records eingestellt worden. Der Produzent an diesem Termin war kein geringerer als der legendäre DJ Bill Hoss Allen. Cox war für die Session bereits verpflichtet worden, als Allen fragte, ob er auch einen Gitarristen kenne, der teilnehmen könne. Cox schlug Hendrix vor, und Jimi kam ins Studio, voller Ehrgeiz, Eindruck zu schinden. Allens Anforderungen waren einfach, und Jimi war eine bescheidene Rolle in den Song-Arrangements zugeteilt. Unglücklicherweise war Allen so entnervt von Jimis lautem, wildem Spiel, daß er dessen Gitarre bei der letzten Abmischung einfach ausblendete.

Ende 1963, irgendwann nach seiner verpatzten Session für Hoss Allen und King/ Starday Records, kam Jimis Aufnahmedebüt als Session-Gitarrist für den Saxophonisten Lonnie Youngblood. Vier lebhafte R&B-Tracks wurden später auf Fairmont Records veröffentlicht. Die Aufnahmen, „Go Go Shoes" b/ w „Go Go Place" und „Soul Food (That is What I Like)" b/ w „Goodbye Bessie Mae", waren schnelle, tanzorientierte Songs in der Richtung, wie sie auch von konkurrierenden Plattenfirmen wie Atlantic und Stax vermarktet wurden. In den Charts tauchte jedoch keine dieser zwei Singles auf.

Hendrix erhielt die Freundschaft mit Youngblood dennoch aufrecht, der erneut mit ihm aufnehmen wollte. Der zweite Schub von Aufnahmen war so erfolglos wie der erste. Trotzdem sind in den Jahren nach Hendrix' Tod Dutzende von Alben aus diesen Masterbändern zusammengestellt worden. Skrupellose Hersteller übertrieben Hendrix' Rolle und Anteil an der Musik (wichtig, wenn überhaupt, allenfalls bei Little Richard und später bei Curtis Knight & The Squires) und beschrifteten diese verschiedenen Kompilationen regelmäßig falsch. Die Credits, falls überhaupt welche auf dem Cover standen, waren oft heillos unvollständig oder bewußt ungenau. Produzenten stürzten sich wie Aasgeier auf diese frühen Session-Tonbänder, um aus dem Tod von Hendrix mit dubiosen Produkten Profit zu schlagen. Schlimmer noch: Sie nahmen nach dessen Tod neue Overdubs auf, die den Sound von Hendrix imitierten, um zusätzliche Veröffentlichungen hinzubekommen. Das vielleicht penetranteste Beispiel ist das 1971er Album „Two Great Experiences Together". Zusätzlich zu den reichlichen Echo-Effekten, denen Tracks wie „Wipe The Sweat" hinzugefügt wurden, sind andere Tracks mit neuen Stereo-Overdubs von einem kläglichen Hendrix-Nachahmer verschlimmbessert worden. Das Album-Cover, ein Foto von Jimi beim Jammen mit Youngblood während des Konzerts des Saxers im Harlems Small's Paradise 1969, hat mit der darin enthaltenen Musik überhaupt nichts zu tun. Nichtsdestoweniger kam „Two Great Experiences Together" fast gleichzeitig mit „Cry of Love" von Reprise Records in die Läden. Das von Maple Records veröffentlichte Album schaffte es bis auf Nummer 127 der *Billboard* Top 200 Album-Charts, bevor es von einem stetigen Strom zweifelhafter Kompilationen aus dem gleichen Ausgangsmaterial schnell abgelöst wurde.

Hendrix' nächste bekannte Aufnahme-Session fand in Los Angeles statt, wo er Rosa Lee Brooks beehrte, eine in Los Angeles beheimatete R&B Künstlerin. „Jimi und ich hatten uns im California Club in Los Angeles getroffen", erklärt Brooks. „Keiner von uns war auf der Bühne, wir sahen uns nur die Ike und Tina Turner Revue an. Es war Liebe auf den ersten Blick, und wir verbrachten drei schöne Monate zusammen. Wir kundschafteten die Szene auf der Suchen nach Arbeit aus und versuchten, Konzerte in anderen Clubs in Hollywood und L.A. zu bekommen."

Bald nachdem sich die beiden getroffen hatten, schrieb Jimi am Neujahrstag 1964 im Wilcox Hotel gemeinsam mit Brooks „My Diary". Brooks erklärt: „Jimi sang den ersten Vers, 'I know that I will never love again, I know that I will be my only friend', und spielte dazu einen – wie er es nannte – 'Liebes-Ton'. Den Rest des Textes schrieb ich. Jimi und ich fühlten uns wie Ike& Tina oder Mickey& Sylvia. Wir waren Jimi & Rose, und dieser Song war unser Baby."

Mit ihrem neuen Song in der Tasche stellte Brooks Hendrix Billy Revis vor, dem die lokale R&B-Plattenfirma Revis Records gehörte. „Jimi und ich waren eines Abends im California Club, und Billy Revis war auch da. Ich erzählte Jimi, wer er war, und wir gingen zu ihm und erzählten ihm, daß wir einen Song hatten, den er sich mal anhören sollte. Billy gab uns seine Privatadresse und lud uns für den nächsten Tag ein. Wir spielten dort den Song für ihn, und er gefiel ihm. Er fragte, ob wir einige andere Musiker zusammenbekommen könnten, und wir sagten 'klar'. In dieser Zeit war Major Lance's Band in der Stadt und trat im Ciro's auf dem Sunset Strip auf. Jimi war die Art Mensch, die einfach hinter die

Bühne geht und sich vorstellt. Wir zogen feiernd mit ihnen durch die Nacht, und Big Francis, der Schlagzeuger, und der Bassist Alvin stiegen bei uns ein."

Zusätzlich zu den Begleitmusikern von Major Lance's Tour-Ensemble konnte Brooks mit dem früheren Love-Frontmann Arthur Lee einen weiteren in Los Angeles beheimateten Künstler für die Aufnahmen des Chor-Gesanges verpflichten. „Ich kannte Arthur schon, bevor ich Jimi traf", erklärt sie. „In dieser Zeit war musikalisch nicht sehr viel los mit ihm. Arthur und Pat, mein Gesangs-Partner, hatten früher mal ein kleines Ding miteinander laufen. Ich pickte ihn am Tag der Session im Haus seiner Mutter Ecke 29. und Arlington Street auf. Als Jimi ihn sah, wurde er sehr eifersüchtig. Jimi sprach nur wenig mit Arthur, weil er dachte, er und ich hätten etwas mehr als nur eine Freundschaft. Arthur ließ sich auf den Rücksitz meines 1959er Chevy Impala fallen, Jimi saß vorne. Alles war ruhig während der Fahrt, es sei denn, Jimi sprach mit mir."

Produziert von Billy Revis, der auch die Bläsergruppe organisierte, wurde „My Diary" und „Utee" im März 1964 in einer umgebauten Garage aufgenommen.

„Utee", die lebhafte B-Seite, war ein spontanes Ergebnis der Session. Brooks erklärt: „Alvin, der Bassist, hatte uns von einem Tanz erzählt, der in Detroit angesagt war – der 'U.T. Er demonstrierte sogar, wie man ihn tanzt, und Jimi und ich hatten die Schritte sofort drauf. Billy Revis sagte: „Wir brauchen eine B-Seite." Also legte Jimi mit einem Rhythmus los, und ich fing einfach zu singen an.

Jimi Hendrix' Stil war auf diesen zwei Seiten zwar eindeutig von Curtis Mayfield beeinflußt, „My Diary" ist dennoch das vielleicht feinste Beispiel von Jimis Arbeit vor der Experience-Zeit: Es zeigt, wie hier sein Sound und seine Identität entsteht. „Viele Leute haben behauptet, daß Jimi erst in London den Rock'n'Roll für sich entdeckt habe – und das ist einfach nicht wahr", ärgert sich Brooks. „Wenn du Jimis Rhythmus- und Leadgitarre auf 'Utee' hörst, weißt du, daß er seiner Zeit weit voraus war. Er spielte seinen eigenen Stil von Rock-Musik, lange bevor er nach England ging.

Revis veröffentliche die Single,

aber abgesehen von einem bescheidenen Interesse in Los Angeles verschwand der Song schnell in der Versenkung. „Jimi verließ Los Angeles, kurz nachdem wir unseren Song aufgenommen hatten", erinnert sich Brooks. „Als ich 21 wurde, fing ich als Tänzerin im Club LaRouge in L.A. an. In dieser Zeit bekam ich einen Brief von Jimi. Er lebte in New York und nannte sich Maurice James. Er war bei den Isley Brothers eingestiegen und bat mich, ihm sechzig Dollar zu schicken, um seine Gitarre aus dem Pfandhaus auszulösen."

Mit Hilfe seiner New Yorker Freundin Faye Pridgeon, einer festen Größe in der Harlemer Musik-Szene, versuchte Hendrix, einen Job zu finden. Das Schicksalsblatt wendete sich, als Tony Rice, ein ehemaliger Mitstreiter des Soul-Riesen Joe Tex, Hendrix Ronnie Isley von den Isley Brothers empfahl. Die Gruppe brauchte einen Gitarristen. Ein Vorspiel-Termin wurde veranstaltet, und Jimi bekam den Job bei den I.B. Specials, der Tour-Band der Gruppe. Die Isleys fanden schnell Gefallen an Jimi und waren beeindruckt von seinem rohen, talentierten Spiel. Jimis erste Aufnahmesession mit der Gruppe folgte bald danach und mündete in das feurige „Testify (Part One)" und „Testify (Part Two)".

Im Laufe des Jahres unterschrieben die Isley Brothers bei Atlantic-Records. Bald wurde eine Session organisiert, um das Atlantic-Debüt in dem betriebsinternen Studio der Firma aufzunehmen. Mit Hilfe einer jungen Dionne Warwick nahmen die Isleys am 23. September 1964 in den Atlantic-Studios in New York die Herzschmerz-Ballade „The Last Girl" und „Looking for a Love" auf. „Rudy (Isley), Kelly (Isley), Jimi, Dionne Warwick und ich haben das gemacht", erklärte Ronnie Isley 1971. „Wir alle haben es zusammen gemacht. Es war ein großer Spaß. Hendrix' dritte und letzte Session mit der Gruppe begann am 5. August 1965 mit dem schnellen „Move Over and Let Me Dance" und „Have You Ever Been Disappointed?" Trotz ihrer Verdienste war keiner der beiden Atlantic-Singles der Gruppe ein bemerkenswerter Chart-Erfolg vergönnt. Nachdem Hendrix die Gruppe verlassen hatte, um sein Glück anderswo zu versuchen, wechselten die Isleys von Atlantic zu Motowns Toch-

tergesellschaft Tamla. Ihre dortige Debüt-Single „This Old Heart of Mine (Is Weak for You)" ist zugleich die erfolgreichste Crossover-Single der Gruppe und erreicht als Höchststand die Nummer 12 in den *Billboard* Top 100 Charts im Februar 1966.

Obwohl Hendrix und die Gruppe getrennte Wege gingen, erinnerte Ronnie Isley sich an ihre Freundschaft. 1969 – mit der Kraft ihres Hit-Krachers „It's Your Thing" im Rücken – lud die Gruppe Hendrix zu einem Bühnen-Jam während einer der Auftritte in New Yorks Yankee Stadium ein. Hendrix wollte kommen, erinnerte sich Isley, aber Termin-Konflikte zwangen ihn zur Absage. Im gleichen Jahr machte die Gruppe ihre eigene Plattenfirma T-Neck Records, auf und Isley bekam von Jimi das Angebot, falls nötig auf den geplanten Wiederveröffentlichungen ihrer damaligen Zusammenarbeit die Gitarrenparts selbst neu einzuspielen. „Wir sind immer Freunde geblieben", sagte Isley. „Er fragte uns, ob wir ihm irgendwelche Platten geben könnten, die wir zusammen gemacht hatten. Das konnten wir nicht, wegen der Verträge. Aber wir wußten, daß wir die Tonbänder zurückbekommen würden, und als wir ihm das erzählten, sagte er: 'Wenn da Zeug drauf ist, das ich nicht richtig gespielt habe, laßt es mich wissen, und ich mache es noch mal'. Ich sagte ihm, es solle sich keine Sorgen machen. Jimi spielte niemals etwas Falsches."

1971 veröffentlichten die Isley Brothers „In The Beginning", eine Kompilation von Jimis Aufnahmen mit der Gruppe. Hendrix' Beiträge wurden remixt, und seine Gitarre wurde in der Abmischung nach vorne gezogen – in der Regel auf Kosten der ursprünglichen Saxophon-Teile. „Wir haben es remixt, so daß Jimi mehr im Vordergrund steht", gab Isley nach der Veröffentlichung des Albums zu. Zusätzlich zu diesen remixten Versionen ist auch ein alternativer Take von „Testify (Part One)" zu hören.

Zwischen seinen Sessions mit den Isley Brothers spielte Hendrix auch in zwei getrennten Sessions im berühmten Stax Records Studio in Memphis. Jimis erste Erfahrung mit Stax kam zufällig zustande, als er den Booker T & The MGs-Gitarristen Steve Cropper traf. Während der Unterhaltung äußer-

In den Jahren 1965 und 1966 verbrachte Jimi einige Zeit mit Curtis Knight & the Squires auf Tour und im Studio.

(Michael Ochs Archives)

te Hendrix den Wunsch, einen eigenen Song aufzunehmen. Cropper war interessiert und nahm ihn ins Studio mit, um Hendrix' Ideen zu hören. Aus den Demo-Aufnahmen entwickelte sich nichts Konkretes, aber Hendrix' Fähigkeiten schienen bei Cropper den richtigen Akkord angeschlagen zu haben: „Es war völlig seltsam", erzählte Hendrix dem Rolling Stone 1968. „Wir hingen für vier oder fünf Stunden im Studio herum und machten ein paar Sachen. Er brachte mich auf eine Menge Ideen. Er zeigte mir, wie man einige Sachen spielt, und ich zeigte ihm, wie ich 'Have Mercy' und diesen Kram spielte."

Trotz des herzlichen Empfanges von Cropper verlief der zweite Hendrix-Besuch bei Stax völlig erfolglos. Ohne Croppers Gegenwart ernete Jimis einzigartiger Stil nur den Spott der anderen Studio-Musiker. „Das erste Mal, als ich Jimi Hendrix traf, war er bei den Isley Brothers, und ich spielte mit Eddie Floyd", erinnert sich Stax-Bassist (und zukünftiger Buddy Miles Express-Bassist) Roland Robinson. „Er war im Satellite-Plattenladen vor dem Stax-Studio, trug einem weißen Anzug und hatte seine Haare komplett auftoupiert. Er wollte im Stax mit Steve Cropper und den Typen im Studio spielen. Cropper war nicht da, aber

Jimi zog seinen Stiefel im Studio durch. Er spielte ein bißchen in seinem wilden Stil, und diese Typen haben ihn einfach ausgelacht und sind aus dem Studio gegangen. Jimi packte seinen Kram und verließ die Stadt."

Nach einigen kurzen Gastspielen für solche Künstler wie Gorgeous George stieg Hendrix im Januar 1965 bei den Upsetters, Little Richards Tour-Ensemble, ein. Obwohl Little Richard schamlos das Gegenteil behauptet, hat

Hendrix nur eine Single während seiner kurzen Amtsdauer als Richards Gitarrist neu aufgenommen. Die Single „I Don't Know What You Got but It's Got Me (Part One)"/"I Don't Know What You Got but It's Got Me (Part Two)" wurde von Vee-Jay Records im November 1965 veröffentlicht. Im Zuge der schwindenden Popularität Richards kam die Single gerade mal auf Platz 92 der *Billboard* Top 100 und fiel nach einer Woche wieder heraus. Der Song hatte weitaus größeren Erfolg in den *Billboard* Rhythmus&Blues Charts, wo er mit der Nummer 12 schließlich seinen Höchststand erreichte.

Nachdem er Little Richard verlassen hatte, stieg Hendrix kurz wieder bei den Isley Brothers ein, spielte im Juli 1965 eine Serie von New York-Konzerten und nahm an den Aufnahmen von „Move Over And Let Me Dance" und „Have You Ever Been Disappointed?" in den Atlantic-Studios am 5. August 1965 teil. Der legendäre Platten-Produzent Juggy Murray, bei dessen Sue Records R&B-Größen wie Ike& Tina Turner und Baby Washington beheimatet waren, sah Hendrix' Auftritt mit den Isley Brothers im Small's Paradies in Harlem. „Er war großartig", erinnert sich Murray. Er schaute ein paar Mal in meinem Studio (Juggy Sound) vorbei und unterzeichnete dann einen Management- und Plattenvertrag (27. Juli 1965) mit mir." Während Hendrix' Fähigkeiten als Gitarrist offensichtlich waren, erwies es sich für Murray als schwierig, dieses Talent in den engen musikalischen Rahmen des konventionellen Top 40-R&B einzuspannen. „In dieser Zeit spielte Jimi nicht auf die Art, wie er am Ende spielen würde", erinnert sich Murray. „Aber ich wußte, daß dieser Kerl großartig war und deshalb nahm ich ihn unter Vertrag. Jimi ging ins Studio und übte – aber wie zum Teufel nimmst du einen Typ auf, der ein großartiger Musiker ohne eine Hit-Single ist? Ich mußte einen Weg finden, wie das funktioniert."

Trotz Murrays eindrucksvollem Künstler-Stall diente Hendrix nicht als Session-Gitarrist für die Plattenfirma. „Als Straßenmusiker hätte er mehr Geld verdient", gibt Murray zu. „Hör zu: Damals haben wir im Juggy Sound vier Songs in drei Stunden eingespielt. All diese großartigen Baby Washington-

Sachen wie „That's How Heartaches Are Made" und „Only Those In Love?" – wir nahmen sie in diesen dreistündigen Sessions auf, manchmal mit großen Orchestern. Keine Overdubs, alles wurde live auf vier Spuren eingespielt."

Hendrix war gezwungen, zu seiner Arbeit als herumziehender Begleitmusiker zurückzukehren, und seine Karriere bei Sue Records blieb stehen, ohne jemals richtig angefangen zu haben. „Er war einfach nicht allzu oft da", erinnert sich Murray. „Und wenn er da war, versuchten wir, verschiedene Dinge mit ihm zu üben. Wir versuchten, einen Weg zu finden, wie wir ihn rüberbringen können, aber wir haben nie etwas zu Ende gebracht. Dann tauchte er wieder ab, und du hast ihn zwei oder drei Monate lang nicht mehr gesehen. Aber so war Jimi eben. Alles, was dieser Typ machte, war für Alles und Jeden Gitarre zu spielen – vom Morgen nach dem Aufwachen bis zu der letzten Sache, die er vor dem Schlafen gehen machte. Wenn er ins Bett ging, legte er die Gitarre zur Seite, und das erste, was er am Morgen griff, war die Gitarre. Er war ein Gitarren-Freak, aber er war auch das netteste menschliche Wesen der Welt. Er war angenehm, freundlich und spielte für jeden."

Nachdem er die Isley Brothers im Guten verlassen hatte und sein Fortschritt bei Sue Records nur marginal war, stieg Hendrix bei Curtis Knight & The Squires ein, einer R&B-Formation, die eine kleine Gefolgschaft in New York und New Jersey hatte. Hendrix genoß eine wichtigere Rolle, als er sie in vorherigen Jobs hatte, denn Knight erlaubte ihm wesentlich mehr Scheinwerferlicht als alle anderen Sänger, für die er bislang gespielt hatte. Im September 1965 wurden Hendrix und Knight dem Platten-Produzenten Ed Chalpin vorgestellt. Knight & The Squires waren ihm von einem Freund empfohlen worden. Mit dem Studio 76, Chalpins eigenem Studio in Manhattan, als Basis hatte dessen Firma PPX Industries bemerkenswerten Erfolg mit Aufnahmen von Cover-Versionen von US-Top 40 Hits für weltweite Veröffentlichung erreicht. Über diese neu aufgenommen Instrumentalspuren wurden Gesangs-Overdubs mit übersetzten Texten von Sängern des jeweili-

gen Veröffentlichungslandes gemacht. Die „Cover"-Platten waren äußerst profitabel, und Chalpin hatte eine große Kundschaft aufgebaut, die ihm regelmäßig Songs dafür lizensierte. Zusätzlich zu dem Remake-Geschäft für ausländische Märkte versuchte Chalpin auch einen Durchbruch bei den amerikanischen Single Charts. Er ließ die Squires im Studio 76 vorspielen und gab, nachdem die Gruppe eine Reihe fertiger Songs aufgenommen hatte, Knight und Hendrix getrennte Plattenverträge. Diese einseitigen Übereinkommen wurden im Studio 76 am15. Oktober 1966 (oder um diesen Termin herum) unterschrieben. Zu keiner Zeit erwähnte Hendrix, daß er bereits vor drei Monaten einen Exklusivvertrag mit Juggy Murrays Sue Records unterschrieben hatte.

Die Squires nahmen im Oktober und Dezember 1965 eine Reihe von eigenen Songs im Studio 76 auf. Während ein Großteil ihres Bühnen-Repertoires aus populären Krachern wie „Sugar Pie, Honey Bunch" und „Hang On Sloopy" bestand, experimentierte die Gruppe unter Chalpins Regie mit einer breiten Vielfalt musikalischer Genres – mit dem Ziel, eine wirksame Formel für den Chart-Erfolg zu entwickeln. Knights „Don't Accuse Me" zeigt die Affinität der Gruppe zum Blues, „Simon Says", „Welcome Home" und „Got to Have a New Dress" dagegen waren tanzorientierte R&B-Nummern, die weitgehend auf die Vorbilder von Stax und Motown zurückgreifen.

Am 15. März 1966 schloß Chalpin einen Lizenz-Vertrag mit Jerry Simons RSVP Records ab. Simon veröffentlichte 1966 zwei Singles, „How Would You Feel" /"Welcome Home" und „Hornet's Nest" /"Knock Yourself Out". „How Would You Feel", das Knight später als den ersten schwarzen Rock-Protest-Song bezeichnen wird, basiert weitgehend auf Bob Dylans „Like a Rolling Stone", ein massiver Hit des vorigen Sommers. Als Co-Komponist von „Hornet's Nest" und „Welcome Home" wird Hendrix als „Jimmy Hendrix" auf der Platte erwähnt – sein erster Platten-Credit. Beide Versuche verfehlten dennoch die Charts.

Trotz des bescheidenen Fortschrittes mit Knight& The Squires zwang der pure Geldmangel Hendrix wieder auf die Straße, zuerst als Mitglied der Joey

Jimis Finger auf dem Griffbrett seiner
Stratocaster. Hendrix erzeugte durch massives
Saitenziehen einen unverwechselbaren Ton, der
typisch für seinen Gitarrensound war.

(Michael Ochs Archives)

King Curtis warf drei Songs ab: „Linda Lou," „Baby How About You" und „I Can't Take It" wurden am 28. April 1966 in den Atlantic-Studios aufgenommen. Die Aufnahmen wurden damals nicht veröffentlicht und blieben im Atlantic-Bandarchiv, das einige Jahre später einem Brand zum Opfer fiel. Dabei verbrannten auch Jimis Masters, von Sicherheitskopien ist nichts bekannt. Während in Hendrix insgeheim der Wunsch aufstieg, seine eigene Gruppe aufzuziehen, waren entsprechende Versuche in diese Richtung bislang ohne Erfolg geblieben. Sein finanzielles Desaster trieb ihn für kurze Zeit wieder zu Curtis Knight, bei dessen Squires er im Mai 1966 für ein ausgedehntes Engagement im Cheetah, New York heißestem Nachtschuppen, aushalf. Während des Auftritts mit Knight& The Squires fing Hendrix die Aufmerksamkeit des Londoner Mode-Models Linda Keith ein – die damalige Freundin des Rolling Stones-Gitarristen Keith Richards. Keith, die mit den Freunden Roberta Goldstein und Mark Kauffman zusammensaß, wurde auf den Leadgitarristen der Gruppe aufmerksam. Keith: „Ich saß ganz hinten im Cheetah und bemerkte einen Gitarristen in der Begleitgruppe von Curtis Knight, dessen Spiel mich fesselte. Nach dem Auftritt schickte ich Mark rüber, um ihn zu fragen, ob er einen Drink mit uns nehmen wolle. Glücklicherweise wollte er."

Hendrix wurde von Lindas Aufrichtigkeit gefangen genommen, und die zwei wurden schnell Freunde. Mit ihrer Ermutigung suchte Hendrix in der Folkpop-Szene im Greenwich Village nach Musikern, die in einer Band mit ihm als Kopf spielen wollten. Er nannte die Gruppe Jimmy James & The Blue Flames – um sich selbst als Bandleader zu etablieren. Das Line-up konnte sich nie richtig festigen. Zu Beginn spielten mit: der Gitarrist Randy California, später Leadgitarrist bei der populären Band Spirit, der zweite Gitarrist Randy Wolfe und Chas Matthews, ein schwarzer Bassist, der gelegentlich auch das Schlagzeug bediente. Um die mageren Einkünfte der Blue Flames aufzubessern, begleitete Jimi mit seiner Band den Blues-Gitarristen John Hammond Jr. bei einer Reihe von Live-Jobs – der erwähnenswerteste darunter im Cafe Au Go Go. „Als wir für John

Dees Starlighters und dann bei King Curtis' Kingpins. Am 21. Januar 1966 fügte Jimi unter der Regie von Curtis eine Gitarre zu Ray Sharpes „Help Me (Part One)" und „Help Me (Part Two)" hinzu. Die Single erschien einige Zeit später bei dem Atlantic-Label Atco. Hendrix' letzte bekannte Session mit

Hammond spielten, liefen wir permanent zwischen dem Cafe Wha? und dem Cafe Au Go Go hin und her", erinnert sich California. „Wir spielten seine beiden Sets plus unsere fünf Sets. Was waren das für ermüdende Nächte!"

Bald nach ihrer Gründung mauserten sich Jimmy James & The Blue Flames zur Hausband im Cafe Wha?, einer der vielen winzigen Nachtschuppen im Village. „Wir spielten an die fünf Sets jede Nacht im Cafe Wha?" erinnert sich Gitarrist Randy California. „Wir machten meistens Cover-Stücke wie 'Hey Joe,' 'Wild Thing,' 'Shotgun' und 'High Heel Sneakers.' Wir jammten auch viel herum und einige der Songs wurden dadurch doch recht lang." Während dieser ausgedehnten Sets geschah es, daß Hendrix erstmals eigenes Material mit hineinschmuggelte, darunter embryonale Versionen von Songs, die später auf „Are You Experienced?" erschienen. „Jimi hatte Fragmente des ersten Albums in seinem Set", erklärt Gitarrist Bob Kulick, dessen Gruppe Random Blues ebenfalls im Cafe Wha? häufig auftrat. „Er hatte ganz klar 'Hey Joe', und er spielte eine rauhe Version von 'Third Stone From The Sun'", schließt sich Ragamuffins Gitarrist Ken Pine Kulick an. „Sicher, er hatte noch nicht alle Songs so zusammen, wie später auf 'Are You Experienced?', aber als ich später das Album hörte, erinnerte ich mich, wie er damals um diese Riffs und Melodien herumspielte."

Die Auftritte im Village erweiterten Jimis musikalischen Horizont. Er lernte viele andere talentierte Künstler kennen, die versuchten, sich zu etablieren. Ein solcher Musiker war Paul Caruso: „Ich hatte einige Jahre lang Mundharmonika gespielt und suchte Leute, um mit ihnen zu spielen", erinnert sich Caruso. „Ich sah Jimi zum ersten Mal im Cafe Wha? im Village und dachte, 'Mein Gott, was für eine Gelegenheit!' Er spielte mit The Blue Flames und hatte Randy California in der Band. Es war die kraftvollste Art, den Blues zu spielen, die ich bis dahin gehört hatte. Die Szene war prima offen zu der Zeit, und Leute konnten jammen und sich dabei ganz einfach kennenlernen. Wir hingen mit Linda Keith herum, machten die Stadt unsicher und sprachen über Bob Dylan. Er

war ein Dylan-Freak, und wir redeten viel über Dylan, über den Symbolismus und die Lyrik seiner Songtexte und einfach darüber, wie glänzend er war. Jimi war sehr schüchtern, denn es mangelte ihm an Bildung und sprachlicher Ausdrucksmöglichkeiten. Er war beeindruckt von Leuten, die gut sprechen konnten. Das ist einer der Gründe, warum er auf Dylan stand – weil es sehr gebildeter Rock'n'Roll war."

Vor seinen Auftritten mit The Blue Flames im Cafe Wha? hing Hendrix oft in der Nite Owl herum und stieg regelmäßig bei den Nachmittags-Jam-Sessions im Club mit ein. Musiker, die daran teilnahmen, bekamen ein kostenloses Mittagessen – eine verlockende Geste angesichts des elenden Zustandes von Jimis Geldbeutel. Hendrix' finanzielles Desaster behinderte seine musikalische Entwicklung und zwang ihn, sich auf Almosen von Freunden und Freundinnen zu verlassen, um überleben zu können. Er mußte mehrfach seine Gitarre verpfänden und selbst anscheinend minderwertige Sachen wie eine Gitarrensaite war für ihn ein kostbarer Luxus. „Während eines Konzertes riß ihm eine Seite. Hinterher hatte er fast einen Tobsuchtsanfall", erinnert sich Bob Kulick. „Ich konnte nicht verstehen, was das Problem war. Ich dachte, er hat einfach nur nicht diese spezielle Saite, die er gerade brauchte. Also machte ich meinen Gitarrenkoffer auf und gab ihm eine. Sein Blick erhellte sich und in diesem Moment wurde mir klar, wie fertig er war." Obwohl er sich nicht eine einzige Stunde in einem Aufnahmestudio leisten konnte, wollte Hendrix immer seine Fortschritte kontrollieren. Wann immer er sich eine Tonband-Maschine ausleihen konnte, machte er primitive Live-Aufnahmen seiner Club-Auftritte. Ken Pine erinnert sich an ein solches Beispiel: „Eines Abends hatte er ein Roberts Spulentonband aufgebaut, das so aussah, als würde es niemals korrekt funktionieren. Ich hatte schon einmal beobachtet, wie er es ausprobierte, und es funktionierte nicht, aber an diesem Abend saß er mit Mark Klingman, der später mit Buzzy Linhart und Bette Midler arbeitete, zusammen. Wir spielten großartig, aber nachher, als er versuchte das Tonband abzuhören, hatte die Maschine wieder versagt."

Linda Keith, die Hendrix' Fähigkeiten festhalten wollte, unternahm ähnliche Anstrengungen. Keith wollte einen der Blue Flames-Auftritte dokumentieren, um Jimi ein Resümee zu ermöglichen „Wir versuchten, ein Demo-Band live im Cafe Wha? mitzuschneiden", erinnert sich Keith, „aber das war ein ziemlicher Amateur-Versuch. Wir konnten es uns nicht leisten, Jimi in ein Studio zu bringen." Trotz der guten Absichten wurde die Demoband-Idee – wie auch das Tonband selbst – verworfen.

Fest entschlossen, Jimis Karriere zu unterstützen, griff Keith als nächstes auf ihre Freundschaft mit Andrew Loog Oldham zurück. Oldham, Produzent und Manager der Rolling Stones, hatte den Ruf, einer der erfolgreichsten jungen Musik-Unternehmer zu sein und war mit Immediate Records, seinem eigenen Label, schon am Start. Keith hoffte, daß Oldham Hendrix' beträchtliche Talente erkennen würde. Oldham teilte ihre Begeisterung jedoch nicht. Nachdem er sich einen Auftritt im Cafe Au Go Go angesehen hatte, verzichtete er. Eine ähnliche Ablehnung handelte sich Jimi von Seymour Stein, einem anderen Platten-Industrie-Mogul, ein.

Nachdem Linda Keith ihre besten Quellen ausgeschöpft hatte, mußten Keith und Hendrix umdenken. Eines Abends lernte Keith den Animals-Bassisten Chas Chandler in dem populären Nachtschuppen Ondine's kennen. Chandler erwähnte seinen Wunsch, sich von den Animals zurückzuziehen und sein Glück in Platten-Produktionen zu versuchen. Keith bearbeitete Chandler, ihren Freund Jimmy James bei einem Auftritt im Cafe Wha? zu sehen. Chandler war interessiert und wollte eben dies am folgenden Tag auch tun.

Im Juli 1966 hatten sich die Animals in New York versammelt, um ihre letzte Nordamerika-Tour vorzubereiten. „Ich war ein paar Wochen früher da, um einige Freunde zu sehen", erinnert sich Chandler. „Am vorangegangenen Abend spielten wir im Central Park und irgend jemand gab mir Tim Roses Version von 'Hey Joe' zu hören, die vor ungefähr neun Monaten in Amerika erschienen war. Ich war so gefesselt davon, daß ich schwor: 'Sobald ich nach England zurückkomme, werde ich ei-

nen Künstler suchen, der diesen Song aufnimmt'. Im Laufe des Abends kamen wir in den Ondine's Club. Als wir hinein gingen, kam Linda Keith gerade heraus, und wir redeten miteinander. Sie erzählte mir, daß sie mit diesem Typen im Village zusammen sei, und daß ich ihn sehen müsse. Es war nicht öffentlich bekannt, aber all meine nahen Freunde wußten, daß ich nach der drohenden Spaltung der Animals in die Plattenbranche wechseln wollte. Linda meinte, ihr Freund sei genau der Typ,

mit dem ich damit anfangen sollte. Also verabredeten wir uns mit ihr für den nächsten Nachmittag. Ich ging ins Village und sah einen Auftritt von Jimmy James & The Blue Flames im Cafe Wha? Es ergab sich, daß Hendrix 'Hey Joe' als ersten Song am Nachmittag spielte. Zufällig saß Ken Pine während Jimis Set neben Chandler. "Chas war so aufgeregt, daß er mir dauernd seinen Ellbogen reinhaute. Ich dachte, er würde mich erdrücken". lacht Pine. „Es sah nicht so aus, als würde er das

Chas Chandler (2.v.l.) bei Studioaufnahmen mit den Animals in den RCA-Studios.

(Chuck Boyd/Flower Children Ltd.)

Set überleben." „Chandler war so aufgeregt von Jimis Auftritt, daß er die Milch verschüttete, die ihm serviert wurde", fügt Bob Kulick hinzu.

Nach seiner Show wurde Jimi von Keith Chandler vorgestellt. „Wir saßen herum und redeten eine Stunde miteinander", erinnert sich Chandler. „Ich erzählte ihm, daß ich auf Tour mit den

Animals gehe, aber in einer Woche oder so zurück sein werde. Ich ging mit den Worten 'ich werde nach New York zurückkommen, und wenn du dann noch immer Lust hat, nehme ich dich nach England mit, und wir fangen an.' Er stimmte zu."

Während Hendrix' rohes Potential Chandler begeisterte, kann man das für seine Begleitband nicht behaupten: „Ich war wirklich nicht beeindruckt von The Blue Flames", erinnert sich Chandler. „Sie waren eine x-beliebige Band, die so klang, als hätte sie Jimi erst an diesem Tag getroffen. Ich könnte mir nicht vorstellen, sie aufzunehmen; der Schlagzeuger war lausig. Randy California, der andere Gitarrist, war ein nettes, junges Kind, aber er wollte nur Blues spielen. Ich dachte nicht, daß einfach nur Blues zu spielen der Weg war, einen Hit mit Jimi Hendrix zu machen."

„Jimi bat mich, bei dem ersten Treffen mit Chas dabei zu sein", erinnert sich California. „Jimi wollte, daß ich dazu gehöre, also schlug ich vor, daß wir verstärkt traditionellen Delta-Blues spielen sollten. Chas war an mir überhaupt nicht interessiert, ihm ging es nur um Jimi. Es war klar, daß ich nur dabei sitzen durfte, weil Jimi mich darum gebeten hatte. Ich hätte sowieso nicht groß einsteigen können, weil ich zu dieser Zeit erst fünfzehn war. Ich fragte meine Eltern, ob ich mit Jimi nach England gehen dürfe, aber sie sagten nein."

Zusätzlich zu Jimis offensichtlichen Fähigkeiten waren es vor allem seine kraftvollen Versionen von „Hey Joe" und „Like a Rolling Stone", die Chandler dazu brachten, dieses Versprechen abzugeben: „An diesem Nachmittag im Cafe Wha? war Jimi ein explosiver junger Typ, dessen Potential mich tief beeindruckte. So sehr mich seine Version von 'Hey Joe' fesselte – es war ein anderer Song, den er an diesem Tag spielte, der mich von seinem Talent wirklich überzeugte: 'Like A Rolling Stone'. Ich kannte Dylan gut und liebte seine Musik, aber 'Like A Rolling Stone' war der erste Song von ihm, mit dem ich nichts anfangen konnte. Es war irgendwas in der Art, wie Dylan ihn sang. Ich hatte immer den Eindruck, er würde den Song nicht wirklich gut interpretieren. Jimi sang den Song in einer ungeheuerlich anklagenden Art – und der Text traf mich sofort in Mark und Bein. Mein erster Eindruck, nachdem ich ihn 'Hey

Joe' und 'Like a Rolling Stone' spielen hörte, war, daß ich seine Karriere exakt zwischen diesen beiden Songs sah. Genau darauf mußte es hinauslaufen."

So eindrucksvoll wie Hendrix spielte, konnte sich Chandler nicht vorstellen, daß Hendrix nicht längst von einem anderen Label entdeckt und unter Vertrag genommen wurde. Er erklärt: „Ich war erstaunt, daß außer ein paar kleinen Labels, wo er sich eher als Session-Musiker fühlte, ihn noch niemand unter Vertrag genommen hatte. Er sagte mir, daß er diese Verträge eher als eine Garantie auf Session-Arbeit denn als Plattenverträge angesehen hat. Sofort erstellte ich mit ihm eine Liste der Leute, mit denen er Verträge hatte. Ich begann damit, ihn dort herauszukaufen, auch aus dem Deal mit Sue Records. Dummerweise vergaß er die Sache mit Ed Chalpin und PPX. Jimi dachte, es wäre nichts weiter als ein Vertrag für Session-Musiker."

Erfreut von seiner Entdeckung kehrte Chandler zu den Animals zurück, um die verbleibenden Tour-Termine zu vollenden. Er schmiedete seinen Plan im Stillen und hielt sich darüber völlig bedeckt. Seine Solo-Karriere stand am Anfang, und Chandler wollte bei dieser neuen Reise auf Nummer Sicher gehen. Sofort nach dem letzten Auftritt der Gruppe machte er Ernst: „Die letzten Konzerte der Animals stiegen in der Steam Pier in Atlantic City (6. August 1966)", erklärt Chandler. „Michael Jeffery war zu der Show gekommen und hinterher fuhren wir nach Philadelphia. Ich erwähnte ihm gegenüber kein Wort über Jimi und bat ihn nur, mich bei den Eltern von Bobbi Shore – einer Freundin von mir zu dieser Zeit – abzusetzen. Am nächsten Morgen fuhr ich mit dem Zug nach New York und checkte im Gorham Hotel ein, wo ich mir mit Hilton Valentine eine Suite teilte. Sofort rannte ich durch das Village und versuchte, Jimi zu finden."

Chandlers Vorhaben wurde durch Jimis unbeständige Lebensverhältnisse erschwert. Sein Protégé in Spe hatte weder eine gültige Telefonnummer noch eine Adresse. „Jimis Lebenssituation war sehr vage",erinnert sich Chandler. „Ich wußte, daß er ein Zimmer irgendwo auf dem Broadway hatte, aber er schien niemals da zu sein." Hendrix hatte etwas von einem Nomaden, aber Chandler war dazu bestimmt,

ihn zu finden.

Glücklicherweise spielten die Blue Flames noch immer im Cafe Wha?, und Chandler fand Jimi dort. An diesem Abend versicherte Chandler erneut sein Interesse daran, Jimi zu produzieren und seine Karierre zu managen. Hendrix nahm Chandlers Angebot ernst und stimmte zu, mit ihm nach London zu reisen.

Chandler hatte verhältnismäßig wenige Kontakte, und er wußte, daß er es in London versuchen mußte, so daß er – falls nötig – beim Zusammenstellen einer Begleitgruppe für Hendrix auf alte Freunde zurückgreifen konnte. Chandler war begierig darauf, sofort loszulegen und unternahm unverzüglich Maßnahmen, um Jimis sämtliche schwebenden Verpflichtungen in New York zu klären, einschließlich der Beendigung alter Verträge und der Erfüllung aller Live-Vereinbarungen in den örtlichen Clubs. „Während ich ihn aus den Verträgen herauskaufte, überlegte ich gleichzeitig, daß wir ein paar Musiker für ihn zusammentrommeln müssen. Ich war entschlossen, es in London und nicht New York zu tun. Hendrix wollte wissen, warum wir Randy California nicht dabei haben wollten. Randy war erst 15 Jahre alt. Ich war aufgebracht. Der wird doch sofort verhaftet! Jimi wollte Randy ernsthaft nach England mitbringen, aber ich war unnachgiebig. Er mußte Abstand zu ihnen gewinnen. Ich sagte 'Jimi, wie zum Teufel soll ich ein Visum für einen fünfzehnjährigen Ausreißer bekommen? Verstehst du, welchen Ärger es mit so etwas gibt? Das kannst du einfach nicht bringen!' Ich erzählte ihm ehrlich, daß es bei den Blue Flames nichts gab, was mich interessiert hätte. Es gab ab und zu ein Blues-Solo von Randy, klar, aber der Rest war völliges Chaos. Der Bassist war ein Idiot, und der Schlagzeuger konnte nicht spielen. Ich sah das so: 'Hey, du hast das gespielt, und kein Arsch hat dich unter Vertrag genommen. Warum willst du so weitermachen?'"

Trotz aller Loyalität zu jenen, die ihn anfangs unterstützt hatten, wollte sich Hendrix diese Gelegenheit nicht entgehen lassen. Er stimmte Chandlers Forderungen zu und spielte seine restlichen Konzerte mit The Blue Flames.

Mit Hilfe des Animals-Rechtsanwaltes Lee Dicker traf Chandler seine letz-

Chas Chandler (l.) im Gespräch mit Hendrix' Presse-Agenten Michael Goldstein.

(Chuck Boyd/Flower Children Ltd.)

ten Vorbereitungen, um Hendrix mit nach London zu nehmen. „Zunächst mußte ich seine Papiere zusammenbekommen, damit man ihm einen Reisepaß ausstellt", erklärt er. „Er hatte nichts, weil er so lange ohne festen Wohnsitz war. Schließlich benutzten Jimi und ich, als Hilton Valentine nach London abgereist war, die Suite als Büro, um Briefe und Telegramme sei-

nem Vater schicken zu können, damit wir alle Details bekommen. Alles, was Jimi hatte, war eine Adresse, aber er wußte noch nicht einmal, ob sein Vater da noch lebte. Anschließend ging ich zu meinem alten Freund Scott English, einem Songwriter aus dem Brill Building. Um uns zu helfen, Jimis Paß zu bekommen, erklärte Scott offiziell, Jimi schon seit Jahren zu kennen.

Hendrix reiste am 24. September 1966 nach London ab. Er hatte nichts in der Hand außer seinem Paß, Chandlers Ansehen und die Hoffnung, von ihm unterstützt zu werden.

Jimi ließ sich von Chas Chandlers Begeisterung
für Science Fiction-Romane anstecken. Sie
beeinflußte frühe Hendrix-Songs wie „Third Stone
from the Sun" und „Up from The Skies"

(K&K/Star File)

1966

Bei seiner Ankunft in London setzte Chandler sofort seinen Plan in die Tat um. Trotz seiner Unerfahrenheit als Produzent hatte Chandler klare Vorstellungen von den Sounds und dem Stil, den sein neuer Schützling haben sollte. Sein Glaube an die kommerziellen Aussichten von „Hey Joe" war unerschütterlich – Hendrix mußte nur eine Version aufnehmen, die so kraftvoll und überzeugend ist wie der Auftritt, der Chandlers Aufmerksamkeit im Cafe Wha? erregt hatte.

Chandler war klar, daß Hendrix, zusätzlich zu den Aufnahmen von „Hey Joe", exzessiv durch England und Europa touren müßte, um sich weiterzuentwickeln. Sein Konzept war, Hendrix als ein Star der allerersten Güteklasse zu vermarkten, einen einzigartigen Blueser, der direkt aus Amerika importiert wurde. Für die Suche nach einer Begleitgruppe wurde ein Vorspieltermin im Birdland Club in London veranstaltet. „Ich suchte nach Schlagzeugern und Bassisten, wenn ich auch nicht wußte, was für eine Band es sein sollte oder welche Besetzung sie haben sollte", sagt Chandler. „Wir suchten einfach nach Musikern." Hendrix' Kriterien waren genauso einfach: „Ich wollte die kleinsten Stücke (Instrumente) mit der härtesten Wirkung."

Der erste Musiker, der ausgewählt wurde, war Gitarrist Noel Redding, der in der Hoffnung zum Vorspielen gekommen war, einen Job bei den neuen Animals zu ergattern. Auf eine Anzeige im Melody Maker hin reiste Redding mit dem Zug aus seiner Heimatstadt in Kent an. Obwohl die Animals-Position schon besetzt worden war, schlug Chandler vor, er solle sich mit Jimi Hendrix zusammensetzen, einem Gitarristen, den er jetzt managt. Bewaffnet mit Chandlers Baß, setzte sich Redding zu Hendrix, Pianist Mike O'-Neill und Schlagzeuger Aynsley Dunbar. Nachdem sie eine Reihe einfacher Akkord-Sequenzen gespielt hatten, nahm Hendrix Redding beiseite und bat ihn, in seine Gruppe einzusteigen. Die Wahl eines Schlagzeugers erwies sich als schwieriger, weil Hendrix und Chandler gezwungen waren, aus einer Reihe von Musikern den richtigen auszusuchen: Dunbar, John Banks von den Merseybeats und Mitch Mitchell, früher bei Georgie Fame & The Blue Flames. Einige Tage nach ihren Vorspielen entschied das Werfen einer Münze das Rennen, Mitchell war der Sieger. Chandler entschied sich, die neue Gruppe Jimi Hendrix Experience zu nennen.

Im Gegensatz zu Mitchell hatte Redding bereits erste Erfahrung im Aufnahmestudio genossen. Seine erste Gelegenheit war 1962, als die Lonely Ones, bei denen er mitspielte, vier Songs im Wohnzimmer eines Freundes aufnahmen. Zwölf Exemplare dieser „Maxi"-Single wurden für örtliche Musikboxen gepreßt. Ähnliche lokale Aktionen folgten, bis schließlich die Band Loving Kind, angeführt von dem Songwriter Gordon Mills, im Januar 1966 von Pye Records unter Vertrag genommen wurden. Bei Pye veröffentlichte die Gruppe drei Singles, von denen keine mehr als tausend Stück verkaufte.

Für das Aufnahme-Debüt buchte Chandler Zeit im Londoner DeLane Lea Studio. „Dort hatten die Animals fast alle ihrer Aufnahmen gemacht", erklärt Chandler. „Ich kenne das Studio gut; deshalb brachte ich sie dorthin."

Begrenzte Geldreserven zwangen Chandler, einen Großteil der notwendigen Vorproduktion in seiner Londoner Wohnung zu vollenden. Dennoch sah er selbst darin eine Verbesserung im Vergleich zu seiner Situation bei den Animals: „Die Animals hatten kein Mitspracherecht bei Dingen wie Studio-Zeit. Wann immer Zeit zur Verfügung stand, wurde das Studio gebucht. Dann gingen wir wieder in einen Proberaum, um uns die Ärsche abzuarbeiten. Wenn wir keinen Proberaum bekommen konnten, kamen wir früher zu einem Konzert und jammten für eine Stunde oder so. Als ich mit Jimi anfing, teilten wir die Wohnung und machten dort all unsere Arbeit. Das war ein Luxus, den die Animals niemals hatten. Die Wohnung war Jimis Proberaum. Das war ein echter Vorteil. Immer wenn wir die Experience proben ließen, hatte Jimi den jeweiligen Song schon so weit entwickelt, daß er die Akkord-Sequenzen erklären und Mitch das Tempo vorgeben konnte. Und ich arbeitete mit Noel an den Baß-Linien. Dann kam schon alles zusammen."

So angenehm das Arbeitsklima in Chandlers Wohnung war – mit großen Fortschritten in der Entwicklung von Jimis Sound und Stil – so selten waren Mitchell und Redding dazu eingeladen. Wie ausgrenzend das auch immer für die beiden gewirkt haben mag – Chandler war das völlig egal. Er hatte nur zwei Ziele: sich selbst als Produzent zu etablieren und alles zu tun, sein Versprechen einzulösen, aus Hendrix einen Star zu machen. „Es war mir egal, daß Mitch und Noel nicht genug – oder gar kein – Mitspracherecht hatten. Ihre Einmischungen waren, um ehrlich zu sein, auch eher ärgerlich. Ich habe jahrelang mit Bands getourt und aufgenommen und mußte sehen, wie alles immer in einem schalen Kompromiß endet. Niemand hatte am Ende das, was er wollte. Ich hatte keine Lust, daß so etwas auch mit Jimi passierte."

☐ Sonntag, 23. Oktober 1966
London, DeLane Lea Studios. Produzent: Chas Chandler. Toningenieur: Dave Siddle.

Nachdem er eine Reihe von Proben beaufsichtigt hatte, bereitete Chandler die Gruppe jetzt für ihre erste Aufnahme-Session vor. Geknebelt von seinen abnehmenden Ersparnissen, wird die gesamte Aufmerksamkeit der Session auf „Hey Joe" gelenkt, jenen Song, auf dem Chandler dieses großartige Experiment aufbauen wollte. „Ich hatte gerade mal genug Geld, die Kosten für ‚Hey Joe' zu decken", erinnert sich Chandler. „Ich konnte nicht mal an die Aufnahme einer B-Seite denken, solange ich nicht mehr Geld hatte."

Je näher der Session-Termin im De-Lane Lea kam, umso größer wurden Hendrix Bedenken wegen des Umfangs und der Qualität seiner Sing-Stimme. Hendrix war sehr unsicher über seine Gesangs-Qualitäten und wurde in den Tagen vor der Session zunehmend nervöser. Er befürchtete, ein armseliger Auftritt könnte den gesamten Fortschritt zunichte machen, den er seit seiner Ankunft in London erreicht hatte. Für Chandler waren Jimis Vorbehalte etwas mehr als nur ein Fall von Nervosität. „Seitdem ich Jimi zum ersten Mal getroffen hatte, war er wegen seiner Stimme in paranoider Sorge" , sagt Chandler. „Von meinem ersten Tag im Studio mit ihm bis zu meinem letzten wollte er immer seine Stimme verstecken – und ich wollte sie immer weiter nach vorne in die Abmischung stellen."

Ein anderer Konflikt wird bei der Session offenbar: der Kampf über die Lautstärke von Jimis Gitarre. Chandler erklärt: „Als Jimi zum ersten Mal nach London kam, war sein Visum zeitlich beschränkt worden. Ich hatte eine Verlängerung bekommen, die aber nur bis zu dem Tag reichte, an dem ich die Aufnahmen von ‚Hey Joe angesetzt hatte. An diesem Tag ging ich morgens zur Einwanderungsbehörde, um einige Papiere zu bekommen, die wir für eine dreimonatige Verlängerung seines Passes brauchten. Es dauerte so lange, daß ich direkt von der Einwanderungs-

behörde zum DeLane Lea ging. Kurz nachdem wir anfingen, bekam Jimi einen Wutanfall, weil ich ihn seine Gitarre nicht laut genug im Studio spielen lassen wollte. Es war ein dummer Streit über schiere Lautstärke. Er spielte ein doppeltes Marshall-Stack, und es war so laut im Studio, daß es überall klapperte und krachte. Er sagte, ‚Wenn ich nicht so laut spielen kann, wie ich will, kann ich ebenso gut nach New York zurückgehen.' In meiner Tasche hatte ich seinen Paß und die Einwanderungspapiere. Ich nahm sie heraus, warf sie auf das Mischpult und sagte: „Gut, hier hast du es . Verpiß' dich!' Er sah die Papiere an, begann zu lachen und sagte: ‚Alles klar, du hast meinen Bluff enttarnt!' und das war's."

Chandler hatte hart daran gearbeitet, alle Verzögerungen zu vermeiden, die durch einen Mangel an Vorbereitung verursacht werden könnten. Um den einzigartigen Sound der Experience einfangen zu können, mußte nun jedoch erst einmal mit Mikrofon-Plazierungen und Verstärker-Einstellungen experimentiert werden.

In den zwei Stunden, die Chandlers schlanker Etat erlaubte, schaffte es die Experience, eine brauchbare Instrumentalspur einzuspielen. An zusätzlicher Arbeit blieb lediglich der Lead-Gesang von Hendrix und einige weibliche Backing-Vocals für den Refrain übrig. Entsprechend erfreut war Chandler über die erbrachte Leistung. Den Sound der Gruppe auf Tonband zu hören, ließ Jimis Potential viel greifbarer erscheinen.

Gemäß Noel Redding ließ Chandler die Gruppe mehr als 30 verschiedene Takes spielen, bevor der Basic-Track endlich seine Zustimmung fand. Auf dieser Basis brauchte es noch eine beträchtliche Anstrengung, um Jimis bescheidenen, aber reizvollen Lead-Gesang auf Tonband einzufangen. Eine Reihe von Versuchen wurde in verschiedenen Studios aufgenommen, bis Chandler endlich fühlte, daß Hendrix die Aufgabe erfolgreich vollendet hatte. Hendrix hegte jedoch noch einige Vorbehalte. „Es war das erste Mal, das ich jemals tatsächlich auf einer Platte gesungen hatte", bekannte Jimi später. Chandler hatte solche Zweifel nicht. „Chas war sicher, daß es ein Hit werden würde", erklärte Hendrix.

Die Aufnahme-Sessions für „Hey

Joe" hatten für Chandler und Hendrix einen weiteren Zweck: sie sollten ein Meßinstrument sein, um das Zusammenspiel und die Talente von Mitchell und Redding zu erkennen. „Jimi und ich benutzten die Aufnahme-Session tatsächlich als eine Prüfung. Wir nahmen Mitch und Noel in das Studio, um zu sehen, wie sie arbeiten", erklärt Chandler. „Obwohl wir die Instrumentalspuren vollendet hatten, waren wir noch nicht fertig, weil wir den Mädchen-Refrain nicht direkt hinbekommen konnten. Es endete darin, daß ich schließlich von einem Studio zum anderen ging und versuchte, verschiedene Mädchen für den Gesang aufzutreiben. Zunächst ging ich ins DeLane Lea, aber sie waren ausgebucht, so daß ich woanders hingehen mußte. Ich habe die Sache fast dadurch verbaselt, daß ich eines von diesen Ein-Zoll-Vier-Spur-Masterbändern benutzte (die meisten Londoner Studios benutzten Halb-Zoll-Bänder), und ich brauchte Sessions in drei verschiedenen Studios, um die Sache zu beenden." Chandler fügte schließlich Gesang von den Breakaways hinzu, und „Hey Joe" war fertig.

Nachdem „Hey Joe" zu seiner Zufriedenheit vollendet war, mußte Chandler als nächstes eine B-Seite produzieren. Abgesehen von der Handvoll von Coverversion, die die Gruppe für ihr Repertoire geprobt hatte, gab es kein vorbereitetes eigenes Material von Hendrix. „Als wir die B-Seite besprachen, sagte Jimi, daß er eine Version von ‚Land of 1000 Dances' aufnehmen könne", erinnert sich Chandler. „‚Kommt nicht in Frage', sagte ich. Wenn hier einer Verlags-Kohle verdienen soll, dann du. Ich sagte ihm, er solle sich die Nacht über hinsetzen und einen Song schreiben. So entstand ‚Stone Free', der erste Experience-Song, den er schrieb."

☐ Mittwoch, 2. November 1966
London, DeLane Lea Studios. 18:00 Uhr bis Mitternacht. Produzent: Chas Chandler. Toningenieur: Dave Siddle.

Nachdem für große Experimente zu wenig Geld vorhanden war, gestalteten sich die Aufnahmen von „Stone Free" weitaus weniger kompliziert als die von „Hey Joe". ‚Stone Free' wurde an einem Tag aufgenommen und gemischt", erklärt

Hendrix konnte seine Leadvocals nur einsingen, wenn er zugleich eine Gitarre umhängen hatte. Die Stratocaster war in diesen Situationen nicht angeschlossen.

(Willis Hogans/Bill Nitopi Collection)

Chandler Hendrix' Arbeit kontrollierte, half er auch Redding weiter, indem er ihm nützliche Tips an der Baß-Gitarre gab. „Chas kam oft in den Aufnahmeraum rüber und zeigte mir verschiedene Baß-Techniken", erinnert sich Redding. „Der Baß war noch neu für mich, und ich nahm alles mit, was ich kriegen konnte. Chas zeigte mir so Kleinigkeiten wie verschiedene Tonleitern und diese 'Walking Bass'-Linien, die einfach, aber sehr wirksam waren."

Für das Master nahm Chandler die Gruppe live im Studio auf, angetrieben von Jimis packender Rhythmus-Gitarre. „Wir brauchten nur eine Stunde, um den Track einzuspielen", gibt Chandler zu. Die Overdubs waren einfach, besonders Mitchells erfindungsreiche Percussions und der Harmonie-Gesang von Hendrix, der auch eine weitere Gitarre dazu spielte. Zusätzlich zu „Stone Free" versuchte sich die Gruppe routiniert an einem Demo von „Can You See Me", einem zweiten Hendrix-Song. Vor Ende der Session wurde die letzte Abmischung von „Stone Free" vorbereitet. Hendrix und Chandler zogen noch eine Spulentonband-Kopie des „Can You See Me"-Demos für die weitere Beurteilung.

Chandler zog mit dem Masterband in der Hand los und versuchte, einen Plattenvertrag für Hendrix zu bekommen. „Zu keinem Zeitpunkt dachte ich daran, mich als ehemaliger Animal zu verkaufen – noch nicht einmal im Geheimen", erklärt Chandler. „Das wurde brutal bestätigt, als ich noch nicht einmal zu EMI gehen konnte, um das fertige Master von 'Hey Joe' vorzuspielen. Hier war ich also, ein noch immer bei EMI unter Vertrag stehender Künstler als Mitglied der Animals, und ich durfte noch nicht einmal in die A&R-Abteilung gehen, um diese Scheiß-Platte vorzuspielen. Die wollten mich noch nicht einmal sehen. Drüben bei Decca Records war Dick Rowe genau so abweisend. Er sah mich an, als ob ich völlig den Verstand verloren hätte."

Ein zufälliges Treffen mit Kit Lambert, der gemeinsam mit Chris Stamp The Who managte und die Firma Track Records besaß, mündete darin, daß Hendrix bei Track unterkam. „Ich machte den Deal mit Kit Lambert im Scotch of St. James Nightclub", erinnert sich Chandler. „Die VIPs spielten in dieser Nacht, und weil sie meine Freunden waren, durfte ich Hendrix für einen Jam

Chandler mit Stolz. „Ich konnte es mir nicht leisten, die Band den Song im Studio lernen zu lassen, also buchte ich zu-

vor einen Proberaum im Averbach House. Vorher hatten wir in Nachtlokalen geprobt. Ein guter Bekannter von mir besaß eine Reihe von Clubs in London, und die Animals hatten früher regelmäßig hübsche Sümmchen Geld in diesen Clubs gelassen. Deshalb ließ er die Band, wann immer ich es wollte, rein."

Neben der festen Hand, mit der

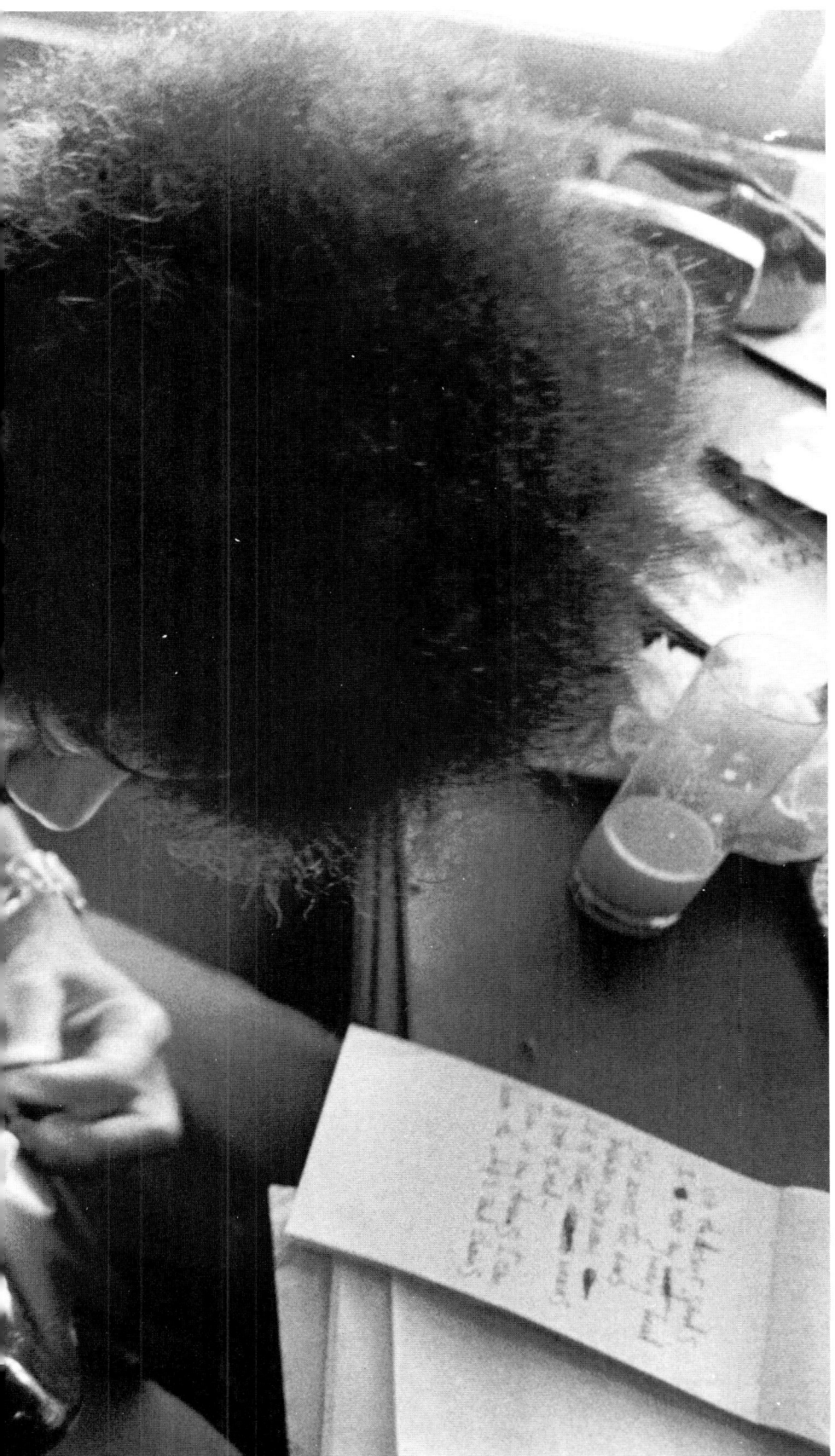

auf die Bühne schicken. Kit war auch da und warf fast die Tische um, als er zu mir herüber stürmte. Er war ein verdammt dreister Typ: wir handelten den Deal auf einem Bierdeckel aus."

Mit dem Plattenvertrag in der Tasche arbeitete Hendrix eng mit Chandler in ihrer gemeinsamen Wohnung weiter. Jimi entwickelte an seiner Stratocaster und einem kleinen Vox-Verstärker die Riffs und Rhythmus-Muster für Songs wie „Can You See Me" und „Remember". Das Leben mit Chandler begann auch, einen spürbaren Einfluß auf Hendrix' Songtexte zu nehmen, denn Jimi wurde bald von Chandlers Hang für Science Fiction angesteckt. „Ich hatte Dutzende von Science Fiction-Büchern zu Hause", sagt Chandler. „Das Erste, das Jimi las, war „Earth Abides". Es war nicht gerade ein Flash Gordon-Stoff – es war eher so ein Weltuntergangs-, Neuanfangs-, Katastrophen-Ding. Er hat sie alle gelesen. Und so entstanden Songs wie „Third Stone From The Sun" und „Up from the Skies".

❐ Dienstag, 13. Dezember 1966
London, CBS Studios. 16 Uhr bis 19 Uhr. Produzent: Chas Chandler. Toningenieur: Mike Ross.

Chandler war nicht mehr zufrieden mit dem DeLane Lea und und wollte die Sound-Qualität aufwerten, ohne seinen dünnen Etat zu überziehen. Er folgte dem Rat von Kit Lambert und buchte Zeit in den CBS Studios in der New Bond Street. Lambert hatte einige Sessions mit The Who dort produziert und an diesem Ort später auch „I Can See For Miles" aufgenommen. Die in einem ehemaligen Festsaal untergebrachten CBS Studios hatten früher Oriole Records und Levy Sound Studios beherbergt. Die Inhaber-Brüder Jake und Morris Levy hatten eine Reihe von kleinen britischen Pop-Acts auf ihrer Firma Oriole Records dort produziert, aufgenommen und gepreßt. Der bemerkenswerteste Erfolg des Labels war die 1957er Single „Freight Train" von der Charles McDevitt Skiffle Group featuring Nancy Whisky, die bis auf Nummer 5 in den UK-Pop-Charts kam.1962 und 1963 hatte Oriole Records eine Reihe kleinerer Hits von einer schwedischen Instrumental-Gruppe namens Spotniks landen können.1965 wurde jedoch alles an CBS Records verkauft. CBS war weder am Studio noch an den Oriole-Vertragskünstlern sonderlich interessiert. Der Firma ging es hauptsächlich um das moderne, leistungsfähige Preßwerk. Für die Etablierung eines britischen Vertriebszweiges der CBS hatte das Werk große Bedeutung.

Unter Levys Verwaltung hatten die Levy Sound Studios Drei-Spur-Maschinen in Mono und Stereo. Nach dem Verkauf des Studios installierte die CBS eine neue Studer Vier-Spur-Maschine und verbesserte die technischen Anlagen.

Trotz der Investitionen von CBS beschäftigte das Studio einen eher spartanischen „Stab" – den Techniker und Toningenieur Mike Ross. Ross hatte 1962 seine Karriere in den Londoner Olympic Studios begonnen. „Ich war der einzige Toningenieur in den CBS Studios", erinnert sich Ross mit einem Lachen. „Ich öffnete das Studio, machte die Buchungen und agierte als mein eigener Tonband-Gehilfe. Es gab nur mich, ich mußte alles alleine machen."

Im CBS-Studio durften Pop-Sessions erst nach 16 Uhr beginnen, damit die darunterliegenden Büros von dem Lärm nicht gestört werden konnten. Eine weitere Verfügung, die von einem anderen Mieter des Gebäudes erreicht worden war, begrenzte das Studio darauf, tagsüber abzumischen und erst nach 16 Uhr vollständige Aufnahmen machen zu dürfen.

„Foxey Lady", einer der provokantesten Hendrix-Songs, stand auf dem heutigen Arbeitsplan. „Mitch kam rechtzeitig vor allen anderen an und stellte schon mal sein Schlagzeug auf", erinnert sich Ross. „In diesen Tagen war die Abnahmetechnik für das Schlagzeug noch nicht sehr fortgeschritten: Man nahm ein Mikrofon für die Baß-Trommel und ein Mikrofon oben über dem Schlagzeug. Als ich die Teile aufstellte, zog Mitch mich beiseite und sagte mir, daß er bei Sessions in

den Landsdowne Studios kürzlich den Toningenieur dazu überreden konnte, für jedes Tom-Tom getrennte Mikros aufzubauen. Er meinte, er habe damit einen großartigen Sound erzielt und fragte, ob ich daran interessiert wäre, es hier auch einmal auszuprobieren. Ich hatte das noch nie gemacht, aber ich probierte es einfach aus. In der Tat war es die erste Session, in der ich für die Schlagzeug-Aufnahme mehr als zwei Mikrophone einsetzte."

Als Hendrix, Redding und Chandler ankamen, wurde Ross von Jimis Verstärkeranlage überrascht. „Jimi kam herein mit Vier Marshall-Boxen, ich konnte das nicht glauben", gibt Ross zu. „Wie sollte ich das abnehmen? Jimi wies mich an, ein Mikrofon zweieinhalb Meter von den Boxen entfernt aufzustellen – und es würde großartig klingen. Er zeigte mir exakt die Stelle, wo ich das Mikrofon hinstellen sollte, und ich plazierte dort ein Neumann U-67 Röhren-Mikrofon." Nachdem Ross die Mikrofone aufgebaut und den gewünschten Sound eingestellt hatte, wollte Chandler sofort beginnen. Eine Reihe von Proben ging der Einspielung der Instrumentalspuren voraus. „Jimi nahm keinen Live-Gesang auf", erinnert sich Ross. „Ich nahm seinen Leadgesang als Overdub auf, wie auch den Chor-Gesang von Mitch, Noel und Jimi. Jimi nahm auch eine zweite Gitarre als Overdub auf.

„Chandler kümmerte sich um alles", erinnert sich Ross. „Jimi war sehr schüchtern und ruhig, er hatte nicht sehr viel zu sagen. Er schien sehr unter dem Einfluß von Chandler zu stehen. Was Chas sagte, war Gesetz. Es gab noch einen Aspekt, der sehr seltsam war. Ich war daran gewöhnt, daß Bands als Mannschaft agieren und jeder sich einbringt. Mein erster Gedanke bei der Hendrix-Session war: 'Die zwei Burschen werden wie Scheiße behandelt'. Es war mehr so ein 'Spiele und tue, was dir gesagt wird'. Chandler hatte alles völlig unter seiner Kontrolle. Er hatte ganz klar einen Sound in seinem Kopf und wußte , was er von Jimi hören wollte. Viele Produzenten neigen dazu, im Kontrollraum zu sitzen und den Toningenieur zu produzieren. Sie gehen nur sehr selten raus und mischen sich musikalisch ein. Chas war ein guter Produzent – er ging tatsächlich raus und dirigierte. Er arbeitete in-

dividuell mit Jimi und Noel und zeigte Mitch, was er spielen solle und auf welche Trommeln er zu hauen habe. Meistens kommunizierte ich direkt mit Chas."

Zusätzlich zu „Foxey Lady" nahm die Gruppe auch Versionen von „Can You See Me" und „Third Stone From The Sun" auf. „Wir haben von jedem Song eine Menge von Takes aufgenommen", erzählt Ross. „Wir verbrauchten eine Menge Tonbänder. Chas war scharf darauf, alles zu behalten, weil er fühlte, daß er die guten Teile jederzeit zusammenschneiden konnte."

🗔 Donnerstag, 15. Dezember 1966
London, CBS Studios. Produzent: Chas Chandler. Toningenieur: Mike Ross.

Gemäß Noel Redding erschien Mitch Mitchell bei dieser Session nicht. In seiner Abwesenheit wurde eine Probe veranstaltet, bei der Hendrix und Redding zwei namenlose Instrumental-Demos aufnahmen. Daneben wurden die Rough-Mixes von „Foxey Lady", „Can You See Me" und „Third Stone From The Sun" vollendet.

Laut Ross lobte Chandler das Studio in den höchsten Tönen, vor allem wegen seiner deutlich besseren Sound-Qualität im Vergleich zum DeLane Lea. Trotz seiner Begeisterung für die Anlage nahm die Experience nie wieder dort auf – die Folge eines bitteren Streits zwischen Chandler und Jake Levy. „Ich denke, Chandler hatte zu dieser Zeit nicht das Geld, um das Studio zu bezahlen", erklärt Ross. „Als er am zweiten Tag noch immer kein Geld bezahlt hatte, kam Jake zu Chas herüber und sagte: 'Schau – wenn du weitere Zeit buchen möchtest, mußt du erst für das bezahlen, was du bereits in Anspruch genommen hast'. Chas wollte wirklich mehr Zeit buchen, aber er sagte 'ich kann nicht, weil wir ein Album machen. Sobald das Album fertig ist, wirst du bezahlt.' Jake war Menschen gegenüber jedoch sehr mißtrauisch und meinte, es täte ihm leid, aber sie dürften nicht weiter aufnehmen, bis die Rechnung vollständig bezahlt ist. Chandler regte sich auf und sagte zu Jake, daß dies nicht der Art sei, mit der er in der Vergangenheit Geschäfte gemacht habe, daß es bei Kingsway (DeLane Lea) ganz anders gewesen sei und daß er nun leider nie wieder in diesem Studio arbeiten würde. Am Ende waren beide sauer. Das war schade, denn mir hatten die Sessions viel Spaß gemacht."

Zornig verließ Chandler das Studio und gelobte, niemals zurückzukehren. Ein wichtiges Problem war dadurch je-

Jimi Hendrix spielte sich vor seinen Konzerten hinter der Bühne oft eine Stunde lang warm.

(Jim Marshall)

doch nicht gelöst:. „Weil Chas die Studio-Rechnung nicht bezahlen konnte, gab Jake die Tonbände, die sie aufgenommen hatten, nicht zur Veröffentlichung frei", erinnert sich Ross. „Irgendwann später hatte Chas das DeLane Lea gebucht und wollte einige Overdubs für diese Songs aufnehmen. Er kämpfte hart, um die Tonbänder zu bekommen, aber Levy wollte sie nicht freigeben. Schließlich bezahlte er die Rechnung doch, weil er unbedingt an die Tonbänder herankommen wollte. Die Tonbänder waren in einem Schrank im Studio aufbewahrt worden, und als Chas die Rechnung bezahlt hatte, rief mich Jake an und sagte, Chandler habe seine Rechnung bezahlt und kommt herüber, um die Tonbänder abzuholen. Als Chas kam, erzählte er mir, er sei traurig, die Aufnahmen nicht im CBS fortsetzen zu können, weil er Jakes Haltung unerträglich fand. Ich gab ihm die Tonbänder, wir schüttelten die Hände, und das war das letzte, das ich jemals von ihm sah."

❐ „Hey Joe" / „Stone Free"

Polydor 56139. Single-Veröffentlichung. Freitag, 16. Dezember 1966.

Track Records hatte noch keinen funktionsfähigen Vertrieb, so daß „Hey Joe" von Polydor vertrieben wurde. Angeschoben von einem Auftritt in der vorletzten Folge von *Ready Steady Go!* kam die Single am 5. Januar 1967 in die UK-Charts und erreichte nach einem langwierigen Aufstieg schließlich die Nummer 6.

1967

◻ Mittwoch, 11. Januar 1967

London, DeLane Lea Studios. Produzent: Chas Chandler. Toningenieur: Dave Siddle.

„Hey Joe" stürmte die UK-Single Charts, und dieser frühe Erfolg von Hendrix rechtfertigte zunehmend Chandlers Experiment. Das wurde noch klarer, als Chandler die Gruppe wieder ins DeLane Lea führte, um „Purple Haze" aufzunehmen – Hendrix' großartiges Meisterwerk.

Hendrix spricht später davon, den Songtext Seite für Seite erarbeitet zu haben. Was aber sofort Chandlers Aufmerksamkeit eingefangen hatte, war das packende Gitarrenriff. „'Purple Haze' ist am zweiten Weihnachtstag (26. Dezember 1966) hinter der Bühne des Upper Cut Clubs geschrieben worden, einem Nachtlokal, das dem britischen Boxer Billy Walker gehörte", erklärt Chandler. „Aber das Riff selbst war ihm ungefähr zehn Tage vorher eingefallen. Ich hörte ihn es in unserer Wohnung spielen und war völlig geplättet. Ich ermutigte ihn mit den Worten 'Das ist die nächste Single!', weiter daran zu arbeiten. An diesem Nachmittag spielte er im Upper Cut das Riff in der Umkleidekabine vor sich hin. Ich sagte: 'Schreibe den Rest davon!', und das tat er dann."

In den Wochen vor der Session arbeitete Chandler eng mit Hendrix zusammen, um den Songtext zu komplettieren – eine Funktion, die Chandler immer wieder übernahm. Seine Absicht war klar: Hendrix sollte mit „Purple Haze" als Nachfolge-Song von „Hey Joe" das Niveau seiner Songtexte hinunterschrauben, um sich den konventionelleren Pop-Strukturen anzupassen.

„Purple Haze" (mit John Mayall und Peter Green, die als Gäste vorbeischauten) erwies sich als die bislang komplizierteste Studio-Arbeit der Gruppe. „Wir brauchten für die Aufnahme von 'Purple Haze' vier Stunden, was damals verdammt viel Studio-Zeit war", sagt Chandler. „Die Aufnahmen von 'Hey Joe' waren sehr konventionell, aber bei 'Purple Haze' begannen wir mit neuen Klängen und Effekten zu experimentieren. Bei 'Hey Joe' wußte ich noch nicht, wo der Hase läuft. Ich war nur ein blöder Bassist, der versuchte, ein Produzent zu werden." Obwohl es die Gruppe geschafft hatte, einen Grund-Rhythmus-Track an diesem Tag fertig zu kriegen, arbeiteten Hendrix und Chandler mehrfach an dem Master weiter und machten den Versuch, Jimis Spiel aufzuwerten. ‚Uns schwebte ein ganz bestimmter Sound für 'Purple Haze' vor, und wir gingen jeweils für zwei Stunden wieder ins Studio und versuchten, ihn hinzubekommen. Es waren endlose Tage. Wir hatten es aufgenommen, und dann saßen Hendrix und ich zu Hause und sagten: 'Laß uns dies und jenes versuchen'. Dann haben wir für eine Stunde oder zwei Stunden wieder im Studio weitergemacht. Genauso war es in jenen Tagen. Je nachdem, wie lange es dauerte, eine spezielle Idee aufzunehmen, so lange buchten wir auch das Studio. Es war ein permanentes rein und raus."

„51st Anniversary" war ein weiterer Song, den Hendrix in der Wohnung am Montagu Square entwickelte, die er sich mit Chandler teilte. „Wir haben einen ganzen Abend daran gearbeitet", erinnert sich Chandler. „Der Song ist ein gutes Beispiel für Jimis Vorgehensweise: Er saß einfach in der Wohnung herum und spielte Gitarre. Ich saß ihm gegenüber und sagte: 'Das ist gut' oder 'Nein, verändere es so und so'. Man könnte es auch 'Pre-Studio-Production' nennen. Anschließend kamen wir mit der Band zusammen und probten den Song. Wir übten dann noch eine ganze Zeit lang weiter, um das Teil zu verfeinern. Damals hatten wir nicht so viele Songs auf der Pfanne, und wir versuchten immer, neue Songs zu machen."

Während für „Purple Haze" noch vergleichsweise einfache Studio-Experimente unternommen wurden, ist „51st Anniversary" der erste Experience-Song, bei dem das Overdubbing die vorherrschende Aufnahmestrategie war – im Gegensatz zu früher, als man lieber den gesamten Song am Stück immer wieder neu spielte. „Wir probten den Song mit der Band und gingen dann in das Studio, um ihn aufzunehmen. Das war der erste Song, in dem Gitarren-Overdubs eine wichtige Rolle spielten. Es gab eine Menge Overdubs auf dem Track, und es war das erste Mal, daß wir diese Technik ganz bewußt für die Produktion einsetzten. Es gab fünf miteinander verbundene Gitarren-Overdubs (wie ein Staffellauf aneinandergereiht), die wie eine einzige Gitarre klangen."

Eine neue Version von „Third Stone from the Sun" wurde ebenfalls versucht, als Alternative zu der CBS-Aufnahme vom 13. Dezember 1966. Die Gruppe konzentrierte sich auf die Basic-Tracks des Songs und unternahm etliche Versuche, ein fertiges Master hinzubekommen. Obwohl Hendrix das Song-Arrangement bereits entworfen hatte, war die Gruppe unfähig, ein Master auf der Höhe ihres gewohnten Standards zu vollenden.

Während Chandler und die Gruppe sich mit jedem Besuch des Aufnahmestudios verbessern konnten, wurde ihre harte Arbeit Ende Januar 1967 auch öffentlich bestätigt: „'Hey Joe' brach während der ersten Januarwoche 1967 plötzlich in die Charts ein und kletterte im Laufe des Monats immer weiter nach oben", erinnert sich Chandler. „Jimi und ich waren gerade im Haus meiner Mutter in Newcastle, als die Band für einen Auftritt im New Cellar Club in South Shields (1. Februar 1967) gebucht wurde. Wir saßen herum und redeten. Ich ging zu einem Telefon, weil meine Mutter noch keines im Haus hatte und telefonierte nach London, um zu sehen, wie sich die Dinge entwickelten. 'Hey Joe' war bis auf Nummer sieben in den Charts aufgerückt, und ich wußte, daß wir auf dem richtigen Weg waren."

❏ Freitag, 3. Februar 1967
London, Olympic Studios. Produzent: Chas Chandler.
Toningenieur: Eddie Kramer.

Chandler war nicht zufrieden mit der Sound-Qualität der Aufnahmen, die während der letzten Session der Gruppe im DeLane Lea (11. Januar) gemacht worden waren. Außerdem nervten ihn die Beschwerden von Nachbarn des DeLane Lea wegen der Lautstärke von Hendrix' Verstärkern während der Aufnahme-Sessions. „Es gab immer Ärger mit der Bank, als wir im DeLane Lea aufnahmen", sagt Chandler. „Über dem Studio war eine Bank, und es war die Zeit, als die ersten Computer auf den Markt kamen. Wir spielten immer wir so laut, daß es die Computer da oben beeinträchtigte. Die Folge: wir bekamen nicht mehr jeden Termin, den wir wollten."

Die Probleme mit der Lautstärke und der Sound-Qualität im DeLane Lea zwangen Chandler, zu handeln. Brian Jones und Bill Wyman von den Rolling Stones hatten Jimi und Chas geraten, in die Olympic Studios umzuziehen, Londons führendes unabhängiges Studio. Jimi hing mit dem Komponieren neuer Songs etwas hinterher, und Chandler sorgte sich sehr um die Kosten „Wir hatten etwas Geld zusammengekratzt, um die Sessions im DeLane Lea zu bezahlen," erinnert sich Chas. „Mit 'Hey Joe' als Hit in den Charts hatte ich nun eher mit Polydor denn mit Track verhandeln wollen. Eines Tages stürmte ich schließlich in die

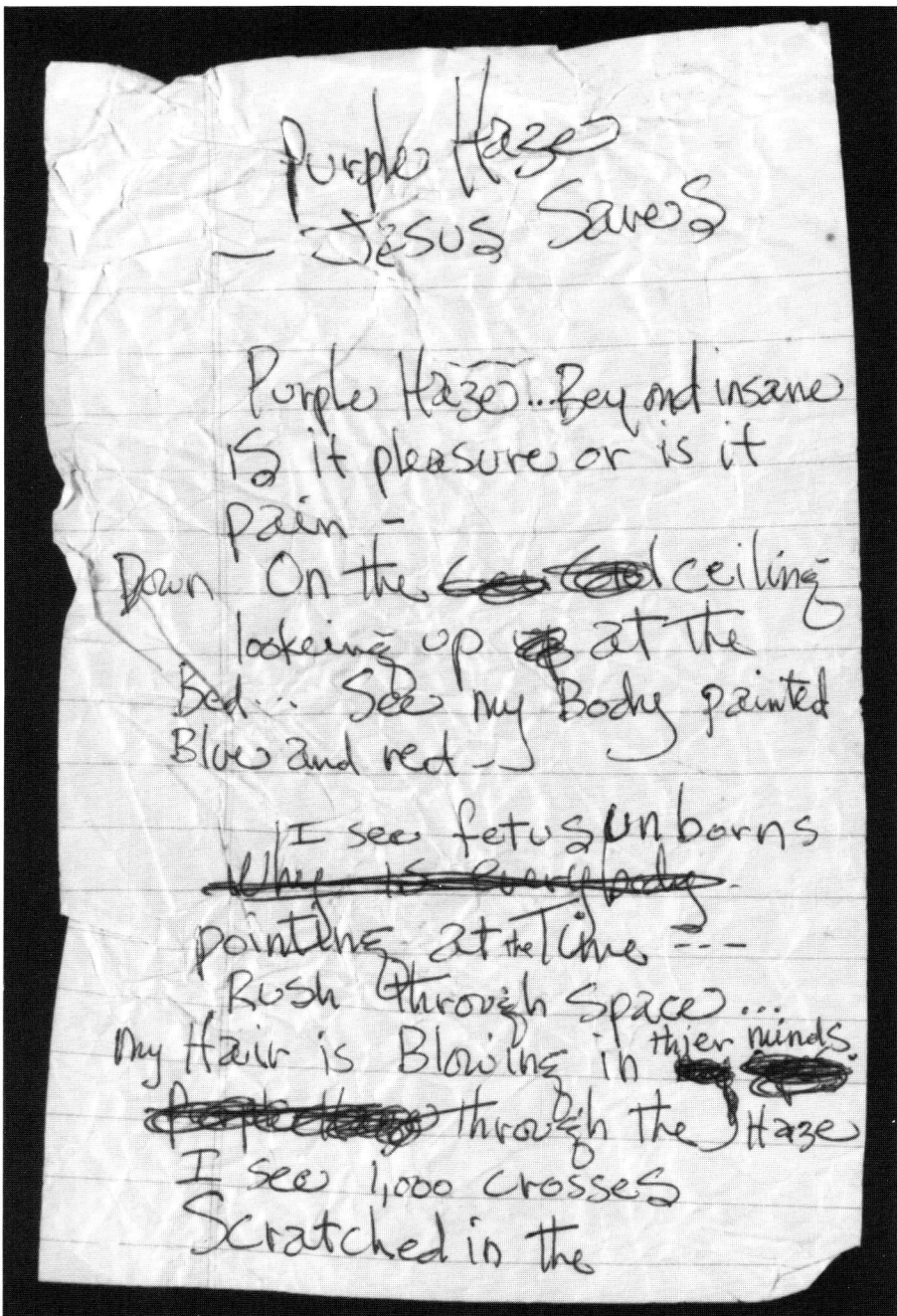

Alternativer Songtext für „Purple Haze"

(James A. Hendrix)

Polydor und rang mit ihnen. Ich sagte: 'Schaut – wir bringen euch Geld rein. Wir versuchen, ein Album zusammenzustellen, und ich will in die Olympic Studios gehen. Blöderweise akzeptieren sie mich nicht, weil ich ihnen nicht als kreditwürdig erscheine. Ohne einen Vorschuß wollen sie mich erst gar nicht hineinlassen!' Schließlich rang ihnen Polydor die Zusicherung ab, daß ich bei ihnen anschreiben dürfe und notfalls die Firma dafür geradestehen wür-

de. Zum ersten Mal mußte ich mir keine Sorgen machen, die Sessions bezahlen zu können. Obwohl wir nun einen Freifahrtschein hatten, nahmen wir genau so auf wie bisher – nur, daß wir uns wegen der Kosten nun keine grauen Haare mehr wachsen lassen mußten."

Der Umzug ins Olympic war ein klares Zeichen dafür, daß die Gruppe ihr Ansehen meßbar verbessert hatte. Olympic war das Studio-Heim von britischen Top-Acts wie Traffic und den Rolling Stones. In dem Studio wurden Chandler und die Gruppe Eddie Kramer, einem Toningenieur aus der Mannschaft des Studios, vorgestellt. Kramer war der Gruppe von der Studio-Managerin Anna Menzies zugewiesen worden, die die Experience als „wilden Haufen" beschrieb, den Chas Chandler anschleppen würde. Kramer (1942 in Südafrika geboren) war 1966 vom Regent Studio ins Olympic gewechselt. Seine Karriere hatte 1963 in den Londoner Advision Studios begonnen. Als 'Tee-Junge' lernte Kramer die Grundprinzipien der Tonmeisterei, der Schnitt-Technik und Film-Synchronisation. Im Jahre 1964 wechselte er in die Pye Studios und machte Aufnahmen von den Kinks und Sammy Davis Jr. Kramers Erfolg in Pye erlaubte ihm, 1965 seine eigenen KPS Studios mit einer Zwei-Spur-Demo-Anlage zu eröffnen. Die Arbeit mit Künstlern wie Zoot Money und John Mayall verbesserte seinen Ruf (und den von KPS). Regent-Sound kaufte 1966 KPS auf und beauftragte Kramer mit der Bauaufsicht für ein neues Vier-Spur-Studio. Im Laufe des Jahres wechselte Kramer ins Olympic, wo – unter der Anleitung von Keith Grant und Glyn John – seine Fähigkeiten und sein Ruf aufblühten.

Chandler wollte zunächst „Purple Haze" fertigstellen, damit der Track als zweite Single der Band veröffentlicht werden kann. Das bestehende Master aus dem DeLane Lea (11. Januar) wurde wieder aufgelegt, und die Overdubs begannen. Chandler wollte Jimis Beiträge aufwerten und ließ ihn Lead-Gitarre und Teile des Leadgesangs neu einspielen. Jimis Gitarrensound wurde mit einem Octavia – ein Effektgerät des Elektronik-Spezialisten Roger Mayer, das dem Gitarren-Ton beliebige Oktaven-Töne hinzufügen kann – drastisch verändert. Um das Ende des Songs zu verbessern, schlug Kramer einen zusätzlichen Gitarren-Overdub vor. „Am Ende des Songs", erklärt er, „ist die schnelle Gitarre, die du hörst, in Wirklichkeit ein Octavia Gitarren-Overdub, den wir zuerst in einer langsameren Geschwindigkeit aufgenommen haben und anschließend in

einer höheren Geschwindigkeit wieder hineingemischt haben. Das Panning am Ende unterstreicht den Effekt noch einmal."

Weitere Overdubs, darunter der charakteristische Hintergrund-Gesang, lieferte Noel, der auch die einzigartigen Hintergrund-Geräusche erzeugte. Chandler: „Ein Großteil der Hintergrund-Geräusche entstanden, indem wir die Aufnahmen auf Kopfhörer im Aufnahmeraum zurückleiteten, vor denen ein Mikrofon aufgebaut war. Wir schleuderten die Kopfhörer rings um das Mikro und erhielten so diesen abgedrehten Echo-Effekt." Nach den Overdubs wurde vor Beendigung der Sessions noch der finale Mix von „Purple Haze" angelegt und veröffentlichungsreif vollendet.

❏ Februar 1967
London, DeLane Lea Studios. Produzent: Chas Chandler. Toningenieur: Dave Siddle.

Die Gruppe bekam mehr und mehr Engagements, und das beliebte Olympic war oft ausgebucht, so daß Chandler ins DeLane Lea zurückkehren mußte, um Fortschritte für das noch namenlose Debüt-Album der Gruppe zu erzielen.

Eine der bemerkenswerteren Aufnahmen dieser Sessions war eine alternative Version von „Red House", bei der sich Jimi eng an das Arrangement der CBS-Aufnahmen vom 13. Dezember 1966 hielt. Die Takes wurden live im Studio eingespielt, und Jimis Leadgesang trieb den dunklen, launischen Rhythmus an. Die ersten Takes zeigten zwar das enorme Potential des Songs, wurden aber wegen einiger ausgelassener Töne von Hendrix und Redding wieder gelöscht. Vor einem weiteren Versuch sagte Jimi mit einem Lächeln zu Chandler im Kontrollraum: „Oh Gott, sieh nur, wie mich so eine Kleinigkeit aus der Bahn wirft!" Jemand schlug vor, einige Lampen im Studio auszuschalten, worauf Hendrix sofort reagierte: „Klar – diese Lichter! Das war es. Oh Gott!" Als Jimi erzählt wurde, daß wegen den Brandschutzbestimmungen keine weiteren Lichter mehr ausgeschaltet werden dürften, lachte er: „Um es so zu sagen wir machen also den ganzen Qualm hier? In anderen Worten: Wir kochen hier. Ist es

das, was du sagen wolltest?" Chas und Jimi lachten gemeinsam, bevor Noel das Intro für den Basic-Track einzählte, der später als letztgültige Version genommen wurde.

Später wurden beide Versionen von „Red House" veröffentlicht – die vom Dezember 1966 und die heutige aus dem DeLane Lea. Die frühere Aufnahme wurde zuerst veröffentlicht – im Mai 1967 auf „Are You Experienced?" (Track Records). Die DeLane Lea-Version wird in den Olympic Studios Anfang April 1967 beendet und 1969 der populären Reprise Records-Kompilation „Smash Hits" hinzugefügt. „Die (Smash Hits) Version von 'Red House' wurde ganz klar im DeLane Lea und nicht im CBS aufgenommen", sagt Chandler. 'Red House' auf dem ('Are You Experienced?') Album entstand während der letzten 15 Minuten einer anderen Session. Noel spielte hier die Baß-Linien auf der Rhythmus-Gitarre. Jimi flatterte durch einen Orientierungs-Track, und wir schnitten das einfach mit. Später, als wir das Album zusammensetzten, zogen wir dieses Band wieder heraus und hörten es uns an. Wir remixten es im Olympic und fügten es dem Album hinzu."

Auch die Arbeit für „Remember" wurde im DeLane Lea begonnen. Wie schon bei „Red House" wird auch dieser Song im April 1967 im Olympic fertiggestellt, bevor er auf „Are You Experienced?" und (im Juli 1967) auf „Smash Hits" kommt. 'Remember' war ein typisches Demo am Ende einer Session im DeLane Lea", erklärt Chandler. „Es war ganz klar ein Demo vom DeLane Lea. Wir zogen für zu Hause eine Kopie auf ein Viertel-Zoll, 7,5 i.p.s-Band. So etwas machten wir oft. Die DeLane Lea-Aufnahme war viel zu zerrissen. Jimi straffte sie später im Olympic und dann wurde es Teil des Albums. Ich glaube nicht, daß wir viel von den ursprünglichen DeLane Lea-Aufnahmen für die spätere Platten-Version behielten."

❏ Februar 1967
London, DeLane Lea Studios. Produzent: Chas Chandler. Toningenieur: Dave Siddle.

Eine umfangreiche Session mit den beiden populärsten Songs von Hendrix – „Fire" und „The Wind Cries Mary".

Chas Chandler und Michael Jeffery, Hendrix' Manager, nutzten in den Anfangstagen in London gerne die Werbe-Unterstützung von TV-Shows. 1967 gelang der Gruppe mit ihrem gemischtrassigen und interkontinentalen Konzept der Durchbruch.

(Pictorial Press/Star File)

Im Vergleich zu den bescheidenen Experimenten bei „Purple Haze" und den vielfachen Overdubs für „51st Anniversary", war es für die Band verhältnismäßig leicht, „Fire" aufzunehmen. Sie spielten den Basic-Track live im Aufnahmeraum, experimentierten während der ersten Takes mit der Geschwindigkeit und einigten sich schließlich auf einen Rhythmus. Jimi nahm die Lead-Gitarre auf zwei Spuren auf und spielte auf der zweiten die Melodie weiter oben auf dem Griffbrett. Nachdem der Basic-Track zu Chandlers Zufriedenheit aufgenommen war, sang Jimi seine Lead-Vocals. Mitch und Noel gaben mit ihrem Hintergrund-Gesang dem Song den letzten Schliff.

Nachdem „Fire" vollendet war, widmete Jimi seine Aufmerksamkeit „The Wind Cries Mary", einer schönen neuen Ballade. „The Wind Cries Mary' wurde unmittelbar nach einem großen Streit zwischen Jimi und (seiner Freundin) Kathy(Etchingham) geschrieben", erinnert sich Chandler."Wir nahmen es ganz zum Schluß der „Fire"-Session auf. Wir hatten ungefähr zwanzig Minuten oder so übrig, weil ich in diesen Tagen immer nur zwei Stunden buchte und dann war Schluß. Immer wartete draußen jemand, der nach uns herein wollte. Ich schlug vor, ein Demo von „The Wind Cries Mary" einzuspielen. Mitch und Noel hatten den Song noch nie gehört und sie mußten ihn ungeprobt spielen. Sie spielten ihn ein Mal durch, und ich sagte, daß ich das Gefühl des Songs so mochte. Jimi kam rein und sagte, 'ich habe eine gute Idee für einen Overdub'. Er ging zurück und spielte – wie er es nannte – 'zwischen den Tönen', die er bereits aufgenommen hatte. Er kam noch nicht einmal in den Kontrollraum zurück, nachdem er die zweite Gitarre eingespielt hatte. Er sagte, 'ich habe noch eine Idee. Kann ich sie draufsetzen?' Ich sagte, 'Klar!' Alles in allem spielte er vier oder fünf weitere Overdubs ein, aber das ganze Ding wurde in 20 Minuten geschafft. Das war unsere dritte Single."

Die jüngsten Erfolge nährten das Selbstbewußtsein der Gruppe und bewirkten einen langsam, aber sicher anschwellenden Konflikt zwischen Chandler und Mitchell/Redding, die ein größeres Mitspracherecht für den Sound und die Aufnahmen begehrten.

**Toningenieur Eddie Kramer bei der Arbeit in den
Olympic Stuidios**

(Valerie Wilmer)

Chandler teilte diese Sichtweise jedoch
nicht. „Zur Zeit von 'The Wind Cries
Mary' lehnten sich Mitch und Noel dagegen auf, daß sie kein Mitspreche-
recht während der Aufnahme-Sessions
hatten", erinnert sich Chandler sich.
„Sie kamen mit Vorschlägen an, aber
Jimi und ich hatten schon so lange an
den Songs gearbeitet, bevor wir mit
den beiden im Studio zusammenka-

men. Bislang war die längste Studio-
Zeit, die ich für einen Song gebucht
hatte, vier Stunden für 'Purple Haze'.
Sogar hierbei mußte ich Geld zusam-
menkratzen, um ihn im Olympic zu beenden. 'Hey Joe' war zwar in den
Charts, aber wir würden nicht bis in
alle Ewigkeit Geld damit verdienen.
Wir hatten 'Purple Haze' für eine baldige Veröffentlichung in der Tasche und
jetzt hatten wir 'The Wind Cries Mary'
aufgenommen. Wir mußten erst etwas
mehr Geld sehen, bevor wir etwas
Neues anfangen konnten." Die Finan-

zen, folgerte Chandler, diktierten nicht
nur die Länge der Sessions. Sie entschieden letztlich auch, welche Rolle
Redding und Mitchell bei Sound und
Gestalt der Songs einnehmen konnten.
„Wir haben immer eintägige Sessions
geplant", erklärt Chandler. „Ich kann
mich nicht erinnern, bis dahin jemals
zwei Tage für einen Song gebraucht zu
haben. Wir mußten genug Geld zusam-
menkratzen, um Zeit im DeLane Lea
zu buchen. Falls DeLane Lea nicht verfügbar war, so passiert bei den Gesangs-Overdubs für 'Hey Joe', gingen

wir einfach irgendwo anders hin. Wir nahmen Mitch und Noel nie zu diesen frühen Overdub-Sessions mit. Es ging nicht gegen sie, es war einfach pragmatischer. Es gab keinen Grund, sie irgendwohin mitzuschleppen, wo sie nichts zu tun hatten, sie wären nur im Weg gewesen. Wir sagten ihnen das nicht, aber wir wußten, daß dies der Grund war. Wenn mir Jimi die Idee für einen Overdub vorspielte und ich den Eindruck hatte, daß es funktioniert, hieß es einfach: 'Laß uns das Scheiß Ding durchziehen!'. Wir mußten uns nicht erst zehn Minuten mit Noel und fünf Minuten mit Mitch herumstreiten. Wir wußten, was zu tun ist. Wir konnten uns die Zeit einfach nicht leisten."

❑ Februar 1967
London, DeLane Lea Studios. Produzent: Chas Chandler. Toningenieur: Dave Siddle.

Das noch immer unbenannte Debüt-Album der Experience bekam heute abend einen gewaltigen Schub – die Arbeit für „I Don't Live Today" wurde begonnen.

Typisch für Chandlers Arbeitsweise ist die anfängliche Konzentration der Gruppe auf einen brauchbaren Basic-Track. Sobald das Arrangement und Tempo stand, veredelte Jimi seine Gitarren-Parts. Besonders erwähnenswert ist der Einsatz eines handbetriebenen Wah-Wah-Effektes, das Klang-Gerät, das viele Fans als wesentlichen Bestand von Hendrix' Sound sehen. Kurz darauf wurde es von einem Fußpedal abgelöst, aber Hendrix konnte das Handgerät auch sehr geschickt bedienen und diese Klänge auf das Master bannen.

Bevor die Session zu Ende war, hatte Chandler ein Arbeitsmaster fertig. Weitere Verbesserungen, wie z.B. ein neuer Leadgesang von Jimi, wurden später im Olympic hinzugefügt. Dort wird von Jimi, Chandler und Eddie Kramer auch der letzte Mix vorbereitet, der auf „Are You Experienced?" kommt.

❑ März 1967
London, DeLane Lea Studios. Produzent: Chas Chandler. Toningenieur: Dave Siddle.

Chandler und die Band können keine Studio-Zeit im Olympic reservieren und kehren deshalb ins DeLane Lea zurück. Der Mittelpunkt der heutigen Abend-Session war „Manic Depression", ein weiterer vorzüglicher neuer Hendrix-Song.

Gemäß Chandler entwickelte Hendrix sehr schnell das charakteristische Riff des Songs. Die Herausforderung war, das komplizierte Rhythmus-Muster auf die Reihe zu bekommen, bei dem Jimis treibende Gitarre von Mitch Mitchells Trommel-Wirbeln gestützt wird. Mitchells Spiel bei dem Song ist seine bislang beste Studio-Arbeit und zeigt ganz offen seine Vorliebe für Jazz-Legenden wie Elvin Jones.

Nach den Aufnahmen bereitete Chandler einen Rohmix vor, der aber später wieder verworfen wird. In der ersten Aprilwoche 1967 erarbeitet Chandler mit Jimi und Eddie Kramer im Olympic den finalen Mix.

❑ Mittwoch, 1. März 1967
London, DeLane Lea Studios. Produzent: Chas Chandler. Toningenieur: Dave Siddle.

„Like a Rolling Stone" ist zwar längst Bestandteil des Bühnen-Repertoires der Gruppe, eine brauchbare Studioversion des Songs bekommen sie an diesem Abend dennoch nicht zusammen.

Laut Noel Reddings umfangreichem Tagebuches probte die Band an diesem Tag und widmete dabei sicher auch „Like A Rolling Stone" einige Zeit. Trotz dieser Arbeit enttäuschte die Experience Chandler und zeigte sich unfähig, ein fertiges Master einzuspielen. „Ich wollte immer eine Studioversion von ‚Like a Rolling Stone' machen", erklärt Chandler. „Wir versuchten es einige Male, aber aus irgendeinem Grund konnte Mitch nie das Tempo richtig halten. Es machte sie verrückt: entweder trieb Mitch an, oder er verlangsamte. Was mich daran ärgerte, war, daß ich Hendrix beim ersten Mal im Cafe Wha? im Greenwich Village zunächst ‚Hey Joe' und dann ‚Like a Rolling Stone' spielen hörte, und durch Jimis Art, den Song zu singen, zum ersten Mal den Text begriff. Ich war ein Dylan Fan, aber meine Verehrung kühlte in der Zeit ab, als er ‚Like a Rolling Stone' schrieb. Es war der erste Dylan Song, mit dem ich Probleme hatte. Wir beide wollten ihn aufneh-

men, aber wir hatten nie Erfolg damit. Ich habe immer und immer wieder versucht, das auf die Reihe zu bekommen."

❑ „Purple Haze" / „51st Anniversary"
Track Records 604 001. Single-Veröffentlichung. Freitag, 17. März 1967.

Track Records, jetzt voll dabei, brachte „Purple Haze" eindrucksvoll in die Charts. Aufbauend auf dem Erfolg und dem Schwung von „Hey Joe", stieg „Purple Haze" am Donnerstag, 23. März 1967 in die UK-Single Charts ein und blieb dort – bei einer Höchstplazierung auf Nummer drei – 14 Wochen lang.

❑ Montag, 3. April 1967
London, Olympic Studios. Produzent: Chas Chandler. Toningenieur: Eddie Kramer. Zweiter Toningenieur: George Chkiantz.

Zurück im Olympic machte die Gruppe erkennbare Fortschritte, ihr Debüt-Album zu vollenden. Sie nahmen eine Handvoll neuer Songs auf und fügten Overdubs zu einigen unerledigten Masters hinzu . „Are You Experienced?", der atemberaubende Titel-Song des bevorstehenden Debüt-Albums, wurde vom Anfang bis zum Ende dieser Session erarbeitet. Eddie Kramer erinnert sich: „Die Struktur des Songs wurde zuerst mit Jimis Rhythmus-Gitarre, Mitchs Schlagzeug und Noels Baß aufgenommen. Das charakteristische Intro des Songs, sagt Kramer, mündete aus Jimis Hang für Neuentdeckungen: „Jimi hatte das Riff lange zu Hause geübt, er wußte auch, wie es rückwärts klingt. Im Olympic experimentierten wir mit dem Sound und den Mikro-Plazierungen, um zu sehen, was am besten funktioniert."

Stundenlang hatte Hendrix diese schwierige Technik auf seiner eigenen Spulentonband-Maschine geübt. Jimi war von Sounds fasziniert und hörte sich oft rückwärts laufende Bänder an, um die Möglichkeiten dieser Technik herauszufinden.

Jimis Faszination von rückwärtslaufenden Tonbändern verursachte kleine Reibereien mit Mitch Mitchell, der Probleme hatte, diese einzigartigen

Mitch Mitchell hört während den „Are You Experienced?"- Sessions im April 1967 in den Olympic Studios ein Playback ab.

(Eddie Kramer)

drei der vier verfügbaren Spuren, die vierte Spur war dem rückwärts laufenden Rhythmus-Track vorbehalten, der rückwärts gespielte Gitarre, Baß, und Percussions enthielt. Das ganze wurde zunächst vorwärts aufgenommen. Anschließend wurde das Band umgedreht und auf einer zweiten Maschine rückwärts abgespielt, während die erste Maschine das Ausgangssignal der zweiten auf die verbleibende Spur aufnahm. Alle vier Spuren wurden auf zwei Spuren einer zweiten Vier-Spur-Maschine überspielt, um zwei unbespielte neue Spuren für Jimis Leadgesang und zusätzliche Gitarrenteile zu schaffen.

Trotz aller Experimentie fand die Gruppe zu dem Song „Are You Experienced?" nur begrenzt Zugang. Chandler ermutigte Hendrix Erfindungsgabe innerhalb der Grenzen, die er selbst gesteckt hatte. „Damals hatte Chandler den gesamten schöpferischen Prozeß fest in der Hand", sagt Kramer. „Die Session war sehr gut organisiert."

Zusätzlich zu dem hypnotischen Effekt von den rückwärts gespielten Gitarrenparts schmückte Jimi das finale Master mit der Hinzufügung eines Klavier-Overdubs weiter aus. „Jimi spielt die Oktaven auf dem wunderbar verstimmten Klavier im Olympic", sagt Kramer. „Der Klavier-Sound erinnert an Glockenschläge und war ein ein wesentlicher Bestandteil des Grundrhythmus-Tracks."

Am 11. Januar 1967 entschied sich Chandler nach dem Hervorkramen alter Aufnahmen von „Third Stone from the Sun", fast alle ursprünglichen Aufnahmen zugunsten neuer Overdubs zu löschen. „Wir behielten fast nichts von der ursprünglichen Session", erinnert sich Kramer. Besonders wichtig war die Abmischung, in der Kramer Mitchells Percussion und Jimis Gitarre neu positionierte, um die exotische Atmosphäre des Songs zu unterstützen. „Der Song war wie ein Bild aus Wasserfarbe", sagt Kramer. „Um ein Gefühl von Bewegung innerhalb des gesamten Sounds zu schaffen, mischte ich Mitchs Becken nach vorn in der Abmischung und pannte alle vier Spuren des fertigen Masters. Jede Spur bestand aus vier ziemlich dicht zusammengesetzten Bildern. Bei der Vier-Spur-Technik war das Panning dieser vielfachen Sound-Schichten nur sehr eingeschränkt mög-

Klänge auf Zuruf zu reproduzieren. „Mitch wurde immer verklemmter, weil Jimi von ihm verlangte, all die verschiedenen Rhythmen zu spielen, die wir von rückwärts abgespielten Tonbändern in unserer Wohnung entdeckt hatten", sagt Chandler. „Wir hatten mit rückwärts laufenden Tonbändern herumgespielt, um zu hören, wie der Rhythmus klingt, wenn man das Schlagzeug tatsächlich rückwärts spielt war. Jimi wollte, daß Mitch diesen Rhythmus spielt."

Mit der Grund-Struktur füllten sie

lich. Heute, mit den 24- oder 48-Spur-Maschinen, kannst du pannen, soviel du willst."

Von der allerersten Session der Gruppe mit Eddie Kramer im Olympic an veränderte der Toningenieur die Vorgehensweise, mit der sie in anderen Londoner Studios aufgenommen hatten. Vor der Olympic-Zeit wurde Reddings Baß und Mitchells Schlagzeug in Stereo auf zwei der vier verfügbaren Spuren aufgenommen. Kramers Idee war, Mitchells Drums in Stereo auf zwei Spuren aufzunehmen und die restlichen zwei Spuren für Baß und Jimis Rhythmus-Gitarre zu reservieren. Wie der befreundete Olympic-Toningenieur George Chkiantz erklärt, war ein solches Verfahren ungewöhnlich. „Kramer griff die Strategie auf, mit der Hendrix einen originalen Live-Sound auf die Vierspur bekommen wollte. Alle anderen Toningenieure, mich eingeschlossen, hielten das zu dieser Zeit für ziemlich verrückt."

Kramer und Chandler legten anschließend dieses Tonband auf eine andere Vier-Spur-Maschine, mischten die vier Spuren auf zwei Spuren herunter und schafften somit Platz für zwei weitere Spuren. Die zwei offenen Spuren konnten dann Jimis Lead-Gitarre, Leadgesang oder alle anderen Overdub-Ideen beherbergen .

Kramer begriff Chandlers Abneigung gegen allzu oft wiederholte Aufnahmen und Hendrix Perfektionismus. Kramers Strategie brachte beides unter einen Hut, indem er einerseits sicherstellte, daß die Basic Tracks immer ordentlich aufgenommen und vorgemischt wurden. Auf diesem Fundament konnte Hendrix seine Energien auf das Aufnehmen wirkungsvollen Leadgesangs Lead-Gitarren konzentrieren. „Hendrix war viel zufriedener", sagt Chkiantz. „Er fühlte, daß eine Aufnahme niemals verlorengehen konnte und daß sein Kram immer auf Band war. Er und Eddie konnten sich einfach hinsetzen und zuhören."

Die Idee, Jimis Musik in dieser Art aufzunehmen, entstand teilweise bei Kramers Unterhaltungen mit dem Gitarristen. „Jimi war in Amerika Acht-Spur-Technik gewöhnt", sagt Kramer. „Er wollte die Basic- Tracks auf vier Spuren hören. So wie er es bei mir hörte, war die Vier-Spur-Technik ein nicht

ganz so schlimmer Rückschritt, wie er es befürchtet hatte."

Die großartige Ballade „May This Be Love", noch eine von Hendrix' eindrucksvollen neuen Kompositionen, wurde ebenfalls vollendet. „Für das Solo schuf Jimi einen Effekt, der rückwärts klang", erinnert sich Kramer. „Der Multi-Effekt wurde beim Abmischen durch simultanes Stereo-Panning der Rhythmus- und Leadgitarre erreicht." So genau ein Teil dieser Arbeit auch war, manchmal schlichen sich Fehler ein, weil man dem Master somit eine bislang unbekannte, ungreifbare Aufnahmequalität beibrachte. Wer genau hinhört, kann das Umblättern von Jimis Text-Manuskript während der Aufnahmen seines Leadgesangs vernehmen.

Gemeinsam mit Kramer mischte, schnitt und überspielte Chandler im Olympic in der ersten Aprilwoche 1967 das Album. „Als wir die Abmischung und Aneinanderreihung der Songs des Albums endlich fertig hatten, war es drei Uhr morgens", erinnert sich Chandler. „Ich hatte Polydor Records versprochen, ihnen das Band um elf Uhr vorzuspielen. Nachdem wir die Arbeit beendet hatten, schlief ich nur ein paar Stunden zu Hause, weil ich eine Session im Schneide-Raum gebucht hatte, um am Morgen noch ein Acetat anzufertigen – Polydor wollte keine Spulentonband-Kopie hören. Ich spielte das Acetat Horst Schmaltze, dem Chef der A&R-Abteilung, vor. Als Horst die Nadel auf die Platte setzte, brach ich in Angstschweiß aus – ich dachte, 'Mein Gott...wenn er das hört, wird er die Männer in den weißen Kitteln rufen und mich abtransportieren lassen!' Ich hatte plötzlich Angst, diese Aufnahmen jemandem außerhalb des inneren Kreises vorspielen zu müssen. Horst spielte die erste Seite durch und sprach kein Wort.. Dann drehte er die Platte um und spielte die andere Seite. Ich überlegte schon, wie ich mich da rausreden könnte. Am Ende der zweiten Seite saß er einfach nur da. Schließlich sagte er: 'Das ist brillant, das ist das großartigste Ding, das ich jemals gehört habe!' Ich ließ ein lautes 'Aaah!' heraus. Horst unterstützte von da an die Band mit allen Kräften. Kit Lambert und Chris Stamp von Track waren auch kreativ, aber von nun an hatten wir einen Kämpfer für unsere

Sache innerhalb des Polydor-Establishments. Er und Roland Rennie standen völlig hinter dem Marketing und Vertrieb des Albums."

☐ „Hey Joe"/ „51st Anniversary"
**Reprise Records 0572. Single-Veröffentlichung.
Montag, 1. Mai 1967.**

Hendrix Debüt-Veröffentlichung für Reprise, seine Plattenfirma für Nordamerika. Reprise hoffte, den UK-Erfolg von „Hey Joe" zu wiederholen. Dennoch kam der Song nie in die *Billboard*-Single Charts, weil die mächtigen Radio-Programmchefs ihn als „zu hart" für ihr Format einstuften, während schwarze Stationen den Song als zu rockorientiert für ihre dichten Programme betrachteten.

☐ Donnerstag, 4. Mai 1967
**London, Olympic Studios. Produzent: Chas Chandler.
Toningenieur: Eddie Kramer. Zweiter Toningenieur:
George Chkiantz.**

Noel Reddings „She's So Fine" entstand bei dieser Session, das Songwriter-Debüt des Bassisten bei der Experience. „'She's So Fine' handelt von Hippies", erklärt Redding. „Ich hatte einen Typ gesehen, der mit einem Wecker um seinen Hals herumlief, den er mit einer Schnur festgebunden hatte. Er dachte wohl, es sehe sehr avantgardistisch aus, mit einem umgehängten Wecker herumzulaufen.. Ich schrieb den Song, während wir auf einen Auftritt bei *Top Of The Pops* warteten. In der Nacht gingen wir ins Studio und nahmen es auf. Ich zeigte Hendrix das Riff, und er mochte es, weil es in A-Dur war und es einen offenen G-Dur-Griff gab, den er sehr mochte. Hendrix sagte: 'Laßt es uns tun!' Die Session war großartig. Hendrix und Mitchell machten diesen komischen Gesang im Hintergrund, und Chas fand es wunderbar. Er mochte es auch, weil es ein Popsong war und es von dem Bassisten in seiner neuen Band geschrieben worden war – was eine brauchbarere PR-Meldung abgab. Hendrix kümmerte sich um das G-Dur-Solo in der Mitte, weil ich mich auf nichts mehr konzentrieren konnte. Ich war überwältigt, daß mein Song aufgenommen wurde."

Ebenfalls aufgenommen wurde „Taking Care of No Business", ein Song aus Jimis Zeit mit Curtis Knight & The Squires 1965-66. „Ich war nicht stoned", sagt Chandler mit einem Lachen, „aber die Jungs waren ein bißchen high und lachten und scherzten. Sie wollten irgendwas aufnehmen. Wir redeten darüber, etwas in der Art der Marschkapellen aus New Orleans zu machen, als Jimi sagte, er habe da etwas. Es war als so ein New Orleans Party-Ding gedacht."

Hendrix griff noch einmal in seine Tüte mit alten Songs und arbeitete an „Mr Bad Luck" weiter, eine Nummer aus seinem Set mit Jimmy James & The Blue Flames im Cafe Wha?. Obwohl sie ein fertiges Master aufnahmen, wurde es niemals veröffentlicht.

❒ Freitag, 5. Mai 1967
London, Olympic Studios. Produzent: Chas Chandler. Toningenieur: Terry Brown. Zweiter Toningenieur: Andy Johns.

Kramer konnte nicht zu dieser Session kommen und wurde von dem Olympic-Kollegen Terry Brown vertreten. „Ich wurde da irgendwie reingeworfen", erinnert sich Brown. „Es war Eddies Job, und er kannte jeden." An diesem Abend nahm die Experience „EXP" auf, den späteren Eröffnungs-Track des zweiten Albums „Axis: Bold as Love". „Die Session war sehr intensiv", weil es so ein abstrakter Song war", erklärt Brown. „Es saßen auch ein paar Leute herum, die zuhörten und zusahen. Der Song war sehr experimentell, aber Jimi war voll auf der Höhe. Wir spielten an den Sounds, die Jimi wollte und arbeiteten lange daran, die von ihm gewünschten bizarren Geräusche aufs Band zu bekommen. Das Lautsprecher-System, das Jimi benutzte, war ziemlich abgefahren. Er hatte ein kleines Verstärker-Stack und diesen knapp zwei Meter langen Horn-Lautsprecher, der an die Seite eines seiner Verstärker hingeschraubt war. Wir dimmten die Lichter im Studio stark herunter, und er arbeitete, bis er zufrieden war – was ziemlich lange dauerte."

Nachdem der Basic-Track auf Band war, nahmen Mitch und Jimi als nächstes ihr „Interview" auf. Die Geschwindigkeit von Hendrix Stimme wurde von Brown mit der Hilfe eines manuell ge-steuerten VSO (Geschwindigkeits-Regel-Oszillator) manipuliert. Die „Paul Corusoe"-Rolle war eine Anspielung auf Paul Caruso, einen Freund von Jimi aus dem Greenwich Village. „Das war echt nett von Jimi", gibt Caruso zu. „Ich wußte das nicht , bis ‚Axis: Bold as Love' im folgenden Jahr herauskam. Ich konnte nicht glauben, daß er das machte."

❒ „The Wind Cries Mary" / „Highway Chile"
Track Records 604 004. Single-Veröffentlichung. Freitag, 5. Mai 1967.

„The Wind Cries Mary", die dritte UK-Single der Gruppe, gewann breites Lob von den Kritikern, die von Jimis netter Art, an eine Ballade heranzugehen, beeindruckt waren. Es war eins seiner feinsten und dauerhaftesten Werke: „The Wind Cries Mary" stieg in die UK-Single Charts auf Nummer 27 ein und erklomm langsam, aber sicher die Nummer 6.

❒ Dienstag, 9. Mai 1967
London, Olympic Studios. Produzent: Chas Chandler. Toningenieur: Eddie Kramer.

Eine Demo von „If Six Was Nine" wird aufgenommen.

❒ „Are You Experienced?"
Track Records 612-001. UK-Albumveröffentlichung. Freitag, 12. Mai 1967.

„Foxey Lady"/ „Manic Depression"/ „Red House"/ „Can You See Me"/ „Love Or Confusion"/ „I Don't Live Today"/ „May This Be Love"/ „Fire"/ „Third Stone From The Sun"/ „Remember"/ „Are You Experienced?"

Track schiebt der Single-Veröffentlichung von „The Wind Cries Mary" das bahnbrechende Debüt-Album der Gruppe hinterher. In England existierte damals eine klare Trennung zwischen Alben und Singles. Anders als in anderen Märkten wie z.B. Nordamerika, wo vor 1967 veröffentlichte Beatles-Alben wie „Sgt. Pepper's Lonely Hearts Club Band" routinemäßig rekonfiguriert wurden (Bei Hendrix: die Single-Tracks „Hey Joe", „Purple Haze" und „The Wind Cries Mary" wie auch ihre jeweiliges B-Seiten kamen auf das Album mit drauf), wurden den britischen Plattenkäufern die Singles zugunsten des neuen Album- Materiales vorenthalten. „Wir haben nie einen Gedanken daran verschwendet", sagt Chandler. „Jimi und ich sahen die Situation so, daß die Singles den Weg für das Album gepflastert hatten. Es hätte ihm nicht viel gesagt, wenn die Hälfte von ‚Are You Experienced?' einfach nur aus jenen drei Singles bestanden hätte."

Zweifellos eines der feinsten Debüt-Alben in der Rock-Geschichte: „Are You Experienced?" überwältigte sowohl Kritiker als auch Fans. Das Album trat in die UK-Album-Charts (eine Woche vor Beatles „Sgt Pepper's Lonely Hearts Club Band") am 27. Mai 1967 ein und mauserte sich während seines eindrucksvollen 33-Wochen-Aufenthaltes bis zur Nummer 2.

❒ Monterey International Pop-Festival
Monterey, Kalifornien. Sonntag, 18. Juni 1967. Toningenieur: Wally Heider.

Auf Empfehlung von Paul McCartney, der im Verwaltungsrat des Festivals saß, wurde die Experience für ihr US-Debüt bei einem Auftritt beim Monterey Pop-Festival gebucht.

Der dynamische Auftritt bei dem Festival gehört zu den besten ihrer gesamten Karriere. Sie spielten neun Songs: „Killing Floor", „Foxey Lady", „Like a Rolling Stone", „Rock Me Baby", „Hey Joe", „Can You See Me", „The Wind Cries Mary", „Purple Haze" und „Wild Thing". Jimi war das ganze Set lang voll da und baute die Spannung immer weiter auf, bis er als Höhepunkt seine Gitarre anzündete und sie in Stücke schlug – ein Akt der reinen Zerstörungswut, der das Publikum in ungläubigem Erstaunen zurückließ.

Im August 1970, weniger als einen Monat vor Hendrix' Tod, veröffentlichte Reprise das Album „Historic Performances Recorded at the Monterey International Pop Festival". Die Platte wurde von dem Toningenieur Eric Weinbang bearbeitet und präsentierte eine Seite mit Experience-Songs („Like a Rolling Stone", „Rock Me Baby", „Can You See Me", und „Wild Thing"), die B-Seite bestand aus einer Auswahl von Otis Reddings hervorragendem

Auftritt in der vorangegangenen Nacht.

1973 bildeten Szenen des Monterey-Auftrittes den Mittelpunkt eines Warner-Dokumentarfilmes „Film About Jimi Hendrix" mit „Like a Rolling Stone", „Rock Me Baby", „Wild Thing" (vom Hendrix Clip aus dem Original Monterey Pop-Dokumentarfilm) und dem vorher unveröffentlichten „Hey Joe". Die Songs wurden remixt und im Rahmen eines begleitenden Soundtrack-Albums veröffentlicht.

Die gesamte Ausgewogenheit des Monterey-Auftritts blieb bis 1984 unveröffentlicht, bis „Killing Floor" der Reprise-Kompilation „Kiss the Sky" hinzugefügt wurde. 1986 wurde schließlich der gesamte Monterey-Auftritt als „Jimi Plays Monterey" veröffentlicht, das die vorherigen Veröffentlichungen schnell veralten ließ.

28., 29. und 30. Juni 1967
Los Angeles, Houston Studios. Produzent: Chas Chandler.

Chandler war begierig, die Aufnahmen fortzusetzen und buchte drei Tage in den Houston Studios, einer kleinen Anlage in Los Angeles. Trotz der armseligen Sound-Qualität des Studios entwickelte die Gruppe zwei neue Songs, „Burning Of The Midnight Lamp" und „The Stars That Play With Laughing Sam's Dice". Leider wurden später alle dort gemachten Aufnahmen verschrottet, weil die technische Qualität Chandlers Maßstäbe nicht erfüllte. „Ich hatte dort noch nie aufgenommen", erinnert sich Chandler. „Ich buchte dort drei Tage, weil mir erzählt worden war, daß es ein State-Of-The-Art-Studio sei. Aber es war schrecklich. Im Vergleich mit dem Olympic war es wie ein Probe-Studio. Los Angeles war ziemlich hinterher zu dieser Zeit. Ich hatte in San Francisco mit Jimi über einige Ideen für 'The Burning of the Midnight Lamp' gesprochen. Eine der Ideen, über die wir sprachen, war die, wieder einmal weiblichen Gesang einzusetzen. Ich schleppte sogar drei Mädchen aus L.A. an, die Groupies der Animals gewesen waren, damit sie für uns singen." Diese Overdubs wurden jedoch niemals aufgenommen, weil die Gruppe die gebuchte Zeit ausschließlich dazu benutzte, die Arrangements der Songs feiner zu schleifen.

Während „The Stars That Play With Laughing Sam's Dice" in diesen Los Angeles-Sessions geboren wurde, stammten die ersten Versuche von „The Burning of the Midnight Lamp" aus Sessions, die im Mai 1967 im Olympic stattfanden – Hendrix hatte die Melodie des Songs auf dem Cembalo gespielt, das in Studio A aufbewahrt wurde. Ein Demo wurde aufgenommen, und Hendrix nahm eine Spulentonband-Kopie für weitere Arbeit mit. Redding darf in Anspruch nehmen, in L.A. die Inspiration für den Song gegeben zu haben, als er das Intro auf einer zwölfsaitigen Gitarre spielte, die an ein Wah-Wah-Pedal angeschlossen war. Das endgültige Gleichgewicht erhielt der Song unter Chandlers wachsamen Augen, als er Jimi und die Gruppe durch einen annehmbaren Basic-Track dirigierte. Trotz dieser Arbeit fielen keine Masters ab. Die Gruppe sollte Anfang Juli nach New York weiter reisen, und Chandler plante dort sogleich die nächsten Aufnahme-Sessions.

Donnerstag, 6. Juli 1967
New York, Mayfair Studios. 16 bis 19 Uhr. Produzent: Chas Chandler. Toningenieur: Gary Kellgren.

Aufgrund eines Tips von Chandlers Freund, dem Produzenten Tom Wilson, mit dem Chandler am Ende seiner Animals-Zeit gearbeitet hatte, buchte er die Mayfair Studios in New York. Mayfair wurde von dem Toningenieur Gary Kellgren betreut, den Wilson in den höchsten Tönen lobte. Obwohl es kleiner als das eindrucksvolle Studio A des Olympic war, stellte Mayfairs Sound-Qualität doch eine entscheidende Verbesserung gegenüber dem Houston in L.A. dar.

Die Experience (auf den Tonband-Hüllen als „Kunde: Jim Hendricks" bezeichnet) plagte sich sechs Stunden lang unter der Regie von Chandler. Dreißig Takes und zwei Spulen Tonband wurden gebraucht, bis „Burning of the Midnight Lamp" fertig war. „'Burning of the Midnight Lamp' hatte als Demo im Olympic begonnen", erinnert sich Chandler. „Wir beabsichtigten, es dort aufzunehmen, aber Jimi fand die entscheidende Idee für den Song in Amerika, und wir entschieden uns, es einfach dort zu machen." Zusätzlich zu dem Baldwin Cembalo, das

von Jimi gespielt wird, erhält der Song einen entscheidenden Kick durch die berühmten Gospel-Sänger Sweet Inspirations. Kellgrens Frau Marta, die ebenfalls im Mayfair arbeitete, kannte die Sänger gut, denn sie hatte die Gruppe schon mehrfach für Kunden des Studios angeheuert. „Wir versuchten noch immer, kommerzielle Singles zu machen, aber unser Sound sollte auch immer etwas Abgedrehtes haben", erklärt Chandler. „Wir hatten schon bei 'Hey Joe' weiblichen Gesang benutzt, und es schien angemessen, es noch einmal zu machen. Die Sweet Inspirations paßten voll dazu.".

Mittwoch, 19. Juli 1967
New York, Mayfair Studios. 19 bis 1:32 Uhr. Produzent: Chas Chandler. Toningenieur: Gary Kellgren.

21 neue Takes von „The Stars That Play with Laughing Sam's Dice" werden aufgenommen. Nachdem die Los Angeles-Aufnahmen dieses Tracks verworfen worden waren, erreichte Take 21 der Neuaufnahmen das Master.

„Purple Haze" / „The Wind Cries Mary"
Reprise 0597. US-Single-Veröffentlichung. Mittwoch, 16. August 1967

Vor der Veröffentlichung des Albums „Are You Experienced?" in Nordamerika versuchte Reprise erneut, die *Billboard* Single-Charts zu entern. „Purple Haze" erging es geringfügig besser als „Hey Joe": Es stieg auf Platz 90 ein und kletterte bis auf Platz 65. Reprise hatte weitaus mehr Erfolg mit dem „Are You Experienced?"-Album, nachdem stetiges Airplay von „Purple Haze" auf Untergrund-FM-Stationen in bedeutenden Märkten wie New York und San Francisco die Verkäufe des Albums stärker angeschoben hatte als die der ersten zwei US-Singles.

„The Burning of the Midnight Lamp" / „The Stars That Play with Laughing Sam's Dice"
Track 604 007. UK-Single-Veröffentlichung. Freitag, 18. August 1967.

Hendrix hatte eine Menge Arbeit in das Schreiben und Aufnehmen von „The

Burning of the Midnight Lamp" investiert. Er wurde von der lauwarmen Reaktion der britischen Musik-Kritiker auf den Song schwer getroffen, die von den ersten drei Singles der Gruppe begeistert waren. Der Widerhall von „The Burning of the Midnight Lamp" in der Öffentlichkeit war ähnlich schwach – die Single hatte nicht die Charts-Wirkung wie ihre Vorgänger. Sie erreichte am Mittwoch, 30. August 1967 die Single-Charts und kam während ihres neunwöchigen Aufenthaltes nur bis auf Platz 18. Hendrix war von den schwachen Verkäufen nicht beeindruckt, sein Glaube an „The Burning of the Midnight Lamp" wankte niemals. „Es ist mir egal, was unsere Platten in den Charts machen", erklärte Jimi. „Jeder in meiner Umgebung haßte (die Platte), aber für mich war es die beste, die wir jemals machten. Aber nicht die Aufnahme selbst, weil die Aufnahme-Technik sehr schlecht war. Man konnte den Text nicht besonders gut verstehen. Das war's wohl (das Problem)".

☐ „Are You Experienced?"
Reprise RS 6261. US-Albumveröffentlichung. Mittwoch, 23. August 1967.

„Purple Haze"/ „Manic Depression"/ „Hey Joe"/ „Love Or Confusion"/ „May This Be Love"/ „I Don't Live Today"/ „The Wind Cries Mary"/ „Fire"/ „Third Stone From The Sun"/ „Foxey Lady"/ „Are You Experienced?"

Nachdem die ersten beiden Reprise-Singles in den US-Charts nur wenig bewegen konnten, wurde „Are You Experienced?" ein enormer Erfolg: Es blieb bemerkenswerte 106 Wochen in den *Billboard* Album-Charts, 77 Wochen davon in den Top 40. Der unglaubliche Erfolg des Albums etablierte Reprise als angesehenes Rock-Label. Nachdem es ursprünglich ein Hobby-Label des Besitzers Frank Sinatra war, wurde es bald Platten-Heimat für Sinatra-Freunde wie Dean Martin und Sammy Davis Jr. Der Vizepräsident Morris „Mo" Ostin, ein ehemaliger Sinatra-Mitarbeiter, leitete die nachfolgende Umwandlung in eine Rock'n'Roll-Company. Hendrix wurde schnell zum besten Pferd im Stall, in dem auch bald Acts wie Grateful Dead, die Kinks und Van Morrison standen.

Die Beliebtheit von „Are You Experienced?" setzte sich durch Jimis gesamte Karriere fort. Es war seine populärste Veröffentlichung bis zu seinem Tod im September 1970 und blieb es auch für fast zwanzig Jahre, bis sie von der Reprise- Kompilation „Smash Hits" schließlich übertroffen wurde. Das Debüt-Album ist und bleibt die unschätzbare Einführung von Hendrix Vermächtnis.

☐ Dienstag, 3. Oktober 1967
London, Olympic Studios. Produzent: Chas Chandler. Toningenieur: Eddie Kramer. Weitere Toningenieure: George Chkiantz, Andy Johns.

Hendrix wollte unbedingt den Haufen von Material bearbeiten, den er mehrere Monate zusammengetragen hatte. Chandler führte die Gruppe zurück in die Olympic Studios. Hendrix schien vor Selbstvertrauen zu bersten und beanspruchte eine maßgeblichere Rolle im Aufnahme-Prozeß. Chandler kam dieser Forderung teilweise nach, indem er der Gruppe Studio-Zeit gewährte, in der sie neues Material entwickeln konnte. „Die Band war so gut eingespielt, daß Mitch und Noel Jimis neue Songs zum erstenmal im Studio hören konnten, anstatt sie, wie früher, zunächst im Proberaum durchzugehen", erklärt Chandler. „Diese Vorgehensweise funktionierte inzwischen recht gut. Jimi erklärte Noel die Akkord-Sequenzen und gab Mitch das gewünschte Tempo vor."

Die Rollen innerhalb des Kontrollraum im Olympic waren eindeutig definiert, obwohl Chandler Hendrix mehr Einfluß als bei früheren Sessions gewährte. „Eddie Kramer war der Toningenieur auf allen Songs von ‚Axis: Bold as Love'", sagt Chandler. „Ich erinnere mich, daß George Chkiantz Keith Grant anschleppte, um ihm bei einigen Effekten zu helfen, aber es war einzig Eddie, der direkt mit uns arbeitete. Eddie und ich saßen am Pult und George Chkiantz oder Andy Johns waren in der Ecke bei den Tonband-Maschinen. Roger Mayer baute elektronische Geräte für Jimi, und er war oft bei uns im Kontrollraum."

Im Laufe dieses langen Abends wurden Fortschritte bei „You Got Me Floatin'" und „One Rainy Wish" erzielt. Redding spielte sehr effektvoll auf seinem achtsaitigen Hagström-Baß. Graham Nash von den Hollies, Trevor Burton (The Move) und Roy Wood steuerten den Chor-Gesang bei.

Trotz der jovialen Atmosphäre der Session konnte sich Chandler für „You Got Me Floatin'" niemals richtig erwärmen. „Das war einer der schwachen Songs auf der Platte für mich", gibt Chandler zu. „Darum setzte ich es zunächst auf die B-Seite des Albums. Ich wollte es einfach vom Tisch haben. Ich fand, das keiner von uns wirklich hinter dem Song stand. In der Tat ließen wir andere Leute Harmonien dem Track hinzufügen, weil wir selbst keine Ideen hatten. Trevor Burton und Roy Wood waren Freunde von Noel, und deshalb kamen sie rein und sangen. Für mich war es nicht gerade eines seiner besten Werke."

Andererseits war Chandler von den Möglichkeiten von „One Rainy Wish", einer vorzüglichen neuen Ballade, angetan. „Ich war verdammt scharf auf den Song vom allerersten Mal, als er ihn mir vorspielte", erklärt Chandler. „Jimi nahm drei Gitarren für den Song auf – aber nicht gegeneinander wie bei ‚The Wind Cries Mary' . Die Gitarrenteile gingen nahtlos ineinander über. Wir hatten Mühe, es aufzunehmen, denn zu Beginn waren ein paar Lücken zwischen den Tönen, und Noel mußte deshalb schwer mit dem Tempo kämpfen. Am Ende kam aber alles recht gut zusammen."

Die lyrische Metaphorik von „One Rainy Wish" beleuchtete Hendrix' Faszination für Farben. Jimi hatte begonnen, seinen Sound in Farben zu beschreiben, vor allem wenn es darum ging, die feinen Schattierungen seines Sounds zu charakterisieren. Hendrix sprach mit Kramer über die Klänge, die er im Kopf hatte, oder die er in einem Traum gehört hatte. Diese Sounds wollte er auf der Platte haben, und es waren diese Sounds, die ihn frustrierten: er konnte sie ganz deutlich hören, war aber nicht in der Lage, sie auf der Gitarre umzusetzen. Farben, wie Hendrix es beschrieb, können auch Gefühle beschreiben. „Manche Gefühle lassen dich sofort an gewisse Farben denken. Eifersucht ist Purpur – ich bin Purpur in Wut oder Purpur im Zorn. Der Neid ist Grün. So beschreibst du deine Gefühle jenem Mädchen gegenüber, das über die Farben der Welt herrscht. Mit anderen Worten: du mußt nicht darauf (auf diese Gefühle) verzichten, du kannst alles auskosten."

Jimi mit Buddy Miles im Golden Gate Park in San Francisco.

(Jim Marshall)

Nach einer Pause für Konzerte und diverse Medien-Auftritte in England und Frankreich wurden weitere Sessions für den 25. Oktober im Olympic gebucht. Im Blick auf das lukrative Weihnachtsgeschäft drängten Track und Reprise die Band, rasch ein weiteres Album fertigzustellen, um nahtlos an den riesigen Erfolg von „Are You Experienced?" anzuschließen. Am 23. Oktober bucht Chandler DeLane Lea Studios, damit die Gruppe in Vorbereitung auf die bevorstehenden Sessions im Olympic proben konnte. Am darauffol-

genden Abend spielt die Band im Londoner Marquee Club mit The Nice als Vorgruppe. Nachdem Chandler gehört hatte, wie Jimi mit dem Nice-Keyboarder Keith Emerson jammte, entschloß er sich sofort, ihn zu den Olympic-Sessions einzuladen. „Keith Emerson war ein Typ, mit dem Jimi zusammenarbeiten sollte", sagt Chandler. „Jimi saß oft mit The Nice herum, und Keith spielte

wirklich gut mit ihm zusammen. Sie hätten richtig gute Sachen miteinander machen können, aber mir saß die Pistole im Nacken, das Album fertigzustellen, und wir durften keine Zeit vergeuden."

☐ Mittwoch, 25. Oktober 1967
London, Olympic Studios. Produzent: Chas Chandler. Toningenieur: Eddie Kramer. Weitere Toningenieure: George Chkiantz, Andy Johns.

Nach einer Probe im Regent-Sound zieht Chandler mit der Experience ins

Olympic weiter, wo „Wait Until Tomorrow" und „Little Wing" vollendet werden. Laut Chandler hatte Hendrix seit Monaten immer wieder an „Wait Until Tomorrow" herumgebastelt. „Es war eigentlich als eine Einlage gedacht", erklärt Chandler. Als er damit herumexperimentierte, sah er es zunächst eher als Scherz, fast als einen Comedy-Song." Während dieser Oktober-Sessions ließ Hendrix sämtliche Comedy-Aspekte fallen, die er ursprünglich in Erwägung gezogen hatte.

Von allen Tracks, die schließlich ihren Weg auf das Album gefunden haben, erwies sich „Wait Until Tomorrow" als der schwierigste für Hendrix. „Ohne erkennbaren Grund konnte Jimi die Intro-Töne nicht zu seiner Zufriedenheit spielen", erinnert sich Kramer. Eine Reihe von erfolglosen Versuchen endete damit, daß Chandler den Song zur Seite legte. Er wollte die Session nicht in Gefahr bringen.

„Little Wing", eine von Hendrix' besten und dauerhaftesten Kompositionen, kam als nächstes dran. Die ursprüngliche Idee für den Song, erzählte Hendrix dem Reporter Jules Freemond, hatte sich aus einem Einfall entwickelt, der ihm im Greenwich Village gekommen war. „Ich liebe es, langsame Songs zu schreiben, weil es mir leichter fällt, Blues und Gefühl reinzubringen", sagte er. „Die meisten der Balladen entstehen auf verschiedene Weise. Manchmal siehst du Dinge ganz anders, als andere Leute sie sehen. Und dann münzt du das in einen Song um. Es kann alles bedeuten. Bei einigen Songs habe ich zunächst die Musik und suche dann nach einem passenden Text. Es kommt darauf an. Ich folge keinem gleichbleibenden Muster, denn ich sehe mich nicht als Songwriter. Noch nicht. Ich habe nur eine Menge Musik in meinem Kopf. Und sie erscheint noch nicht einmal den anderen Jungs, bevor wir ins Studio gehen."

Die Gruppe konzentrierte sich auf den Basic-Track, um darauf aufzubauen. Jimis Gitarre wurde durch einen Leslie Orgel-Lautsprecher gejagt. Am Ende des Abends hatte die Gruppe ein brauchbares Arbeits-Master erstellt, auf dem die Overdubs folgen konnten.

☐ Donnerstag, 26. Oktober 1967

London, Olympic Studios. Produzent: Chas Chandler. Toningenieur: Eddie Kramer. Weitere Toningenieure: George Chkiantz, Andy Johns.

Wie schon am Abend zuvor buchte Chandler wieder das Regent-Sound, um noch eine Pre-Session-Probe abzuhalten. Nachdem sie zwei Songs gespielt hatten, wurde die Experience jedoch aus dem Studio geworfen – sie hatten zu laut gespielt! Unbeeindruckt arbeiteten sie im Olympic weiter, wo Hendrix die kniffelige Einleitung von

Hendrix auf der Bühne im New Yorker Central Park am 5. Juli 1975.

(Linda McCartney/Star File)

„Wait Until Tomorrow" endlich hinbekam und der Song vollendet werden konnte. Mitch und Noel steuerten den Chorgesang bei. Als Jimi seinen Leadgesang aufnahm, fing das Tonband ein Lachen von ihm ein – er hatte Mitchell Redding beim Singen zugehört.

Auch „Aint No Telling" wurde an dem Abend fertig gestellt. Der Song wirft ein Schlaglicht auf Mitch Mitchell, dessen überragendes Spiel zu dem besten gehört, was er jemals in dieser Gruppe spielte. Mitchell forderte Hendrix richtig heraus – er doppelte Jimis Rhythmus-Gitarre und trieb sein Solo an. Chandler und Hendrix unterstützten solche Einlagen von Mitchell, weil sie sahen, welche Fähigkeiten er dabei entwickeln konnte. Neben Mitchells Funktion für die Festlegung des Tempos und die Beisteuerung diverser Betonungen gewährte Hendrix ihm völlige Freiheit, unterschiedliche Strukturen passend zu seinen Songs zu erschaffen.

☐ Freitag, 27. Oktober 1967
London, Olympic Studios. Produzent: Chas Chandler. Toningenieur: Eddie Kramer. Weitere Toningenieure: George Chkiantz, Andy Johns.

Noel spielte seinen achtsaitigen Hagström-Baß bei der Fertigstellung des Basic-Tracks von „Spanish Castle Magic". Die Gruppe hatte im Laufe dieser Oktober-Sessions mehrfach an „Spanish Castle Magic" herumgebastelt, bis sie sich auf ein endgültiges Arrangement einigen konnte.

Hendrix nahm seinen Leadgesang zu den Basic-Tracks auf und fügte seine Lead-Gitarren-Parts hinzu. Er spielte seinen eigenen achtsaitigen Hagström-Baß, der durch ein Octavia geschleift wurde und stieg damit in ein paar Baß-Riffs ein, um einige Teile von Reddings ursprünglichem Track zu ersetzen. Als Jimi Kramer auf dem Klavier herumspielen hörte, fiel ihm sofort ein weiteres Element für den Song ein. „Ich blödelte mit diesen Akkorden auf dem Klavier herum", erinnert sich Kramer. „Ich spielte einige Jazz-Akkorde. Jimi hörte das und sagte: 'Mann – was sind das für Akkorde? Zeig mir diese Akkorde!' Ich zeigte ihm, was ich gespielt hatte, und er sagte: 'Mann – ich baue sie in den Song ein. Du spielst sie.' Ich wollte das nicht, aber ich bot ihm an, sie ihm zu zeigen – und das waren die Akkorde, die er schließlich auf der Platte spielte."

☐ Samstag, 28. Oktober 1967
London, Olympic Studios. Produzent: Chas Chandler. Toningenieur: Eddie Kramer. Weitere Toningenieure: George Chkiantz, Andy Johns.

Ein fleißiger Tag der Experience, wenn man bedenkt, daß die Gruppe zusätzlich zu einer produktiven Session noch einen Auftritt im California Ballroom in Dunstable absolvieren mußte.

Wichtige Arbeit an den Songs „Spanish Castle Magic" und „Little Wing" wurde beendet. „Für 'Little Wing' benutzte Jimi das Glockenspiel aus dem Studio A", erinnert sich George Chkiantz. Sorgfältig wurde neuer Leadgesang für beide Songs aufgenommen. „'Axis: Bold as Love' war die erste Hendrix-Veröffentlichung, bei der es vor allem um Stereo-Kompatibilität ging", erzählt Chkiantz. „Einige der Vocals wurden auf eine Seite gezogen, um den Effekt zu verbessern." Nachdem diese Arbeit vollendet war, wurden die Abmischungen von „Spanish Castle Magic" und „Little Wing" vorbereitet.

☐ Sonntag, 29. Oktober 1967
London, Olympic Studios. Produzent: Chas Chandler. Toningenieur: Eddie Kramer. Weitere Toningenieure: George Chkiantz, Andy Johns.

Drei der besten Songs von „Axis: Bold as Love" standen auf dem Programm: „Castles Made Of Sand", „Up From The Skies" und „Bold As Love".

Mit Mitchells bemerkenswertem Jazz-Schlagzeug bei „Up From The Skies" begann der Abend. „Bold as Love" zeigt intensives Stereo-Phasing als einen weiteren Bestandteil von Hendrix' Sound.

Als die Beatles ins Olympic gekommen waren, um „Baby You're A Rich Man" (11. 5. 1967) und „All You Need Is Love" (14. 6. 1967) aufzunehmen, besprach Kramer, der an beiden Aufnahmen arbeitete, den Phasing-Sound mit George Martin. Die Beatles hatten darüberhinaus eine weitere neue EMI-Technik für ihre Aufnahmen benutzt: „Artificial Double Tracking", kurz ADT genannt. Martin hatte diese Geheimnisse im Handbuch des BBC Radiophonic-Workshops aufgespürt. Phasing wurde schon 1959 entdeckt – durch einen Zufall, als ein amerikanischer DJ versuchte, den Sound der aktuellen Toni Fisher-Single „The Big Hurt" fetter zu machen. Damit der Sound kräftiger klang, fädelte er zwei Aufnahmen des Songs auf verschiedenen Maschinen so ein, daß sie gleichzeitig gestartet werden konnten. Die dadurch entstehenden Phasen-Verschiebungen (und -Auslö-schungen) stellten eine neue Technik dar. Hendrix hatte versucht, einen Unterwasser-Sound zu beschreiben, der ihm in einen Traum eingefallen war. Er hoffte, Kramer könne – wie so oft in der Vergangenheit – diesen Sound auf seinem Mischpult erzeugen. Doch dieser besondere Sound erforderte ganz andere Anstrengungen.

Für den anderen Olympic-Toningenieur George Chkiantz, der sich vor allem auf die Technik der Band-Schleifen und Band-Echos konzentrierte, war ADT zwar sehr nahe dran, aber doch nicht exakt das, was er hören wollte. „Ich hatte mich immer geärgert, daß Band-Schleifen und Band-Echos jedes Mal die exakt gleichen Wiederholungsraten hatten", erklärt Chkiantz. „Ich versuchte immer, ein System zu erarbeiten, das zufällige Echos erzeugt."

Kramer und Andy Johns erinnern sich an Chkiantzs großen Durchbruch: „Eines Nachts, während wir an 'Axis: Bold as Love' arbeiteten, hatte sich George mit einem Small Faces-Tape („Green Circles") im Studio B eingeschlossen", erinnert sich Johns. „Plötzlich raste er mit einem irren Blick ins Studio A und rief: 'Kommt und hört euch das an!' Wir gingen rüber, auch Jimi, und George hatte einen Sound aus einem Stereo-Mix erzeugt, der von der Rückseite deines Kopfes zu kommen schien. Es war zwar noch kein Phasing, aber es war der erste große Schritt in diese Richtung."

Die weiteren Verfeinerungen von Chkiantzs Entdeckung erwiesen sich als schwierig, weil er jede verfügbare Maschine im Olympic für seine Arbeit brauchte, um den Sound auf Tonband einzufangen. Chkiantz bat Kramer und Johns abwechselnd um Hilfe. Johns wollten diesen neuen Sound, eine Kombination aus Phasing und Flanging (eine weitere Variante von EMIs ADT) für die Aufnahme von „Itchycoo Park", einen neuen Song der Small Faces, einsetzen. Dieser Prozeß gebar zwar eine Reihe von Effekten bei Mono-Mischungen, den Stereo-Durchbruch hatte Chkiantz jedoch noch nicht geschafft.

Angespornt von Chkiantzs Fortschritt, dachte Kramer darüber nach, wie er das Phasing und seine möglichen Anwendungen für Hendrix nutzen könnte. Sie entschieden sich, die Technik bei „Bold as Love" auszuprobieren. Kramer bat Hendrix, sich einen neuen Sound anzuhören. Als er das Phasing hörte, rief Hendrix: „Das ist es! Das ist der Sound, den ich in meinen Träumen hörte!" Kramer, Chkiantz, und Andy Johns organisierten den noch immer sehr komplizierten Vorgang und begannen mit den gephasten Overdubs. Wer genau zuhört, wird die exakte Stelle herausfinden, an der der

Mitch Mitchell
(Michael Ochs Archives)

Effekt einsetzt: Bei 2:46 Minuten sind Mitchells gephaste Drums zu hören. Kramer pannte den Drum-Roll gleichzeitig mit Mitchells Spiel quer über die Lautsprecher und schaltete den Effekt einen Sekundenbruchteil, bevor Hendrix Gitarre (ebenfalls in diesem neuen Sound) dramatisch wieder auftaucht, aus. Zum ersten Mal wurde Phasing in Stereo aufgenommen.

„Die Teile des Songs waren schnell geschrieben", erinnert sich Chandler. „Dann experimentierten Eddie und Ge-

orge mit diesem und jenem Sound, bis sie fanden, was sie wollten. Ich erinnere mich, Eddie gegenüber Bedenken geäußert zu haben, daß dieser anfängliche Phasing-Sound doch ein wenig zu pompös und aufgeblasen klingen könnte. Ich wollte nur sicherstellen, daß der Effekt nicht den ganzen Track überstrahlte. Doch der Song war so stark, daß er vom Phasing nur gewinnen konnte."

Hendrix overdubbte auch die wendigen Baß-Linien, die die Melodie des Songs umrahmten. Redding hatte den Basic-Track eingespielt, aber während all des Experimentierens hatte sich Hendrix entschieden, Teile der Baß-Linie neu aufzunehmen – besonders während des erschütternden Outros des Songs. Das Master wurde weiter verbessert, nachdem Jimi Kramer beim Improvisieren auf einem Cembalo, das von einer vorigen Session noch im Studio stand, hörte. Kramer zeigte die passenden Akkorde, und Hendrix spielte sie, was dem Song seinen letzten Schliff gab.

Phasing wurde auch auf dem 28. Oktober-Master von „Little Wing" eingesetzt. Obwohl der Basic-Track fertig war, phaste Kramer Hendrix Gesang und leitete ihn in einen rotierenden elektronischen Leslie-Lautsprecher.

„Castles Made of Sand", eine weitere zarte Ballade von Jimi, wurde heute abend fertiggestellt. „Der Track war fast wie 'The Wind Cries Mary', wo nach der Aufnahme von Jimis Rhythmus-Gitarre große Lücken mit Overdubs gefüllt werden mußten", erinnert sich Chandler. „Das Hauptproblem war, daß Jimi die Gitarren-Teile in seinem Kopf hatte. Es dauerte lange, bis Mitch und Noel im richtigen Timing spielen konnten, weil sie sich schwer taten, das richtige Gefühl für das Tempo zu bekommen. Jimi half ihnen auf die Sprünge und nahm eine Gitarren-Figur als Stütze auf, die wir bei den späteren Overdubs wieder löschten und mit den Teilen ersetzten, die er haben wollte."

☐ Montag, 30. Oktober 1967
London, Olympic Studios. Produzent: Chas Chandler. Toningenieur: Eddie Kramer. Weitere Toningenieure: George Chkiantz, Andy Johns.

Die Aufnahmen von Reddings „She's So Fine" vom 4. Mai bekamen ihren letzten Schliff, so daß der Song auf das „Axis: Bold as Love"-Album kommen konnte. Hendrix und Mitchell steuerten den Chor-Gesang bei. Am 27. September hatte Redding für sich selbst Zeit in den Rye Muse Sound Studios gebucht, um an „She's So Fine" zu arbeiten. Weil aber weder Chandler noch Hendrix dabei waren, sind die Folgen dieser Session nicht dokumentierbar.

☐ Dienstag, 31. Oktober 1967
London, Olympic Studios. Produzent: Chas Chandler. Toningenieur: Eddie Kramer. Zweiter Toningenieur: George Chkiantz.

Das war eine Marathon-Abmischsession, geleitet von Chandler, Hendrix und Kramer. 13 Songs, einschließlich EXP, bilden das neue Album. Irgendwie schaffte es Hendrix nach der ausgedehnten Session, die Abmischungen der Songs zu verlieren, die auf die A-Seite kommen sollten. Anscheinend wollte er die Masters mit nach Hause nehmen. „Er ging zu einer Party und nahm die Masters dorthin mit. Als er nach Hause zurück kam, stellte er fest, daß er eine der Schachteln im Taxi vergessen hatte. Der Veröffentlichungstermin stand vor der Tür! Also klingelten wir Eddie aus dem Bett und gingen ins Olympic. Wir mischten die gesamte A-Seite des Albums neu – alles in einer Nacht."

„Es war so schön gemischt", jammerte Hendrix. „Aber wir haben die ursprüngliche Abmischung verloren, also mußten wir es nochmal tun. Chas und ich und der Toningenieur, Eddie Kramer, wir alle mußten es bis zum nächsten Morgen innerhalb von elf Stunden neu gemischt haben – und das ist verdammt hart."

„EXP", das Eröffnungs-Stück des Albums, war sehr schwer zu reproduzieren, weil die Basic-Tracks von Terry Brown aufgenommen worden waren. Viele seiner Techniken, wie Panning und Lautstärken-Wechsel, waren während des Premix-Prozesses eingesetzt worden. Ein späterer Remix auf der Basis eines Acetats mißlang, so daß die drei keine andere Wahl hatten, als alles von vorne zu bearbeiten.

„Die meisten Probleme hatten wir mit 'If Six Was Nine'", erinnert sich Kramer. Ich konnte die Qualität des ersten Rough-Mixes nicht annähernd erreichen. Wir saßen da und kratzten uns am Kopf. Chas fragte, ob jemand ein Tonband des Rough-Mixes habe. Es stellte

sich heraus, daß Noel eines hatte. Chas schickte jemanden mit dem Taxi zu dessen Wohnung, und sie kamen mit dieser winzigen, Drei-Zoll-Plastik-Spule

Jimi bereitet sich auf seinen Auftritt in der Hollywood Bowl am 18. August 1967 vor.

(Chuck Boyd/Flower Children Ltd.)

zurück, aus der das Band herausfiel. Bevor wir es auf die Maschine spannen konnten, mußte ich erst all die Falten herausbügeln. Es war auf 7,5 I.P.S. aufgenommen, und das Band war ein einziger Alptraum. Das Tonband wurde dennoch auf 15 I.P.S. überspielt – und das ist die Version, die du hören kannst."

„Im Vergleich zu unseren Versuchen, das Original zu reproduzieren, klang es sogar großartig", sagt Chandler. Später lizensierten wir den Track zur Benutzung im „Eazy Rider"-Film, und es klang super im Kino. Ich bekomme noch heute Komplimente dafür!"

„Axis: Bold as Love"

Track Records 613 003. UK-Albumveröffentlichung. Freitag, 1. Dezember 1967. Produzent: Chas Chandler. Toningenieur: Eddie Kramer. Weitere Toningenieure: Terry Brown, George Chkiantz, Andy Johns.

„EXP"/ „Up From The Skies"/ „Spanish Castle Magic"/ „Wait Until Tomorrow"/ „Ain't No Telling"/ „Little Wing"/ „If Six Was Nine"/ „You Got Me Floatin'"/ „Castles Made Of Sand"/ She's So Fine/ „One Rainy Wish"/ „Little Miss Lover"/ „Bold as Love".

„Axis: Bold as Love" wurde von Track ruck, zuck veröffentlicht, um das Weihnachtsgeschäft noch abgreifen zu können. Das Album wurde von den Fans herzlich aufgenommen und erreichte während seines 16-wöchigen Chart-Aufenthaltes Nummer 5 als Höchstposition.

„Foxey Lady"/ „Hey Joe"

Reprise 0641. US-Single-Veröffentlichung. Mittwoch, 13. Dezember 1967.

Vielleicht als ein Konter gegen die Capitol-Records-Veröffentlichung „Get That Feeling", einer Sammlung von Hendrix-Beiträgen als Begleitmusiker von Curtis Knight, brachte Reprise diese Single heraus. Beide Songs bekamen haufenweise Airplay bei den Untergrund-FM-Stationen, so daß sich die dritte amerikanische Experience-Single vier Wochen in den *Billboard* Charts hielt und bis auf Platz 64 kam.

Mittwoch, 20. Dezember 1967

London, Olympic Studios. Produzent: Chas Chandler. Toningenieur: Eddie Kramer. Zweiter Toningenieur: George Chkiantz.

Die Session signalisierte den Produktionsanfang für „Electric Ladyland", dem dritten Album der Band. Hendrix begann mit der Aufnahme des wunderbaren „Crosstown Traffic". Kramer lehnte erneut Hendrix Aufforderung ab, Klavier auf dem Track zu spielen. Die Akkorde, die Hendrix spielte, waren ähnlich zu jenen, die er in das letzte Master von „Spanish Castle Magic" eingebaut hatte. „Der Klavier-Sound wurde mit einem Pye Limiter extrem komprimiert und anschließend durch die Equalizer geschleift", erklärt Kramer. Ich drehte am Equalizer herum, damit er wie ein Mini-Wah-Wah klang. Jimi verdoppelte die Melodie, indem er das, was er auf der Gitarre spielte, mitsang. Dann setzte er ein Kazoo oben drauf!" Dave Mason von Traffic beobachtete die Session und stieg bei Noel Reddings Hintergrund-Gesang mit ein.

„Dream" und „Touch You", zwei neue Songs von Noel, wurden ebenfalls aufgenommen. „Dream", erst Reddings zweiter Leadgesangs-Versuch bei der Experience, sorgte für eine unerwartete Überraschung. Der Track, irgendwie an Hendrix „Love or Confusion" erinnernd, wurde von Reddings Lead-Gitarre bestimmt, Hendrix spielte den wendigen Baß. „Hendrix mochte das wirklich leiden", erinnert sich Redding . „Ich spielte es ihm auf der Gitarre vor, und er krallte sich den Baß. Wir haben es nie vollendet, aber es war eine wertvolle Melodie."

Redding durfte seinen Beitrag zu den „Axis: Bold as Love"-Sessions leisten, also lud Hendrix auch Mitch Mitchell ein, um einen Song beizusteuern. Mitchell hatte nichts vorbereitet, aber Redding bot mit „Dance" einen weiteren neuen Song an. Eine Demo-Version des Songs, mit Mitchell als Sänger, wurde aufgenommen. Während ein Rohmix vorbereitet wurde, merkte Chandler, daß der Track noch weiter bearbeitet werden muß, bevor er auf das Album kommen könne. „Dance" entwickelte sich gemäß Chandler zu „Cat Talking To You". „So wurde es am Ende genannt", sagt Chandler. „Trotzdem bekam Mitchell schließlich doch keinen Song auf das Album – Hendrix und ich mußten zu Hause an Noels Text herumdoktorn, um ihn zu verbessern."

Während „Cat Talking To You" niemals als Song verwirklicht wurde, arbeitete Hendrix an Reddings Gitarren-Thema weiter und entwickelte daraus das Riff von „Ezy Ryder". „Das Riff von 'Dance' kam später als ein Song ('Ezy Ryder')

von Hendrix heraus", sagt Redding. „Wenn ich einen meiner Songs im Studio machen wollte, griff ich mir einfach eine Gitarre oder hängte mir Hendrix Gitarre verkehrt herum um den Hals und spielte das Ding einfach durch. Hendrix hörte das Riff und sagte: 'Hey-das gefällt mir.'"

Weder „Dream," noch „Dance," oder gar „Cat Talking to You" kam jemals über das Demo-Stadium hinaus. Darüberhinaus verpuffte auch die Idee, eine Basis für Mitchells Gesang zu entwickeln – sie wurde nie wieder aufgegriffen.

Donnerstag, 21. Dezember 1967

London, Olympic Studios. Produzent: Chas Chandler. Toningenieur: Eddie Kramer. Zweiter Toningenieur: George Chkiantz.

Letzte Feinarbeiten an „Crosstown Traffic" münden in die definitive Abmischung des Songs.

Hendrix hatte sich laut Chandler auch schon einen Anfang für das neue Album ausgedacht: den Klang eines Raumschiffes, das auf Erde landet. „Es hatte noch nicht diesen Namen, aber 'And the Gods Made Love' war eine Idee, die ganz klar im Olympic geboren wurde", erinnert sich Chandler. „Die Raumschiff-Landung war ein Sound, den er sich hier ausgedacht hatte."

„Have You Ever Been (to Electric Ladyland)" war ein weiterer Song, der in London begonnen wurde. „Das war ein stark R&B-beeinflußter Track, der, als Jimi ihn zum ersten Mal spielte, gar nicht nach ihm klang", erinnert sich Kramer. „Der Drum-Sound war sehr düster. Wir hatten Mitchs Schlagzeug in einer höheren Geschwindigkeit aufgenommen und dann verlangsamt abgespielt, um den Sound schwerer zu machen – ein Nebenprodukt von 'And the Gods Made Love'. Das Solo hat Jimi mit einem Wah-Wah-Pedal im Record Plant eingespielt. Dort hat Jimi auch den Baß als Overdub aufgenommen. Gary Kellgren nahm den dreiteiligen Harmonie-Gesangs-Overdub im Record Plant auf."

Hollywood Bowl, 18. August 1967.

(Chuck Boyd/Flower Children Ltd.)

Ein junger Fan überreicht Jimi Blumen.

(Jim Marshall)

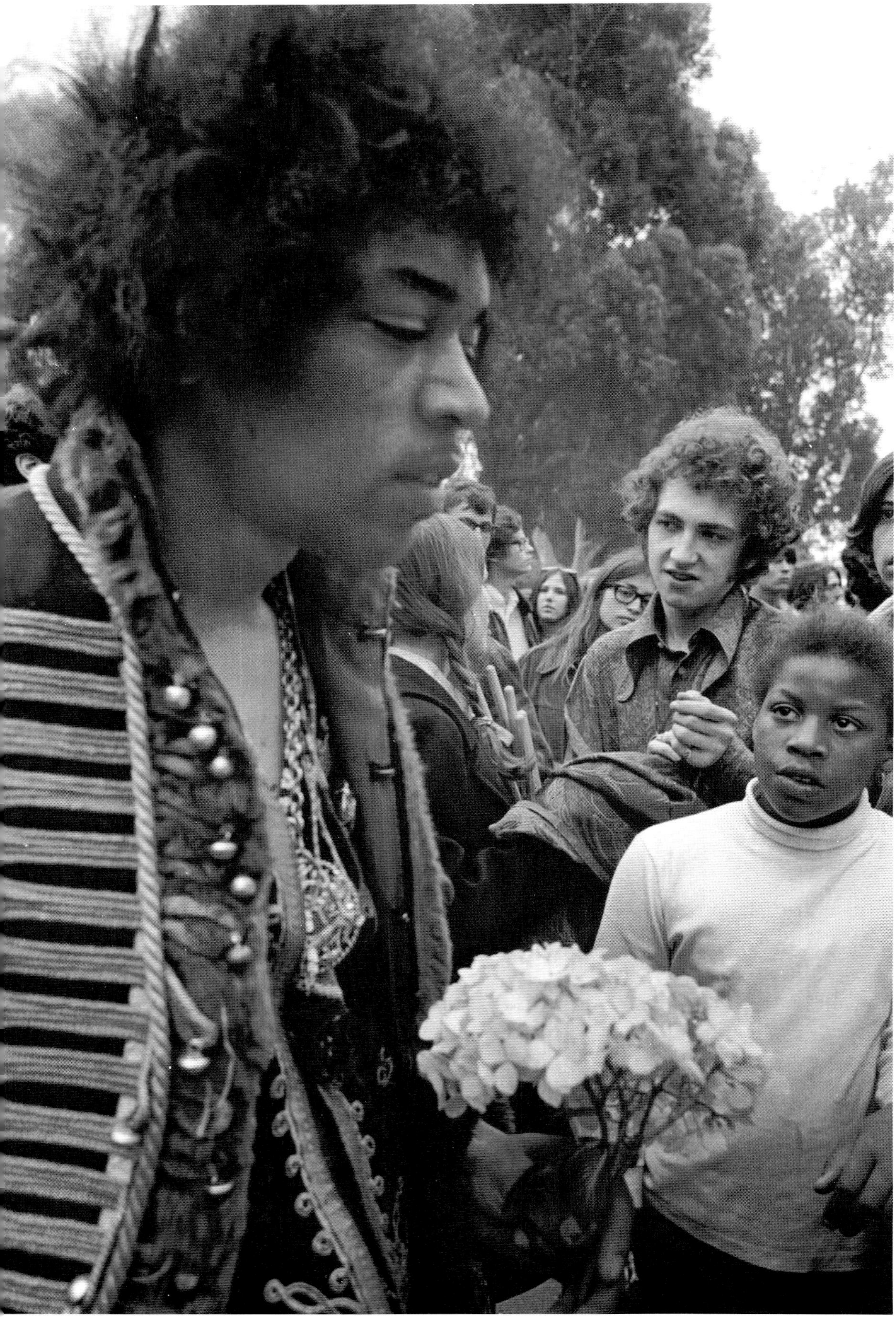

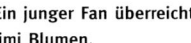

1968

☐ Axis: Bold as Love

Reprise Records RS 6281. Mittwoch, 10. Januar 1968. Produzent: Chas Chandler. Toningenieur: Eddie Kramer. Weitere Toningenieure: Terry Brown, George Chkiantz, Andy Johns.

„EXP"/ „Up from the Skies"/ „Spanish Castle Magic"/ „Wait Until Tomorrow"/ „Ain't No Telling"/ „Little Wing"/ „If Six Was Nine"/ „You Got Me Floatin'"/ „Castles Made of Sand"/ She's So Fine/ „One Rainy Wish"/ „Little Miss Lover"/ „Bold As Love"

Track Records, das Londoner Gegenstück von Reprise, veröffentlichte „Axis: Bold as Love" im Dezember 1967, aber Warner Bros. hielt die US-Veröffentlichung zurück, um einen Konflikt mit der Capitol Records Dezember-Veröffentlichung von „Get That Feeling" zu vermeiden, jene laue Sammlung von Aufnahmen mit Hendrix als Musiker bei Knight & the Squires. Trotz der verzögerten Veröffentlichung wurden die US-Verkäufe von „Axis: Bold as Love" durch das entstandene Durcheinander vermindert. Nichtsdestoweniger schnellte das Album durch die immens gestiegene Popularität der Experience in Kombination mit dem unglaublichen Erfolg von „Are You Experienced?" im Februar 1968 auf Platz 5 der *Billboard* Top 200 Album-Charts

☐ Sonntag, 21. Januar 1968

London, Olympic Studios. Produzent: Chas Chandler. Toningenieur: Eddie Kramer. Weitere Toningenieure: Andy Johns, George Chkiantz.

Die Aufnahmen von „Electric Ladyland" endeten mit Hendrix' definitiver Neufassung von Bob Dylans „All Along the Watchtower". Jimis Bewunderung für Dylan drückte sich bei vielen Gelegenheiten aus, vielleicht aber nie so eloquent wie bei seiner rührenden Version von „Like a Rolling Stone" auf dem Monterey Pop-Festival im Juni 1967. Die Experience hatte mehrfach versucht, eine Interpretation des Songs aufzunehmen, doch eine brauchbare Studio-Version bekamen sie weder beim letzten Versuch noch am 1. März 1967 hin. Der Song war jedoch nicht die einzige Dylan-Komposition im Experience-Repertoire. Am 17. Oktober 1967 hatte die Gruppe eine Version von Dylans „Can You Please Crawl Out Your Window?" im Rahmen ihres Vier-Song-Sets für Alexis Korner's Rhythm & Blues Show gespielt, eine Rundfunksendung, die auf dem BBC World-Service ausgestrahlt wurde.

Wann und wie Jimi auf die Idee kam, „All Along the Watchtower" aufzunehmen, ist nicht völlig geklärt. Dave Mason von Traffic hat vermutet, daß eine Party, die von Viv Prince geschmissen wurde, auf der Mason, Jimi, Linda Keith und der Rolling Stones-Gitarrist Brian Jones erstmals Dylans „John Wesley Harding"-Album gehört hatten, den Anstoß gab. Olympic-Toningenieur Andy Johns schlägt eine zweite Möglichkeit vor. Er erinnert sich deutlich daran, daß Hendrix bei mehr als einer Gelegenheit Aufnahmen von Dylans Songs im Studio angehört hatte. „Das war das erste Mal, daß jeder von uns diese Bänder gehört hatte", erinnert sich Johns. „Er kam rein mit diesen Dylan-Bändern, und wir spielten sie im Studio ab." Der Publizist Michael Goldstein, der auch für Dylans Manager Albert Grossman arbeitete, belieferte Jimi mit Bändern neuer Dylan-Songs. Diese Praxis, von Michael Jeffery offen unterstützt, war nicht ungewöhnlich für Grossman. Dylans Songs anderen Künstlern zur Verfügung zu stellen, die daran interessiert waren, sie aufzunehmen, war ein lukrativer Trick: Nach dem kürzlichen US-Charts-Mißerfolg von „Up from the Skies" hoffte Jeffery, daß eine Dylan-Interpretation von Hendrix helfen könnte, die scheinbar unerreichbaren AM Rundfunk-Songlisten zu durchbrechen.

Mason, der dieser Experience-Session beiwohnte, sollte die akustische Gitarre spielen. „Dave hing sehr viel mit Jimi herum und war ein Stammgast im Studio", sagt Kramer. „Jimi wußte um seine Fähigkeiten und traute sich zu, den Part angemessen spielen zu können." Um den Effekt zu vervollkommnen, entschied man sich jedoch, stattdessen eine zwölfsaitige Gitarre einzusetzen. Mit Mason im Schlepptau fuhr Andy Johns zu seiner Wohnung im Süden Londons, um das Instrument zu holen. „Ich hatte eine zwölfsaitige Harmony von meinem Bruder Glyn in diesem furchtbaren Loch, in dem ich hauste", erklärt Johns. „Mason fuhr mich in seinem Jaguar raus, aber ich hatte bereits eine Räumungsklage am Hals und mußte durch das obere Fenster einsteigen, um an die Gitarre zu kommen."

Nach ihrer Rückkehr führte Hendrix die Gruppe durch eine Reihe von Proben, um saubere Takes sicherzustellen. Kramer sagt, Jimi hätte eine klare Vorstellung davon gehabt, wie der Song arrangiert und gespielt werden sollte. Mason, der die Gitarre in der Gesangs-Kabine des Studios spielte, wurde von Hendrix scharf gemaßregelt, weil er Probleme hatte, die Akkordwechsel des Stückes auf die Reihe zu bekommen. Auch Hendrix und Redding prallten aufeinander, und Noel, der durch Jimis übertriebenen Perfek-

Dave Mason spielte auch bei Experience-Songs wie „Crosstown Traffic" und „All Along The Watchtower" mit.

(Linda McCartney/Star File)

tionismus verärgert war, verließ die Session. Mason, der regelmäßig bei Studio-Aufnahmen von Traffic den Baß spielte, übernahm den Part in Reddings Abwesenheit, aber Hendrix überspielte später den Teil selbst, wobei er eine kleine gebrauchte Bassgitarre benutzte, die Bill Wyman Andy Johns geschenkt hatte.

Nachdem während der zahllosen Probeaufnahmen keine brauchbaren Aufnahmen entstanden, wurden vor

Arbeitsende 24 Takes von „All Along the Watchtower" aufgenommen und eine Vier-Spur-auf-Vier-Spur-Überspielung vorbereitet. Zwei zusätzliche Takes wurden anschließend auf dem neuen Master aufgenommen, und der Basic-Track war damit erfolgreich beendet. Anschließend wurde ein Rohmix vorbereitet.

☐ Freitag, 26. Januar 1968

London, Olympic Studios. Produzent: Chas Chandler. Toningenieur: Eddie Kramer. Zweiter Toningenieur: Phil Brown.

Hendrix konzentrierte sich auf einen Song, den er nicht komponiert hatte:

Bo Hanssons und Janne Karlssons „Tax Free". Die Session begann mit fünf Proben des Songs, bevor die ernsten Aufnahme-Versuche gemacht wurden. Eine Version wurde mit „Retake" gekennzeichnet, bevor der Hilfs-Toningenieur Phil Brown die erfolgte Aufnahme von Take 1 mit „gut" kennzeichnete. Take 2 und 3 brachen zusammen, aber die Gruppe schaffte einen soliden vierten Versuch. Hendrix bestand auf einem weiteren Versuch, Take 5, und diese Version wurde das Master. Es gab einen kleinen Hänger am Ende des Songs, der nach Chandlers Meinung aber ausgebessert werden konnte. Nach vier Versuchen, diese

„Edit Section" aufzunehmen, erwies sich der fünfte als erfolgreich. Nach Chandlers Einschätzung war „Tax Free" jetzt fertig. Hendrix andererseits war sich nicht ganz sicher. Er wird die Nummer in späteren Monaten im Record Plant erneut aufnehmen – und hat sogar dann noch Probleme, zu entscheiden, ob er den Song jetzt zu seiner vollen Zufriedenheit aufgenommen hat oder nicht.

Nachdem der Basic-Track fertig war, folgten Gitarren-Overdubs. Dann wurden die Abmischungen von „Tax Free" und „All Along the Watchtower" vorbereitet.

☐ Sonntag, 28. Januar 1968
London, Olympic Studios. Produzent: Chas Chandler. Toningenieur: Eddie Kramer.

Abschließende Arbeit an den Master-Aufnahmen von „Tax Free" vom 26. Januar.

☐ Samstag, 24. Februar 1968
Ne3w York, Mayfair Studios. Produzent: Chas Chandler.

Inmitten der umfangreichen US-Tour der Experience buchte Chas Chandler Zeit im Mayfair, um eine Reihe von Halb-Zoll-Vier-Spur-Masters aus dem Olympic auf Ein-Zoll-Acht-Spur-Bänder zu überspielen. Anders als die Vier-Spur-Masters konnten diese Acht-Spur-Zwischenmaster auf einer Zwölf-Spur-Maschine eingesetzt werden, wie z.B. die neue Scully im Record Plant, dem New Yorker Studio, in dem Chandler und die Experience planten, an der Produktion des noch unfertigen „Electric Ladyland"-Albums weiterzuarbeiten. Chandler überspielte „Dream", „Crosstown Traffic", „Touch You", „Tax Free", und „Making Sun While The Hay Shines" (von Soft Machine) für den befreundeten Produzenten Tom Wilson, so daß, falls notwendig, an diesen neuen Zwischenmaster weitergearbeitet werden konnte.

☐ „Up From The Skies" / „One Rainy Wish"
Reprise 0665. US-Single-Veröffentlichung. Montag, 26. Februar 1968.

Mögliche Singles wie „Little Wing" und „If Six Was Nine" wurden verworfen, statt dessen wurden diese zwei Songs von „Axis: Bold as Love" als Lead-Single von dem Album ausgekoppelt. „Up From The Skies" konnte jedoch den Erfolg der zwei vorigen Experience-Singles nicht übertreffen und erreichte nur Platz 82, bevor sie nach einem vierwöchigen Lauf ganz aus den Charts fiel.

☐ Mittwoch, 13. März 1968
New York, Sound Center Studios. Produzent: Jimi Hendrix.

Die Experience genoß in New York eine kurze Pause von ihrer US-Tour, wo sich eine interessante Session ergab, in der „My Friend" entstand, das dem posthumen 1971er-Album „Cry of Love" hinzugefügt wird.

An diesem Tag war eine buntgemischte Gruppe von Musikern mit Hendrix zusammen: Stephen Stills, Schlagzeuger Jimmy Mayes, Gitarrist Ken Pine von den Fugs und Paul Caruso an der Mundharmonika. Chas Chandler war nicht anwesend, so daß Hendrix die Rolle des Produzenten übernahm und sein inzwischen gelerntes Organisationstalent zeigte.

„Er rief mich eines Nachmittags zu Hause an, was mich wirklich überraschte, da ich mit ihm längere Zeit nicht mehr gesprochen hatte", erinnert sich Ken Pine. „Er fragte, ob ich bei einer Session, die er machen wollte, eine zwölfsaitige Gitarre spielen könnte. Er wollte ein Bluegrass- und Country-Rock-Feeling hinzufügen. Er holte mich ab, und wir parkten in einem Parkhaus in der Nähe des Studios. Er trug den breiten Schlapphut mit einer Feder im Band. Der Wärter sah ihn an, als ob er vom Mars war. In dem Studio zog er einige Blätter heraus und sagte: 'Seht euch das an.' Er hatte den Songtext von Bob Dylans 'All Along the Watchtower' mit der Hand abgeschrieben und erzählte mir, daß er den Song in London aufgenommen hatte. Er wollte wissen, was ich über den Song dachte. Ich fand ihn verdammt gut!"

„Wir spielten zwei Takes von 'My Friend'", erinnert sich Paul Caruso. „Kenny Pine spielte auf der zwölfsaitigen Gitarre, Jimi auf dem Baß, Jimmy Mayes am Schlagzeug. Stephen Stills war auch dabei, der aber außer dem Klavier in der Einleitung sonst nichts beitrug."

Pine ging, nachdem seine Gitarren-Parts zu Jimis Zufriedenheit aufgenommen waren und der Basic-Track fertig war. Noel Redding kam bald danach an und führte die Gruppe durch eine instrumentale Probeversion von „Little Miss Strange". Jimi spielt vor dem Ende der improvisierten Session auch noch ein eigenes Demo ein – die eindrucksvolle Neuaufnahme von „1983 (A Merman I Should Turn to Be)".

Probleme, die während der Sessions im Dezember und Januar aufgetaucht waren, konnten noch immer nicht gelöst werden. Bei mehr als einer Gelegenheit hatte Jimi gereizt darauf reagiert, daß Chandler im Studio mit fester Hand die Fäden zog. Redding war noch frustrierter, nachdem er sich von der „All Along the Watchtower"-Session vom 21. Januar ausgeschlossen hatte und zudem war er sauer auf Jimis Wankelmut. Es sollte zunächst eine kleine Pause geben, bevor die Experience ihre zermürbende „Axis: Bold as Love"-US-Tour weiterspielte, bei der sie 66 Auftritte in nur 60 Tagen absolvieren mußte. Die Arbeit an dem Album wurde bis April nicht wieder aufgenommen.

Vor der Rückkehr nach London und dem Olympic buchte Chandler Zeit im Record Plant, dem neuen Zwölf-Spur-Studio in New York, das von Toningenieur Gary Kellgren, dem Revlon-Manager Chris Stone und dem Produzenten Tom Wilson gebaut wurde.

Das Record Plant, das fast zwei Jahre lang Hendrix schöpferischer Hafen werden sollte, war das Produkt einer unerwarteten Freundschaft zwischen Kellgren und Chris Stone. „Ich arbeitete 1967 für Revlon", erinnert sich Stone. „Meine Frau hatte vor kurzem unser erstes Kind bekommen, und unsere direkten Nachbarn kannten diese junge Frau, die bald ihr erstes Kind bekommen sollte und sich deshalb zu Tode fürchtete. Ihr Name war Marta Kellgren. Sie arrangierten ein Treffen zwischen ihr und meiner Frau. Gary, ihr Mann, kam auch mit. Während die zwei Frauen darüber redeten, wie es ist, Kinder zu haben, saßen Gary und ich im Wohnzimmer und starrten uns an. Wir wurden in diese Gesellschaft gezwungen, und Gary war damals äußerst schüchtern.

Jimi zertrümmert bei dem Fillmore East-Auftritt am 10. Mai 1968 seine Stratocaster.

(Ken Regan/ Camera 5)

Er redete einfach nicht. Während unserer 'Unterhaltung' lud er mich ein, mir die Mayfair Studios anzusehen, in denen er arbeitete. Im Mayfair war Kellgren Mädchen für alles. Er war der Toningenieur, der Hausmeister und der Anlage-Techniker. Ich hatte schon immer ein Interesse an Aufnahmestudios, und ich fragte Gary, ob ich mir das Buchungsbüro anschauen könne. Er konnte keinen Grund sehen, mir das nicht zu gestatten und ließ mich einen Blick in die Bücher werfen. Ich fand heraus, daß sie 5000 Dollar pro Woche einnahmen, Gary aber nur 200 zahlten. Ich spielte diese Karte aus und erzählte ihm, daß er einen Manager brauche. Eigentlich wollte ich nicht sein Manager werden, aber er war ein

netter Typ, und unsere Frauen hatten sich angefreundet. Ich bot ihm an, mit ihm zu seinem Chef zu gehen. Am nächsten Nachmittag setzten wir uns mit seinem Chef zusammen, und Garys Gehalt wurde auf 1000 Dollar pro Woche erhöht."

Kellgren war stark beeindruckt von Stones Zähigkeit und Geschick als Unterhändler. Im Vertrauen informierte Kellgren Stone über seinen Wunsch, ein eigenes Studio zu besitzen. „Kellgren kam etwa einen Monat später zu mir", erinnert sich Stone. „Er wollte sein eigenes Studio haben, aber ihm war klar, daß er nicht wußte, wie man das auf die Reihe kriegt. Er fragte, ob ich daran interessiert sei, mit ihm zusammenzuarbeiten – ich war es. Ich er-

stellte ein Konzept und besorgte uns etwas Geld, um anfangen zu können."

Stones Verbindung mit dem Kosmetik-Giganten Revlon, bei dem er immer noch beschäftigt war, verschafftem ihm zwei entscheidende Vorteile: Glaubwürdigkeit und Zugang zu Kapital. „Ursprünglich hatten wir (Toningenieur) Wes Farrell eine Beteiligung an allem angeboten, aber er wollte nicht mitmachen. Tom Wilson wurde ein Partner, Kellgren war ein Partner, ich war ein Partner, und das Geld war ein Partner", erklärt Stone. „Das Geld war Ankie Revson, die ehemalige Frau von Charles Revson. Jeder dachte, daß das Record Plant Revlon gehörte, weil jeder, der Geschäfts- oder Kreditinformationen haben wollte, mich anrufen mußte

– und um mich anzurufen, mußte man bei Revlon anrufen. Gläubiger nahmen an, daß Revlon das Studio besaß, und ich sagte niemals, daß es nicht so war, so daß uns jeder Kredit gewährte."

Unterstützt von Revsons finanzieller Hilfe, rentierte sich Stones, Kellgrens und Wilsons waghalsiger Schachzug schnell. „Ankie Revson finanzierte die ganzen Kosten von Bau und Ausstattung des Record Plant", erklärt Stone. „Das bedeutete zum einen den Aufbau und die Ausstattung eines Studios und zum anderen alle strukturellen Arbeiten. Wir kauften je eine zwölfspurige, vierspurige, zweispurige und eine Monobandmaschine. Der Maschinenpark kostete uns 35000 Dollar. Als wir endlich fertig waren und eröffneten, beliefen sich unsere gesamten Kosten auf 82000 Dollar."

Die hauptsächliche Anziehungskraft hatte die Scully Zwölf-Spur-Tonband-Maschine, die den Studios als eine beträchtliche Aufwertung gegenüber Vier- und Acht-Spur-Maschinen verkauft wurde. „Magical Mystery Tour", die letzte Veröffentlichung der Beatles, war nur auf vier Spuren aufgenommen worden – so wie alle vorhergehenden Sessions von Hendrix in den Olympic Studios. Die neuen Tonband-Maschinen waren äußerst selten – so selten, daß Record Plant bei seiner Eröffnung eines von nur zwei bislang verkauften Geräte besaß.

Zusätzlich zu den technischen Vorteilen wollte Kellgren die kreative Atmosphäre im Studio aufwerten. Bislang mußten Künstler, die vertraglich an Plattenfirmen wie Columbia Records gebunden waren, auch mit den firmeneigenen Anlagen und Teams aufnehmen. Anders als der Produzent war der Stab der Toningenieure strengen Gewerkschafts-Vorschriften unterworfen. Kellgren war ein Freund des Rock 'n' Roll und somit toleranter in Bezug auf weit ausgelegte Regeln und offene Experimente. Er setzte alles daran, kleine Änderungen einzuführen, damit sich seine Kunden wohler fühlen. Chris Stone erklärt: „Als wir in das Geschäft einstiegen, waren Aufnahme-Studios wie Krankenhäuser – grelle Lichter, harte Holzböden und weiße Wände. Kellgren veränderte das Aufnahmestu-

Gary Kellgren, der Mitbetreiber des Record Plant Studios, 1973 aufgenommen. Kurz nach der Fertigstellung von „Electric Ladyland" im August 1968 gab Kellgren bekannt, in Los Angeles ein weiteres Record Plant eröffnen zu wollen.

(Herbert Worthington)

dio in eine Art Wohnzimmer. Es war das größte Kompliment, das ein Kunde uns machen konnte, wenn er sich umsah und sagte: 'Wow! Hier würde ich gerne leben.'"

Kellgrens steigendes Ansehen als Toningenieur, gekoppelt mit dem Re-

spekt, den Tom Wilson in der Industrie genoß, zerstreute nach und nach die Bedenken der Künstler und A&R-Manager gegen diese neue, unabhängige Einrichtung. Toningenieur Eddie Kramer von den Olympic Studios in London wurde vom Record Plant abgeworben, was einen weiteren bedeutsamen Schritt nach vorne bedeutete. „Wir brachten Eddie zu uns, weil er der Star vom Olympic war", erklärt Stone. „Tom Wilson erzählte uns von ihm, und wir stellten ihn ein, weil wir einen wie ihn brauchten."

„Einen englischen Toningenieur zu haben, war für sie ein wesentlicher Baustein", sagt Kramer. „Der Hauptgrund, mich rüberzuholen, war meine Beziehung zu Jimi und die Rolle, die ich bei der Schaffung seines Sounds spielte. Ich hatte auch mit Traffic und den Rolling Stones gearbeitet, und sie wollten solche Kunden dauerhaft an das Record Plant binden." Mit der Experience als festem Kunden etablierte sich das Record Plant bald als das führende unabhängige Aufnahmestudio für Rock'n'Roll in Manhattan –

Record Plant am 18. April 1968. Aufnahmen für „Long Hot Summer Night". Presse-Agent Michael Goldstein, Chas Chandler (Kopf gedreht) und Toningenieur Gary Kellgren (v.l.n.r.)

(Eddie Kramer)

diese äußerst populäre Kompilation zusammen und mischte die ersten vier Singles der Gruppe mit solchen Publikumsfavoriten wie „Are You Experienced?", „Fire" und „Manic Depression". „Smash Hits" war ein Verkaufsschlager und erreichte Platz 4 als Höchststand eines 25-wöchigen Aufenthalts in den Album-Charts.

☐ Samstag, 20. April 1968

New York, Record Plant. Produzent: Chas Chandler. Toningenieure: Gary Kellgren, Eddie Kramer.

Basic Tracks für Reddings neuen Song „Lilacs for Captain Curry's Coffin", auch bekannt als „Little Miss Strange Test Session".

☐ Sonntag, 21. April 1968

New York, Record Plant. Produzent: Chas Chandler. Toningenieur: Eddie Kramer.

Das am 20. April aufgenommene Master von „Little Miss Strange Test Session" wurde fertiggestellt, jetzt unter dem Namen „Little Miss Strange".

☐ Montag, 22. April 1968

New York, Record Plant. 19 Uhr bis 5,30 Uhr morgens. Produzent: Chas Chandler. Toningenieur: Eddie Kramer. Zweiter Toningenieur: Steve (Familienname unbekannt).

Fünf Takes wurden vom ersten Teil von Hendrix ausufernder Sound-Malerei „1983 (A Merman I Should Turn to Be)" gemacht. Overdubs und Rough-Mix wurden auch für „Three Little Bears" und „Gypsy Eyes" vorbereitet.

☐ Mittwoch, 24. April 1968

New York, Record Plant. Produzent: Chas Chandler. Toningenieur: Eddie Kramer.

Das komplizierte Rhythmus-Muster von „Gypsy Eyes" erforderte viele Takes – eine Zerreißprobe für strapazierte Nerven und eine Prüfung für Chandlers Geduld, angesichts der kleinen Fortschritte, die gemacht wurden.

---

wenn nicht sogar in den ganzen USA.

Wie geplant eröffnete das Record Plant am Mittwoch, 13. März 1968. Kramer stieg wegen Verzögerungen, die aus seinem Einwanderungsstatus resultierten, erst am 17. April in das Team ein. Der erste bedeutende Kunde des Studios war die Jimi Hendrix Experience, deren ausgedehntes Arbeitspensum sich als eine enorme Starthilfe für den Ruf des Studios erwies. Die Folge: In den ersten drei Monaten war das Record Plant (für 85 Dollar die Stunde) gleich völlig ausgebucht. Kellgrens und Stones Glücksspiel war zu einer phänomenalen Erfolgsgeschichte geworden. „Das Geschäft rentierte sich voll", gibt Stone zu. „Schau dir die Relationen an. Wir eröffneten für weniger als 100.000 Dollar und veranschlagten 85 Dollar pro Stunde. Heute kostet es dich fast zwei Millionen, ein Studio aufzumachen, eine Stunde bringt aber nur 175 Dollar oder 2000 Dollar für eine ganztägige Buchung ein. Es rechnet sich nicht mehr, aber damals rentierte es sich bestimmt noch."

☐ Donnerstag, 18. April 1968

New York, Record Plant. Produzent: Chas Chandler. Toningenieur: Gary Kellgren.

Die heutige Session im neuen Studio brachte Basic-Tracks für „Long Hot Summer Night" hervor, ein weiterer Hendrix-Song, dessen Entwicklung bis zu den Sessions von „Axis: Bold as Love" im Okober 1967 zurückreicht.

Organist Al Kooper spielte später den Klavier-Overdub auf den Track. Als Geschenk für seine Mithilfe gab Hendrix Kooper eine seiner Stratocasters. „Jimi und ich hatten den gleichen Musikgeschmack", erinnert sich Kooper. „Wir hatten auch zusammen im Generation Club gejammt. In der Session für ‚Long Hot Summer Night' spielte ich mehr Klavier als Orgel. Jimi sah mich mit einer seiner Stratocasters herumblödeln und bot mir die Gitarre als ein Geschenk an. Ich lehnte ab, aber er ließ mir die Gitarre später nach Hause schicken."

☐ „Smash Hits"

Freitag, 19. April 1968. Track Records 613 004. UK-Albumveröffentlichung. Produzent: Chas Chandler. Toningenieur: Eddie Kramer, Dave Siddle. Weitere Toningenieure: George Chkiantz, Andy John.

„Purple Haze"/ „Fire"/ „The Wind Cries Mary"/ „Can You See Me"/ „51st Anniversary"/ „Hey Joe"/ „Stone Free"/ The Stars That Play with Laughing Sam's Dice/ „Manic Depression"/ „Highway Chile"/ „The Burning of the Midnight Lamp"/ „Foxey Lady"

Für jene Fans, die lieber ein Album als diverse Singles kaufen, stellte Track

---

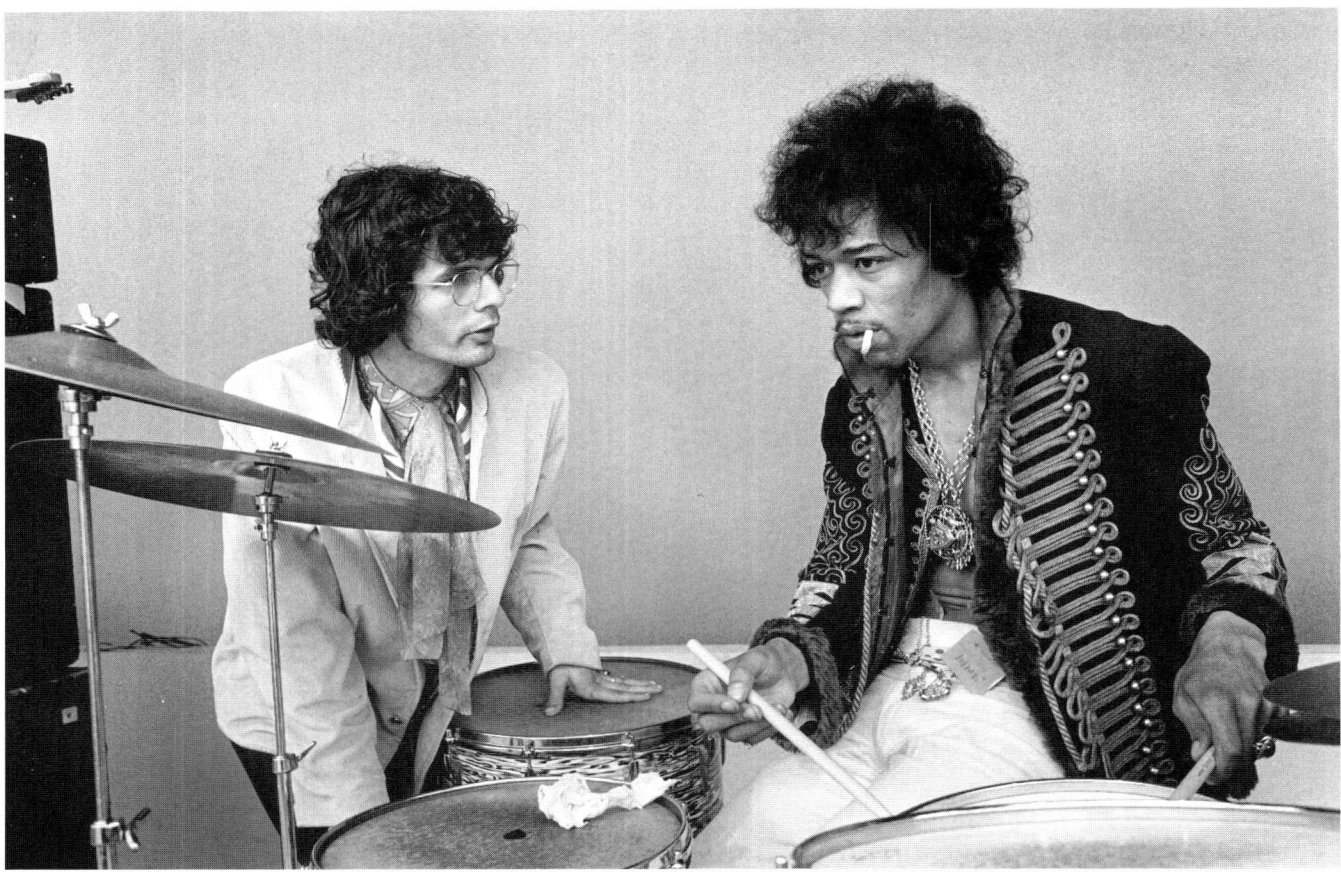

Jimi Hendrix trommelt für Al Kooper.

(Jim Marshall)

☐ Montag, 29. April 1968

New York, Record Plant. 17,15 Uhr bis 19,30 Uhr.
Produzent: Chas Chandler. Toningenieur: Eddie
Kramer.

Hendrix und Mitchell nahmen zu zweit 41 Takes von „Gypsy Eyes" auf, doch keiner qualifizierte sich als endgültige Version. „Ich erinnere mich daran, daß wir versuchten, den größtmöglichen Baß-Drum-Sound zu bekommen", sagt Kramer.

Später an diesem Abend bereitete Gary Kellgren, der mit Redding zusammenarbeitete, in einer getrennten Session einen Rohmix von „Little Miss Strange" vor.

Die Spannungen zwischen Hendrix und Chandler vertieften sich, als Jimi dessen Entscheidungen nach wie vor offen kritisierte. Die Probleme verschlimmerten sich durch die Horden uneingeladener Gäste und Herumhänger, deren Gegenwart Jimi von seiner Arbeit ablenkten. Chandler war auch ein Opfer von Jimis Drogenkonsum, der die ehrliche, direkte Kommunikation, die die zwei Männer vorher mit-

einander hatten, zunehmend gefährdete. „Es war ein schleichender Prozeß von dem Moment an, als wir im Record Plant anfingen", erinnert Chandler sich. „Ich saß da und hörte ihm zu, wie er immer und immer wieder den gleichen Song spielte und fragte mich: Was ist da los? Jimi wollte ein Doppel-Album machen, und ich war froh, daß ich im Olympic soviel Vorarbeit geleistet hatte, weil das Album in dieser Gangart niemals fertig geworden wäre."

☐ Mittwoch, 1. Mai 1968

New York, Record Plant. Produzent: Chas Chandler.
Toningenieur: Eddie Kramer.

Basic-Tracks für „House Burning Down" wurden aufgenommen. „Gypsy Eyes" wurde ausgegraben und dessen Take 5 als fertig gekennzeichnet. Die Gruppe belebte auch „Tax Free" wieder und nahm zwei Takes mit Jimi auf, der

Gitarre über ein Leslie-System spielte . Take 2 war fertig und wurde mit dem Vermerk „brauchbar" gekennzeichnet.

☐ Donnerstag, 2. Mai 1968

New York, Record Plant. Toningenieur: Eddie Kramer.

Die Gruppe konzentrierte sich auf „Three Little Bears". Während die Experience spielte, lief immer das Band mit. „Three Little Bears" hatte sich inzwischen zu einer freien Jamsession entwickelt. Hendrix stieg in das Rhythmus-Muster ein, das als „South Saturn Delta" bekannt geworden ist. Die Aufnahme des Songs entstand, ohne daß vorher eine klare Struktur festgelegt worden war. Die Folge waren etliche bemerkenswerte Augenblicke, besonders eine schöne langsame Passage mit melancholischen Hendrix-Tönen. Zu dieser Zeit betitelte Jimi den Jam noch mit „Cherokee Mist".

Jimi schärft sich auf der Bühne der Singer Bowl, Queens, NY, am 23. August 1968 die Zähne.

(Joe Sia)

Während dieser Session flackerte eine Konfrontation zwischen Redding und Hendrix auf, die Noel veranlaßte, einige seiner angestauten Frustrationen zu entladen. „Ich ließ es an Jimi aus und sagte ihm, was ich über die Szene dachte, die er um sich herum scharte", sagte Redding in seiner Autobiographie „Are You Experienced?". „Die Leute hingen haufenweise im Studio herum, man konnte sich kaum noch bewegen. Es war eine Party, keine Session. Er sagte nur: 'Relax, Mann...' Ich hatte mich monatelang entspannt, also entspannte ich mich auf meine Art und verließ diesen Ort, ohne mir Gedanken zu machen, ob ich ihn jemals wiedersehen würde."

Es wuchs bald Gras über die Sache zwischen Redding und Hendrix, aber sie schloß Redding von einer weiteren Session aus, die früh am darauffolgenden Morgen stattfand. Nach einem langen Abend im Scene Club, der direkt um die Ecke von dem Studio lag, gingen Hendrix, Mitchell, Kramer, Steve Winwood, Jack Casady und ein Pulk von Freunden zurück ins Record Plant, um dort zu jammen. Morgens um 7,30 Uhr fing Kramer krampfhaft an, Mikrophone aufzubauen und verschiedene Sound- und Lautstärke-Anpassungen zu machen, während Hendrix mit Mitchell, Winwood und dem Bassisten Jack Casady (Jefferson Airplane) den Song „Voodoo Chile" besprach. Gitarrist Larry Coryell war auch unter den mitgebrachten Gästen, aber er lehnte Hendrix Aufforderung, etwas beizutragen, ab. „Jimi bat mich, mitzuspielen", erinnert sich Coryell, „aber zum ersten Mal in meinem Leben, sagte ich: 'Nein, es gibt nichts, was ich dem hier noch hinzufügen könnte.'"

Drei Takes wurden mitgeschnitten, obwohl der erste hauptsächlich als Einführungs-Probe diente. Kramer war zu der Zeit fertig, als die Musiker ein zweites Take begannen. Die Version wurde nicht zu Ende gespielt, aber der dritte Take wurde dann zum endgültigen Master. Dieser majestätische Auftritt wurde zu einem prägenden Stück des prachtvollen „Electric Ladyland"-Albums.

Kramer hatte die Aufgabe, diese dramatische Session auf Tonband einzufangen, und er organisierte seine Strategie so schnell wie möglich. „Daß der Sound so offen klingt, lag daran,

Chas Chandler und Jimi Hendrix.

(SKR/London Features)

daß Jimi die Gitarre live im Raum spielte, während zur gleichen Zeit sein Gesang-Mikrophon – eines meiner bevorzugten Beyer M160s – geöffnet war. Die Tiefen hätten besser sein können, aber das störte nicht wirklich, weil die Vibrations so stark waren. Jimi spielte über ein Fender Bassman-Top und sein Verstärker-Sound klang sehr warm. Der Track hatte eine großartige Atmosphäre und enorme Dynamik – es ging von nichts in eine volle Breitseite über. Ich liebte den Effekt, den Winwood schuf. Einmal kam er auf diesen englischen, Hornpfeifen-ähnlichen Tanz-Sound, der sehr Traffic-mäßig war und unglaublich klang. Es war verdammt aufregend, das Teil aufzunehmen, und ich kann mich gut daran erinnern, wie ich aufs äußerste gespannt auf der Kante meines Stuhls saß und hoffte, daß alles

klappte. Wir waren die ganze Nacht drüben in der Scene gewesen, und dann sagte Jimi: 'Hey Mann, laßt uns zum Studio rübergehen und es tun.' Die Idee war, einen Sound zu erschaffen, der klingt, als wäre es ein Live-Auftritt gewesen. Der Beifall wurde als Overdub hinzugefügt, so daß der Track ein Party-Feeling erzeugte, obwohl nur einige Leute im Studio zuschauten. Jimi und ich mischten die Bandecho-Effekte ab. All die verschiedenen Hintergrund-Gesänge und Kommentare wurden zwei oder dreimal aufgenommen, so daß Jimis Stimme von beiden Seiten kommen konnte."

Hendrix wollte das Umgebungsgeräusch der Leute als Sound-Atmosphäre im Song einsetzen, aber der Lärmpegel, der von den Leuten erzeugt wurde, die die Session beobachtet hatten, war nicht ausreichend. Hendrix improvisierte und overdubte deshalb noch weitere Hintergrundgeräusche

von 9 Uhr bis 9:45 morgens.

Zusätzlich zu „Voodoo Chile" entstand aus drei hier aufgenommenen Takes später ein Teil des 1994er Albums „Jimi Hendrix: Blues". Der Song mit dem Namen „Voodoo Chile Blues" ist ein später nachgemischter Track, der 1993 digital von dem Toningenieur Mark Linett zusammengesetzt wurde. Linett fusionierte Teile von Take 1 und 2 und koppelte sie mit einem kleinen Teil des ursprünglich veröffentlichten Take 3.

☐ Freitag, 3. Mai 1968
New York, Record Plant. Produzent: Chas Chandler. Toningenieur: Eddie Kramer.

Michael Goldstein, Pressesprecher der Experience, erreichte, daß ABC-TV eine kurze Nachricht über den triumphalen Erfolg der Experience in Amerika produzierte. Die Filmaufnahmen begannen an diesem Tag mit 16mm-Kameras, die die Aufnahme von dem Hendrix-Song „Voodoo Child (Slight Return)" einfingen. Kramer erinnert sich, daß die Kameras die Experience bei Aufnahmen und Abmischung des Tracks filmten. Zusätzlich produzierte ABC Interviews mit Kramer, Chandler und Michael Jeffery. Als die Gruppe im Studio arbeitete, skizzierte Nancy Reiner, Jefferys Freundin, Jimi beim Aufnehmen.

„Wir lernten diesen Song gerade im Studio", erinnert sich Redding. „Sie richteten die Kameras auf uns als wir ihn spielten." „Wir wiederholten das ungefähr dreimal, weil sie uns im Studio filmen wollten", erklärt Jimi später. „Tut so, als würdet ihr aufnehmen, Jungs'- eine von diesen Szenen, verstehst du? Also: 'OK, laßt es uns in E-Dur spielen, eins und zwei und drei,

Jimi und Eddie Kramer bei der Abmischung von „Electric Ladyland" im Mai 1968.

(Linda McCartney/Star File)

und wir legten mit 'Voodoo Child (Slight Return)' los."

Es ist nicht bekannt, ob ABC jemals irgendeine der Szenen benutzte, die sie an diesem Tag schossen. Alle Original-Filme wurden kurze Zeit nach Jimis Tod aus den ABC-Archiven gestohlen. Dabei verschwand Material der Gruppe von ihren Auftritten am Fillmore East (10. Mai) und beim Miami Pop-Festival (18. Mai).

☐ Samstag, 4. Mai 1968
New York, Record Plant. 4,30 Uhr Toningenieure: Gary Kellgren, Eddie Kramer.

Ein kompletter Take von Noels „Little, Little Girl" wurde mit Mundharmonika und zwölfsaitiger Gitarre aufgenommen. Hendrix nahm nicht an den Aufnahmen teil. Ein Rohmix von „Little, Little Girl" wurde ebenfalls vorbereitet. Redding freute sich über den, wie er sagte, „phantastischen Jam" mit dem Gitarristen Larry Coryell.

Jimi vollendete die Arbeit an seinem eigenen Song und legte mit Kramer einen Rohmix von „Voodoo Child (Slight Return)" und „House Burning Down" an.

🗌 Sonntag, 5. Mai 1968
New York, Record Plant. Toningenieur: Eddie Kramer.

Ein Rough-Mix von „House Burning Down" wurde vorbereitet, aber er wurde später mit „Nicht benutzen" gekennzeichnet und abgelegt.

Overdubs mit Jimis Leadgitarren-Part und eine letzte Abmischung von Noels „Little Miss Strange" wurden fertiggestellt und sicherte dem Bassisten eine Widmung auf dem geplanten Doppel-Album. „Jimi hatte sehr viel Spaß, als er sich die Lead-Gitarre umhängte", erinnert sich Kramer. „Er spielte mit einem Wah-Wah-Pedal über eine DI-Box direkt ins Pult zusätzlich zu den Tonnen von akustischen Gitarren, die Noel schon eingespielt hatte."

Die Umstellung von Vier-Spur-Aufnahmen im Olympic auf Zwölf-Spur-Technik im Record Plant schien zwar eine wesentliche Aufwertung zu sein, dennoch machte die bullige Scully im Record Plant Kramer mehr als ein Mal das Leben schwer und komplizierte das Overdubben „Die Scully Zwölf-Spur war eine Maschine jenseits aller Standards, ein technischer Alptraum", sagt Kramer. „Besonders beim Overdubbing. Das Einpunchen war voll von Clicks, Rumpeln und Ploppen, es klang meistens Scheiße."

🗌 Mittwoch, 8. Mai 1968
New York, Record Plant. Mitternacht . Toningenieur: Eddie Kramer. Zweiter Toningenieur: Steve (Familienname unbekannt).

Rough-Mixes von „Voodoo Chile", „Three Little Bears", und „Long Hot Summer Night" wurden vollendet.

Hendrix kehrte auch zu „1983 (A Merman I Should Turn to Be)" zurück. Die Master-Spule vom 22. April wurde

herausgezogen, und weitere neue Aufnahmen ließen an diesem Abend ein endgültiges Master entstehen.

In einer getrennten Session, in der Redding mit dem Toningenieur Gary Kellgren zusammenarbeitete, wurde die Arbeit an „How Can I Live" beendet, einer weiteren Solo-Arbeit, die aus einem wachsenden Berg von neuem Material ausgewählt wurde.

Chandler hatte es satt, sich weiter mit Hendrix' Sturköpfigkeit herumzuschlagen und entschied, als Album-Produzent auszusteigen. „Ich verließ das Record Plant schlagartig", erinnert sich Chandler. „Ich war dort angekommen und hatte darauf gewartet, daß Jimi endlich in Begleitung von acht oder neun Herumhängern aufkreuzt. Als er schließlich aufzunehmen begann, spielte Jimi nur für seine Gäste, nicht für die Aufnahmemaschinen." Eine weitere Quelle der Frustration für Chandler war Hendrix' Unfähigkeit, sein eigenes Spiel zu beurteilen oder Chandler zu erlauben, jener letzte Schiedsrichter zu sein, der er vorher gewesen war. „Wir waren eine Nummer immer und immer wieder durchgegangen, und ich hatte über das Talkback gesagt: 'Das war es, wir haben es'. Er sagte: 'Nein, nein, nein' – und nahm es noch mal und noch mal und noch mal auf. Schließlich zuckte ich nur noch mit den Schultern und haute ab."

Der Zusammenbruch kam zum Teil durch Chandler, zum Teil aber auch durch den immensen Arbeitsplan der Experience in den vergangenen 18 Monaten. „Sowohl die Gruppe als auch ich waren erschöpft. Ich hatte drei Jahre mit dem Animals verbracht, und am nächsten Tag arbeitete ich schon mit Hendrix. Ich hatte genauso viel Zeit in den Job investiert wie Hendrix, Mitchell und Redding – aber bei mir kam noch die Animals-Zeit hinzu. Das letzte, was ich gebrauchen konnte, war mit Jimi im Studio und dann mit Jeffery im Büro zu kämpfen. Ich ging einfach weg."

Nachdem die Zwistigkeiten keine großen Auswirkungen hatten, richtete Chandlers Ausstieg einen großen Schaden an. „Chandler war von Anfang an da gewesen", sagt Redding. „Er war ein Typ, mit dem man reden konnte. Er behielt Hendrix unter Kontrolle – innerhalb wie außerhalb des Studios. Jeffery kümmerte sich nicht um Mitchell

oder mich. Für ihn war Jimi der Star. Wir hätten es ohne Jimi nicht tun können, aber Jimi hätte es ohne uns auch nicht tun können. Wir arbeiteten genauso hart wie er. Chas hatte das kapiert."

🗌 Freitag, 17. Mai 1968
New York, Record Plant.

Overdub- und Mix-Session für „Gypsy Eyes".

🗌 Montag, 10. Juni 1968
New York, Record Plant. 16 Uhr bis 4,30 Uhr morgens. Toningenieur: Eddie Kramer.

„Hendrix & Friends" lautete die Beschriftung der Tonbandschachtel. „Rainy Day, Dream Away" spielte Jimi an der Seite von Schlagzeuger Buddy Miles, Mike Finnigan an der Orgel, Percussionist Larry Faucette und Freddy Smith am Saxophon. „Tom Wilson hatte meine kleine R&B-Band entdeckt und produziert", erklärte Mike Finnigan. „Er stellte uns Hendrix vor, und Jimi bat mich, Larry Faucette und Freddie Smith, bei diesem Song, den er im Kopf hatte, mitzuwirken. In den frühen Sechzigern hatte Jimmy Smith diese großartigen, aber wenig bekannten Orgel-Quintett-Alben gemacht. Die Besetzung war Orgel, Congas, Gitarre, Tenor-Saxophon und Schlagzeug. Bevor wir die Session anfingen, erinnerte Hendrix mich daran und scherzte: 'Laß uns einen langsamen Shuffle in D-Dur spielen. Du bist Jimmy Smith, und ich bin Kenny Burrell.' Ich hatte die ersten zwei Alben von Jimi gehört und dachte, daß er stapelweise Verstärker und elektronische Spielzeuge für seinen Sound benutzt," erzählt Finnigan weiter. „Um den richtigen Gitarren-Ton für 'Rainy Day, Dream Away'/'Still Raining, Still Dreaming' zu bekommen, benutzte er diesen kleinen, gelben 30 Watt Fender-Showman-Verstärker. Wir konnten es nicht glauben." Die beiden Songs wurden in einem Durchgang aufgenommen und dann von Hendrix und Kramer während der endgültigen Abmisch-Session am 28. Juni in zwei Hälften gesplittet.

Zusätzlich zu „Rainy Day, Dream Away" wurden einige lebhafte Jam-Sessions aufgenommen – auf der Tonband-Hülle mit „Blow" bezeichnet.

Ebenso wurden Overdubs und Abmischungen für „Voodoo Chile", „House Burning Down" und „1983 (A Merman I Should Turn to Be)" vorbereitet.

Ebenfalls anwesend war Velvert Turner, ein junger schwarzer Gitarrist, für den Jimi so etwas wie ein Mentor war. Er erinnert sich, wie ihm Jimi die Inspiration für „House Burning Down" erklärt hatte: „Jimi erzählte mir, wie sehr ihn die Unruhen in Los Angeles berührt hatten und daß ihn die Gefühle, die er dabei hatte, zu diesem Song inspirierten."

◻ Dienstag, 11. Juni 1968
New York, Record Plant.

Eine Session, deren Ergebnisse nicht bekannt sind. Die Existenz irgendwelcher Mehrspur-Masters oder Tonband-Kopien ist nicht dokumentierbar. Der einzige Hinweis ist der Titel „Inside Out" auf der Inventar-Liste der Tonband-Hüllen.

◻ Montag, 17. Juni 1968
New York, Record Plant. Toningenieur: Eddie Kramer. Overdubs von 0,30 Uhr bis 3,15 Uhr. Remix von 3,15 Uhr bis 10,30 Uhr.

Eine lange Nacht mit Overdubs und diversen Experimenten für „Gypsy Eyes".

◻ Freitag, 28. Juni 1968
New York, Record Plant. Toningenieur: Eddie Kramer.

Die letzte Abmischung von „Rainy Day, Dream Away". Die Idee, aus dieser Auf-

Hendrix und Buddy Miles bei den Aufnahmen von „Rainy Day, Dream Away".

(Eddie Kramer)

nahme zwei getrennte Songs zu schaffen – „Rainy Day, Dream Away" und „Still Raining, Still Dreaming" – entstand bei dieser Abmischsession. Auf der Tonband-Hülle notierte Kramer: „2. Hälfte als Seite 2 herausgeschnitten."

◻ Samstag, 29. Juni 1968
New York, Record Plant. 20,00 Uhr bis 23,00 Uhr. Toningenieur: Eddie Kramer

Abmischsession für „At Last. . . The Beginning", später bekannt als „The

Gods Made Love". Hendrix wird diese Klang-Collage hinterher als „ein neunzigsekündiges Soundgemälde des Himmels" beschreiben.

Eddie Kramer erinnert sich, daß Jimi vor dieser Abmischsession viele der Sound-Effekte schon im voraus ausgedacht hatte. Diese Ideen wurden mit einigen spontan- inspririerten Kreationen kombiniert, die zum Ziel hatten, den Sound eines landenden Raumschiffes zu imitieren. Kramer legt dar, wie der Track zustande kam. „Bei 'And the Gods Made Love' hatten wir Massen von Bandechos", erklärt er. „Wir haben Jimis Stimme mit einem VFO auf weniger als 3 3/4 IPS verlangsamt und anschließend wieder auf Normalgeschwindigkeit gebracht. Dazu liefen Bandschleifen und rückgekoppelte Band-Echos. Ich pannte den einen Teil mit meiner rechten Hand. Weil es zu viele Regler für eine Hand waren, kontrollierte ich die Feedbacks und auch noch die Mischpult-Lautstärken mit der linken Hand. Jimi brauchte beide Hände, um den Rest zu pannen. Es war ein echter vierhändiger Mix, den wir zusammen machten. Am Anfang kannst du die Band-Vormagnetisierung im Hintergrund pfeifen hören, weil das Band so langsam lief. Jimis Stimme lief rückwärts und Mitchells Tom-Toms waren radikal verlangsamt. Das ganze jagten wir durch den Phaser und schoben eine Menge von Mitchs Becken für diesen Effekt dahinter. Am Ende hatten wir diesen Effekt einer fliegenden Untertasse, den Jimi wollte."

❐ Montag, 1. Juli 1968
New York, Record Plant.

Leider wurde diese Aufnahme einer lebhaften Jam-Session mit Graham Bond durch technische Schwierigkeiten verhunzt. Die schlechte Aufnahmequalität hatte es unbrauchbar gemacht.

❐ Sonntag, 7. Juli 1968
New York, Record Plant. 18,45 Uhr bis 19,50 Uhr.

Bei einer kurzen Session wurde mit Überblendungen experimentiert, die eventuell die ersten drei Songs der A-Seite von „Electric Ladyland" verbinden könnten.

Jimis Notizen für den Songtext von „1983 (A Merman I Should Turn to Be)"

(James A. Hendrix)

❐ Mittwoch, 24. Juli 1968
New York, Record Plant.

Ein Rohmix von „Gypsy Eyes" wurde vorbereitet.

❐ Freitag, 26. Juli 1968
New York, Record Plant.

Der Rohmix von „House Burning Down" wurde fertiggestellt.

❑ Montag, 29. Juli 1968
New York, Record Plant. Toningenieur: Gary Kellgren.

Ein Mix von „Long Hot Summer Night" wurde fertiggemacht.

❑ Montag, 12. August 1968
New York, Record Plant. Toningenieur: Gary Kellgren.

Ein faszinierendes, rudimentäres Demo von „Room Full of Mirrors", bei dem Hendrix' Livegesang und Gitarre nur von einer Mundharmonika begleitet wurde, die höchstwahrscheinlich von Paul Caruso gespielt wurde. Es wurden drei soulige Takes mit einem etwas ermüdet klingenden Hendrix aufgenommen. Die ersten beiden lieferten brauchbare Entwürfe, waren aber unvollständig. Der dritte war besonders gut, aber er fiel leider unter den Tisch, weil ein definitives Song-Ende fehlte. Diese drei Takes sind alles, was heute abend aufgenommen wurde.

❑ Freitag, 23. August 1968
New York, Record Plant. Rough-Mix, 2 Uhr bis 7 Uhr morgens. Overdub, 7,30 Uhr bis 8 Uhr. Toningenieur: Eddie Kramer.

Hendrix und Kramer stellten mit besonderer Sorgfalt „House Burning Down" fertig, einen der stärksten Songs auf „Electric Ladyland". Die ausgedehnte Nachtsession schloß eine Vielfalt von Abmischungen und Overdubs ein, bevor Hendrix die endgültige Abmischung absegnete.

Nachdem Hunderte von Stunden für die Arbeit an „Electric Ladyland" aufgewendet wurden, reagierte Jimi empfindlich gegenüber Vorwürfen, Songs wie z.B. „1983 (A Merman I Should Turn to Be)" und „House Burning Down" seien eher auf den Einsatz von Effektgeräten oder cleverer Studio-Zauberei aufgebaut. „Auf einigen Platten hörst du dieses ausgefallene Brimborium, dabei haben wir nichts als die Gitarrenspuren aufgenommen", sagte Hendrix. „Wir benutzen hier und da Echos, aber wir fügten keine falschen elektronischen Sachen hinzu. Wir benutzen die gleichen Dinge, die jeder nehmen würde, aber wir machten es

mit Phantasie und gesundem Menschenverstand. Bei 'House Burning Down' ließen wir die Gitarre klingen, als würde sie in Flammen stehen. Sie wechselt ständig die Dimensionen und ganz oben steht eine Leadgitarre, die alles durchschneidet."

❑ Dienstag, 27. August 1968
New York, Record Plant. Rohmix, 19 Uhr bis Mitternacht. Zwölf-Spur-Overdub, Mitternacht bis 1 Uhr. Rohmix, 1 Uhr bis 3 Uhr. Aufnahmen, 4 Uhr bis 8 Uhr morgens. Toningenieure: Gary Kellgren, Eddie Kramer.

In der letzten Minute wurde an der Flange-Version von „Gypsy Eyes" gearbeitet. Einen Sound zu „flangen" war eine Technik, in der ein Toningenieur die Tonband-Geschwindigkeiten während einer Aufnahme manuell variierte, indem er mit seinem Daumen geringen Druck auf den Spurkranz („flange") der Spule ausübte. Diese Technik wurde von Kellgren und Kramer exzessiv eingesetzt. Kellgren flangte einen Gitarren-Overdub von Jimi und schaffte damit eine wässrige Tonstruktur am Ende des Songs.

Kellgren fing um 4 Uhr morgens mit der Aufnahme des neuen Redding-Songs „How Can I Live" an, während Hendrix und Kramer bereits die letzte Master-Überspielung des kompletten „Electric Ladyland"-Albums vorbereiteten. Für den Redding-Song wurden zwölf Takes eingespielt, aber nur Nummer 1, 3, 8, 9, 11 und 12 waren komplett. Track 12 mit Mitch Mitchell am Schlagzeug, Redding an der zwölfsaitigen Gitarre und einem unbekannten Mundharmonika-Spieler (möglicherweise Paul Caruso) wurde als Master in Erwägung gezogen, jedoch nicht für „Electric Ladyland". Sie legten diesen Track für Noels Solo-Debüt-Album „Fat Mattress" beiseite.

Da ein weiterer Song gebraucht wurde, um das Doppel-Album fertigzustellen, arbeitete die Experience unter Zeitdruck an einer Interpretation von Earl Kings „Come On (Part I)". Insgesamt wurden 14 Takes gemacht, der letzte taugte als Basic-Track. „Wir mußten das Album ausfüllen", gibt Redding zu. „Ich war erstaunt, weil es eigentlich nur ein Jam in E-Dur war. Es war langweilig für den Bassisten. Wir spielten es einfach live, und sie

nahmen es, danke schön. Mit Chandler hätten wir eine Situation wie diese nicht gehabt, oder?"

Am Ende dieser Marathon-Session wurden von den Original-Masterbändern für Warner Bros. Records (mit der endgültigen Song-Reihenfolge) Kopien gezogen. Zur großen Erleichterung aller Beteiligten war „Electric Ladyland" jetzt fertig.

❑ „All Along the Watchtower"/ „The Burning of the Midnight Lamp"
Reprise 0767. US-Single-Veröffentlichung. Mittwoch, 4. September 1968.

Hendrix' unwiderstehliche Version dieser Bob Dylan-Komposition verschaffte der Experience eine Crossover-Single und brachte sowohl Jeffery und Chandler, wie auch Reprise den lang erhofften Erfolg auf dem US-Markt. „All Along the Watchtower" war ein echter Chartbreaker: Die Single erreichte die *Billboard*-Charts am 21. September 1968 auf Platz 66 und kletterte rasch bis auf Platz 20. Sehr zur Freude der Experience-Plattenfirma war der Erfolg von „All Along the Watchtower" so groß, daß die Single schließlich mehr Exemplare verkaufte als alle vier vorherigen Reprise-Singles der Gruppe zusammengerechnet.

❑ „Electric Ladyland"
Reprise 2RS 6307. US-Albumveröffentlichung. Mittwoch, 16. Oktober 1968. Produzent: Jimi Hendrix. Zusätzliche Produktion: Chas Chandler. Toningenieure: Gary Kellgren, Eddie Kramer. Weitere Toningenieure: Tony Bongiovi, George Chkiantz, Andy Johns.

„And the Gods Made Love"/ „Have You Ever Been (to Electric Ladyland)"/ „Crosstown Traffic"/ „Voodoo Chile"/ „Little Miss Strange"/ „Long Hot Summer Night"/ „Come On (Part 1)"/ „Gypsy Eyes"/ „The Burning of the Midnight Lamp"/ „Rainy Day, Dream Away"/ „1983 (A Merman I Should Turn to Be)"/ „Moon, Turn the Tides. . . Gently, Gently Away"/ „Still Raining, Still Dreaming"/ „House Burning Down"/ „All Along the Watchtower"/ „Voodoo Child (Slight Return)"

„Electric Ladyland", das mit einem Kostenaufwand von rund 70.000 Dollar produziert wurde, brachte der Gruppe ihren ersten Nr 1- Hit.

Trotz der Beliebtheit des Albums war Hendrix von Reprises Entscheidung enttäuscht, seine Artwork zu verändern und seine exakten handschrift-

Soundcheck in der Hollywood Bowl am 14. September 1968.

(Chuck Boyd/Flower Children)

lichen Anweisungen offenbar ohne Rücksprache zu ignorieren. Außerdem enthüllte Jimi, daß die Endabmischung des Albums – das Ergebnis zahlloser Stunden intensiver Vorbereitung – während des Masterings und Schnittprozesses von Warner Bros. zum Nachteil verändert worden war. „Wir hatten aufgenommen, während wir auf Tour waren, und es ist sehr schwer, sich auf beides zu konzentrieren", beklagte sich Hendrix. „Einige der Abmischungen klangen dreckig, mit zu viel Baß. Wir hatten es produziert und abgemischt, aber als es dann gepreßt wurde, haben sie es vergeigt, weil sie nicht wußten, was wir wollten. Es gibt einen 3-D-Sound, den man nicht mehr hören kann, weil sie nicht wußten, wie man so etwas sauber schneidet. Sie dachten, daß es phasenverschoben war."

Während Gary Kellgren und Eddie Kramer auf der Innenhülle des Albums für ihre Tonmeisterarbeit gewürdigt wurden, fehlte geradezu auffällig der Name eines anderen prominenten Beteiligten – Chas Chandler. Obwohl er eine Reihe von Tracks auf dem Doppel-Album produziert hatte, einschließlich „Crosstown Traffic", „Burning of the Midnight Lamp" und „All Along the Watchtower", erhielt Chandler keinen Credit für seine Rolle bei der Produktion des Albums. „Als das Album herauskam, sah ich den Vermerk: 'produziert und überwacht von Jimi Hendrix'. Ich war völlig angepißt", gibt Chandler zu. „Ich war besonders überrascht, als ich sah, wieviel von dem, was ich gemacht hatte, auf der Platte war, weil ich wußte, daß sie noch sehr viel Zeit im Record Plant verbracht hatten, nachdem ich aus dem Projekt ausgestiegen war. Eigentlich hatte ich ein völlig anderes Album erwartet. Ich war ziemlich angepißt, keinen Credit bekommen zu haben, interpretierte es aber als einen Schachzug von Michael Jeffery. Ich dachte, er wolle auf diesem Weg einfach nur versuchen, meinen Namen aus den Geschichtsbüchern zu streichen. Um ganz ehrlich zu sein – ich ließ die ganze Sache einfach hinter mir und machte weiter."

Die herkulanische Arbeit an „Electric Ladyland" hinterließ eine völlig ausgelaugte Experience. Die unglaublich harte Gangart, gekoppelt mit intensivem Drogenkonsum (besonders bei Hendrix)- erlaubte ihnen praktisch

Zwischen zwei Takes im Record Plant stellt
Hendrix sein Wah Wah-Pedal ein.

(Eddie Kramer)

keine Gelegenheit für eine schöpferische Erholungspause. Ihre siebenwöchige US-Tour endete am 15. September in Sacramento. Die letzten zwei Wochen des Septembers wurden für einen dringend gebrauchten Urlaub in Los Angeles verplant.

☐ Oktober 1968
Los Angeles, TTG Studios.

Nachdem er vor fast sechs Monaten Michael Jefferys Angebot angenommen hatte, für Buddah Records das Debüt-Album der Gruppe Eire Apparent zu produzieren, mußte sich Hendrix nun genügend Zeit für das Projekt freischaufeln. Eire Apparent spielte als Vorgruppe für die meisten Experience-Konzerte seit Mitte August, was Hendrix in die Lage versetzte, seine Strategie für das Album zu planen. Seine vielen Verpflichtungen erlaubten ihm zwar nicht, die Songs und Arrangements der Gruppe zu bestimmen, so wie es Chas Chandler sie für Jimis Debüt-Platte gemacht hatte. Hendrix

konnte jedoch auf der Basis seiner Beobachtungen der Live-Auftritte von Eire Apparent für ein gesundes Gleichgewicht im Studio sorgen.

Da sich die Experience zur Zeit vorwiegend in Los Angeles aufhielt, wurde die Entscheidung getroffen, in den TTG Studios aufzunehmen. TTG (N. McCadden Street 1441 in Hollywood) wurde von dem Toningenieur Ami Hadami, einem unzugänglichen, rätselhaften Veteran des Israelischen Militärs geführt. Das erhielt bei der Eröffnung 1965 den Namen eines Militär-Regimentes, bei dem Hadami gedient hatte. TTG war in dem aufkeimenden Studio-Markt vor Los Angeles schnell in der Bedeutung gewachsen und konkurrierte mit Bill Putnams Western United Studios und Wally Heiders angesehendem Heider Recording. Für nur 55 Dollar die Stunde konnten Kunden die im Studio installierte Ampex 16-Spur-Maschine benutzen – eine der ersten Exemplare, die in Südkalifornien in Betrieb genommen wurden.

Da auch die Animals Kunden des Studios gewesen waren, hatten sich sowohl Chas Chandler als auch Michael Jeffery mit Hadami angefreundet. Im Oktober 1968, nach dem 3-Tage-Konzert der Experience in San Franciscos Winterland Ballroom (zur Feier des zweijährigen Bestehens der Gruppe), wurde das TTG Studio B für den ganzen Monat im Block für neue Aufnahmen von Experience und Eire Apparent gebucht.

Hendrix und die Band machten erhebliche Fortschritte im TTG, während „Sunrise" – der Arbeitstitel des Debüt-Albums von Eire Apparent – dort nicht fertiggestellt werden konnte. Zusätzlich zu seiner Rolle als Produzent kam Hendrix öfters hinter dem Mischpult hervor, um seine Gitarre einer Reihe von Originalkompositionen der Gruppe beizusteuern – u.a. „Captive In The Sun", „Morning Glory", „The Clown", „Let Me Stay", „Mr. Guy Fawkes", „Magic Carpet", „Someone Is Sure To (Want You)" und „Yes I Need Someone". Nach der letzten dokumentierten

The Vanilla Fudge werfen am 14. September 1968 Mitch Mitchell in den Pool der Hollywood Bowl.

(Chuck Boyd/Flower Children Ltd.)

Session der Gruppe im TTG (31. Oktober 1968) wurden alle Session-Tonbänder zum Record Plant geschickt, wo die Arbeit an dem Album fortgesetzt wurde.

Die ermutigenden Fortschritte von Eire Apparent liefen jedoch nicht ohne Zwischenfälle ab. Hendrix geriet sich mit Jack Hunt in die Haare, jenem TTG-Toningenieur, der von Hadami beauftragt wurde, die Sessions zu fahren. Laut dem mitwirkenden TTG-Toningenieur Angel Balestier basierte das Problem in Hunts starrem Festhalten an klar strukturierten Sessions und den Standard-Toningenieur-Verfahren. „Jack war ein ausgezeichneter Toningenieur, aber er ging die Sessions strikt von einem Song zum anderen durch", erinnert sich Balestier. „Wenn eine Session bis 20 Uhr gebucht war, mußte man auch um punkt 20 Uhr fertig sein. Das war nichts für Jimi. Damals wachte man um 20 Uhr gerade mal auf!"

Ein weiterer Streitpunkt war Hendrix und Hunts Unfähigkeit, ihre Aufnahmetechniken aufeinander abstimmen zu können. „Eire Apparent klang einfach zu steril", erzählt Balestier. „Jimi versuchte, ihrem Sound den gleichen Biß zu geben, den er seinen eigenen Aufnahmen gegeben hatte. Jack arbeitete hingegen sehr strukturiert: Jedes Instrument sollte separat auf je eine Tonspur aufgenommen werden. Er wollte auch das Tonband nicht so hoch aussteuern, weil er Verzerrungen befürchtete – aber das war genau der Effekt, den Jimi haben wollte."

Die wachsende Spannung wegen der ungelösten Differenzen endete schließlich in einem offenen Streit zwischen Hendrix und Jack Hunt. „Ich hatte gerade Aufnahmen mit den Everly Brothers oben im Studio A beendet", erinnert sich Balestier. „Eire Apparent nahm in Studio B auf, und ich ging in den Kontrollraum, um mir ein langes Bananenstecker-Kabel zu holen, das ich für meine nächste Session brauchte. Hendrix saß im Produzenten-Stuhl und starrte nur an die Decke. Als er mich sah, sagte er: 'Du wirst mein nächstes Album machen, nicht wahr?' Damit zog er einen endgültigen Schlußstrich, weil Jack ihm nie verzeihen konnte, daß Jimi nicht ihn gebeten hatte, es zu tun – wo er doch schon die Eire Apparent Sessions gemacht hatte. Ich hatte Jimi niemals zuvor getroffen, aber ich hatte ihn in Monterey auftreten sehen und besaß seine Alben. Ich sagte ihm: 'Sicher, ich würde es liebend gerne machen.' Ich war nicht in den Kontrollraum gegangen, um diesen Job zu bekommen – ich wollte mir nur ein spezielles Kabel ausleihen. Ich erklärte das später Jack und Ami, aber diese Sache wurde niemals völlig bereinigt. Jack traf es sehr hart. Er kam nie mehr zu irgendeiner Hendrix-Session und war jahrelang sauer auf mich."

Obwohl Hendrix' hauptsächliche Verantwortung im TTG auf dem Eire Apparent-Projekt lag, machte die Experience einen ernsthaften Versuch, Tracks für ihr viertes Studio-Album

aufzunehmen. Dadurch daß „Electric Ladyland" nur sechs Wochen zuvor fertiggestellt wurde, war an jegliche formelle Vorproduktion für diese Sessions nicht zu denken. Mit einer Handvoll alter Songs und neuer Ideen bewaffnet, bemühte sich die Experience, ihre Energien spontan zu konzentrieren. Nachdem Hendrix' kreative Kräfte sich gesammelt hatten, jammten sie – und diese Herangehensweise wurde zunehmend die Hauptstrategie beim Komponieren und Aufnehmen neuen Materials.

Die Experience konnte zwar noch ihr enormes Talent gemeinsam in Einklang bringen, die Beziehung zwischen Hendrix und Redding hatte sich jedoch weiter verschlechtert. Ihre Rückkehr ins Studio erfolgte zu schnell nach den schwierigen „Electric Ladyland"-Sessions und trug wenig dazu bei, die Konflikte der beiden Männer bezüglich der Aufnahmen zu lösen. Reddings Frustation über Hendrix' Unfähigkeit, sein eigenes Spiel zu beurteilen, lag ihm im TTG schwer auf der Seele. Reddings Tagebuch-Aufzeichnungen dokumentieren seine wachsende Unlust: „20. Oktober. Aufnahmen (nichts geschafft). 24 Oktober. Aufnahmen (nichts geschafft). 25 Oktober. Aufnahmen (wieder nichts geschafft)."

Der ehemals persönliche Zweifel, den nur die engsten Vertrauten der Gruppe kannten – die wachsende Entzweiung von Hendrix und Redding – wurde sofort auch denen offenbar, die mit der Gruppe im TTG arbeiteten. „Die Distanz zwischen Jimi und Noel war offensichtlich", erinnert sich Angel Balestier. „Es war traurig. Es war so klar, man konnte es sehen. Sie sagten beide hallo zueinander, jeder blieb aber in seiner Ecke. Wenn Leute für Jimi kamen, zog Noel sich zurück. Die Sessions verliefen dennoch friedlich. Ich war niemals Zeuge irgendwelcher verbalen oder physischen Auseinandersetzungen, aber diese Schwingungen waren immer da. Trotzdem klappte es noch, sobald sie zu spielen begannen."

Trotz Hendrix' Konflikt mit Jack Hunt während der Eire Apparent Sessions , ließ Hendrix Balestier uneingeschränkt arbeiten. Er bat nur darum, daß die Tonband-Maschine immer mitlaufen solle „Jimi wies mich an, daß ich das Tonband niemals anhalten oder auslaufen lassen sollte, sobald wir mit

der Aufnahme angefangen hatten", erklärt Balestier. „Also nahmen wir jede Idee so, wie sie sich entwickelte, auf und wechselten das Band nur, wenn die Leute eine Atempause einlegten." Ebenso einzigartig für Balestier und die Mannschaft des TTG war der Drang der Experience, in der größtmöglichen Lautstärke zu spielen. „Als die Experience erstmals mit den Proben begann, kam Ami Hadami die Treppe runter und wollte die Monitore leiser drehen, weil der Sound in das obere Studio durchdrang. Ich zeigte vom Kontrollraum-Fenster in den Aufnahmeraum und sagte: 'Ami, das sind nicht die Monitore, das ist die Band.' Er konnte es nicht glauben."

Während ein Hexenkessel von Problemen unter der Oberfläche brodelte, war andererseits die Beliebtheit und das Ansehen von Hendrix und der Experience ins Unermeßliche gewachsen. Die Experience-Sessions im TTG untermauerten ihren Status für die Hollywood-Berühmtheiten dadurch, daß sich Horden von Freunden, geladenen Gästen und Groupies auf den Weg ins Studio machten. Die meisten waren damit zufrieden, still zu beobachten, während sich andere die heiß-begehrte Aufforderung zum Mitspielen erhofften. Balestier sagt, Hendrix habe sich in diesem Fall immer verpflichtet gefühlt. Obwohl das Studio versucht hatte, normal zu arbeiten, wurde das Durcheinander bei den Experience-Sessions immer unübersehbarer. „Es kamen unbeschreibliche Typen vorbei", erinnert sich Balestier. „Bei Hendrix hieß es nicht: 'Schaff ihn hier raus!', wenn jemand den Raum betrat. Jimi sagte: 'Kommt rein', oder er bat uns, Platz für die Leute zu machen. Er war äußerst höflich. Er sagte niemals nein zu jemandem und warf niemals irgend jemanden raus."

Mit dieser Politik ergoß sich im Endeffekt ein ständiger Strom von Freunden ins Studio. „Sehr viele Jungs von Buffalo Springfield kamen vorbei, besonders Dewey Martin und Stephen Stills", erinnert sich Balestier. Bei einer solchen Gelegenheit nahm Balestier einen inspririerten akustischen Jam auf, dessen Höhepunkt ein furioser Gitarrenkampf zwischen Hendrix und Stills bildete. „Das war ein großartiger Jam", sagt Balestier. „Diese Jungs spielten sich die Ärsche ab." Leider sind Ton-

Hollywood Bowl, 14. September 1968: Fans überrennen den Ordnungsdienst und springen in den Pool zwischen Bühne und Zuschauerraum.

(Chuck Boyd/Flower Children Ltd.)

bänder dieser Session entweder verloren gegangen oder gestohlen worden. Sie konnten jedenfalls im Hendrix-Bandarchiv nicht mehr gefunden werden.

Buddy Miles war zusammen mit Buffalo Springfield ein häufiger Gast und besuchte eine Reihe von Sessions, ebenso wie der Organist Lee Michaels. „Lee Michaels hatte oben im Studio A aufgenommen, als er bemerkte, daß Hendrix unten arbeitete", erinnert sich Balestier. „Ich gab zu, daß es Hendrix ist, aber ich erzählte ihm, daß ich es für mich behalten sollte. Lee lachte und sagte, daß er so oder so runter kommen würde. Also schleppten wir seine B-3 Orgel ins Studio B."

Außer mit Stills, Michaels und Buddy Miles jammten Mitch und Jimi auch mit Bassist Carol Kaye. Bei einer anderen Gelegenheit saß Vic Briggs mit der Experience zusammen. Weitere bemerkenswerte Gäste, die die Gruppe besuchten, waren u.a. Sonny Bono, Bill Cowsill von den Cowsills, Lou Reed, Fraternity of Man, The Association, Jim Keltner, Jim Gordon, The Olympics und sogar der Schauspieler Tony

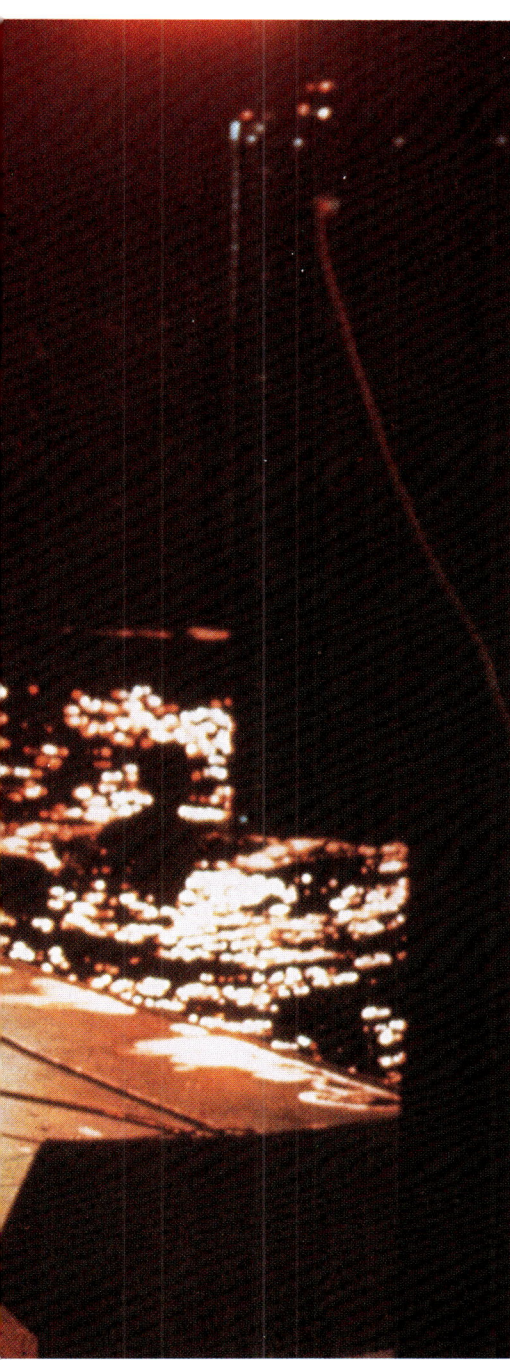

Scotti, bestens bekannt durch seine Rolle in dem Film „Valley of the Dolls".

Eine Reihe von Jimis alten Bekanntschaften aus dem Chitlin-Umfeld (u.a. Leon Heywood, Billy Preston und Ike Turner) machten ebenfalls sehr willkommene Besuche. „Ike Turner kam vorbei, und Jimi freute sich sehr, ihn zu sehen, obwohl er nicht mit ihm spielte," erinnert sich Balestier. Noch ein bemerkenswerter Besucher war der le-

gendäre Specialty Records-Produzent Bumps Blackwell. „Ich stieß oben im Büro auf Bumps," erklärt Balestier. „Er sagte: 'Ich hörte, daß du unten jemanden hast, mit dem ich mal zusammengearbeitet habe.' Bumps ging mit einem Teller Essen runter in den Kontrollraum und fragte: 'Hey Jimi, willst du ein Hühnchen? Jimi drehte sich um und fing an zu lachen, als er sah, wer es war. Bumps setzte sich hin und fing an, alte Geschichten zu erzählen. Plötzlich drehte sich Jimi zu mir und sagte: 'Ich hörte, daß du einen Streit mit Little Richard hattest.' Ich sagte ihm, ich hätte kein Problem mit ihm gehabt, aber Ami hatte von mir verlangt, die Anlage auszuschalten, weil Richard dem Studio Geld schuldete. Ich ging zum Hauptschalter, aber Bumps, der als Produzent dabei war, griff ein. Ich habe es nicht gemacht, Ami machte es selbst, was Richard in Wut versetzte. Er schrie Ami an, daß er ihm die schwule Perücke herunterreißen und ihm damit der Arsch abwischen werde! An diesen Punkt lachten Jimi und Bumps hysterisch, als ob sie das schon hundertmal durchgespielt hätten. Du siehst, daß Jimi und Bumps etwas gemeinsam hatten. Sie waren richtig glücklich, sich wiederzusehen."

Im Studio entwickelte Hendrix ein aufrichtiges Interesse an einigen von Balestiers früheren Kunden: „Ricky Nelson unterbrach eine seiner Sessions, und er verstand sich großartig mit Jimi. Sie redeten über alle Arten von Musik. Eines Nachts wollte Jimi einige der Country&Western-Sessions hören, die ich gefahren habe. Ich spielte ihm einige neue Sachen vor – Everly Brothers-Aufnahmen, die ich betreut habe – und er fand sie echt cool. Dann sah er mich mit einem seltsamen Blick an und fragte: 'Wie kann ein Puertoricaner aus Brooklyn so etwas erlernen?' Ich lachte und erzählte ihm, daß ich selbst von weit, weit weg – von den Westindischen Inseln – stamme. Er schüttelte sich vor Lachen."

Im TTG herrschte während der Experience-Sessions eine elektrisch geladene Atmosphäre. Der Geruch von Weihrauch wehte durch den Raum, und die Gruppe wurde ständig von Stan's Drive-In auf dem Sunset Boulevard mit Jimis Lieblings-Hamburgern versorgt. Balestier staunte auch über die reichliche Drogenversorgung: „Je-

mand brachte einen Haschisch-Kuchen zu einer Session mit. Wir hatten Kool-Aid, Marihuana-Kekse, Thai-Zigaretten aus Vietnam und noch viel mehr. Kaum hast du etwas erwähnt – schon war es da."

Glücklicherweise veranlaßte dieses Verhalten nie einen offiziellen Besuch der Beamten aus der nahegelegenen Wilcox Polizeiwache. Jimis Gitarren-Spiel dagegen erweckte die Aufmerksamkeit eines Streifenpolizisten. Balestier erklärt: „Eines Nachts sah ich diesen Bullen, wie er vor der Studiotür stand und die Session beobachtete. Panisch rief ich Tom Hidley an, der in Studio C war und ihm erzählte, daß ein Bulle vor der Tür steht. Er sagte, er wolle sich das mal ansehen. Tom begleitete den Bullen in den Kontrollraum, und er stieg voll ein! Er hatte Jimi spielen gehört, als er bei seinem Streifengang am Studio vorbei gekommen war. Er war einer von der Wilcox-Wache, in voller Uniform, Abzeichen und allem, und er schüttelte seinen Kopf im Takt mit! Ich war kurz davor, durchzuknallen. Ich hatte gedacht, daß wir alle verhaftet werden!"

Obwohl in den letzten Jahren ein Bootleg mit den Aufnahmen von Hendrix Jams mit Creams Jack Bruce, Buddy Miles und Jim McCarty im TTG (wahrscheinlich vom 16. oder 17. Oktober) auftauchte, fand die erste ordentlich dokumentierte Session, von der Mehrspur-Tonbänder bekannt sind, am Freitagabend, 18. Oktober 1968 statt.

☐ Freitag, 18. Oktober 1968
Los Angeles, TTG Studios. Toningenieur: Angel Balestier. Zweiter Toningenieur: Mark Kauffman.

Eine an „Midnight" erinnernde Instrumental-Arbeit beginnt, die mit den „Izabella"-Versionen, die 1969 in der Hit Factory und im Record Plant aufgenommen wurden, allerdings nur eine Namensähnlichkeit haben. Bevor die eigentlichen Aufnahmen anfingen, wurden zwei Versuchs-Takes aufgenommen und mit „Test" beschriftet. Eine Reihe von Fehlstarts und Abbrüchen sorgten dafür, daß erst die Takes 15, 16 und 18 langsam, aber sicher besser wurden. Take 18 kam auf die Master-Liste und wurde dort mit einer Spielzeit von 4:32 Minuten eingetragen. Es war der bislang beste Versuch,

Henrix' Linse richtet sich 1968 backstage im
Winterland auf Janis Joplin.

(Jim Marshall)

aber Hendrix war noch nicht zufrieden.
Die Gruppe hörte sich Take 18 an und
kehrte ins Studio für weitere Aufnahmen zurück.Take 19 und 20 begannen
wieder mit Fehlstarts, aber Take 21 sicherte ein brauchbares Playback. Nach
dem genauen Vergleich von Take 18
und Take 21 stellte sich heraus, daß
der neue Take nicht so stark wie der
frühere war. Take 18 wurde erneut als
Master ausgewählt.

Nachdem „Izabella"„ fertiggestellt
war, begann die Arbeit an „Messenger",

ein weiterer vielversprechender neuer
Hendrix-Song. Zwei Takes wurden auf
diese Spule aufgenommen, der zweite
als komplett in die Liste aufgenommen. Der erste war ein Medium-Tem-
po Instrumental-Take, der schwach an
„Castles Made of Sand" erinnerte. Irgendwie klang diese Aufnahme aber
eher nach einem Probe-Jam als nach
einem strukturierten Versuch, einen
Basic-Track einzufangen. Ein zweiter
Take „Messenger" wurde vollendet,
aber sein Tempo und Arrangement waren völlig anders. Es war eine lebhafte-
re Version, in die Hendrix die eine oder
andere bekannte Passage aus „Lover
Man" einfließen ließ. Bei den Over-

dubs fügte Mitchell zusätzliche Percus-
sion-Elemente und Jimi eine weitere
Gitarre hinzu. Trotz dieser Arbeit galt
der Song, den Jimi dem Toningenieur
Angel Balestier gegenüber „The Messenger" nannte, in diesem Moment
noch nicht als fertig..

☐ „All Along the Watchtower"/
„Long Hot Summer Night"

Track Records 604 025. UK-Single-Veröffentlichung.
Freitag, 18. Oktober 1968.

„All Along the Watchtower", die fünfte
UK-Single, verkaufte sich gut und
brachte die Experience triumphal an

Noel Redding bei Aufnahmen im TTG Studio im Oktober 1968.

(Michael Ochs Archives)

Die Arbeit an „Messenger" wurde wieder aufgenommen, und die Experience entschied sich, die Takes vom 18. Oktober beiseite zu legen und von vorne zu beginnen. 15 neue Versuche wurden aufgezeichnet. Diese Takes bringen einen fesselnden neuen Song hervor, für den Hendrix einen Songtext zwar geplant, aber nie aufgenommen hatte. Die ersten acht der 15 Takes waren unvollständig. Der neunte jedoch klang vielversprechend und hätte ein Playback abgegeben, wurde aber dennoch verworfen. Take 12 war stark genug für die Gruppe, ihre Arbeit kurz zu unterbrechen und zuzuhören. Dieser Take wie auch der unvollständige Take 13 wurden verworfen. Take 14 brachte einen hörbaren Fortschritt, war aber noch nicht gut genug. Erst der solide Take 15 brachte das Master ein. Glanzlicht der folgenden Overdubs war ein einzigartiger Klavier-Teil, der von Hendrix gespielt wurde. Er wurde mit 59 Umdrehungen pro Minute, einer langsameren Geschwindigkeit, als Effekt-Overdub aufgenommen.

Eine bemerkenswerte Session, bei der die Experience mit den Aufnahmen des kratzigen „Calling All the Devil's Children" begann. Was als eine vorläufige Kompositions-Zusammenarbeit zwischen Hendrix und Redding begann, uferte bald in eine polternde Studio-Party aus. 27 Takes des griffig-mitreißenden Basic-Tracks mußten aufgenommen werden, ehe einer sich für das Master qualifizierte. Hierbei war Hendrix darauf aus, einen Comedy-Track zu erzeugen, oder, wie Redding es beschrieb, eine Parodie der legendären BBC-Comedy-Serie Goon Show. Was dann folgte, war in der Tat schierer Wahnsinn: Die Experience, durch Roadie Eric Barrett und einem gackernden Besucher-Haufen verstärkt, versammelte sich um ein Mikrophon. Jimi stieg auf einen Stuhl und gab eine lustige, improvisierte Comedy-

die Chart-Spitze zurück. Die Platte erreichte Platz 5 und hielt sich elf Wochen lang in den Charts.

„Calling All the Devil's Children" ein großartiges Beispiel für den abgedrehten Humor der Band, vergleichbar mit „You Know My Name (Look Up the Number)" von den Beatles. Während Redding von Hendrix' ursprünglichen Ideen für „Calling All the Devil's Children" (oder „The Devil's Jam", wie Noel es nannte) nichts wußte, hatte Jimi Angel Balestier von Anfang an in seinen ungewöhnlichen Plan eingeweiht: „Bevor wir diese Stimmen aufnahmen, hatte mich Jimi gebeten, 13 Mädels zu organisieren. Ich sagte ihm, daß ich ein bißchen rumtelefonieren würde. Und dann kamen so viele Mädchen ins Studio, es war unglaublich. Wir hatten Mädchen im Aufnahmeraum, in der Gesangskabine und sogar draußen vor der Tür zum Studio B. Als Jimi ein paar Gitarren-Overdubs aufnehmen wollte, stolzierte er zu diesem wunderschönen Mädchen rüber und fragte sie nach ihrem Sternzeichen. Als sie 'Schütze' antwortete, sagte er: 'Heißt das, daß ich dir meinen Pfeil reinstecken darf?' Es war unbeschreiblich."

„Calling All the Devil's Children" zeigte Balestier, daß bei einer solch spontanen Kreativität normale Aufnahme-Prozeduren nicht zur Experience passen würden: „Bei diesen Jams hortete ich einen Haufen Tonband-Spulen neben mir", erinnert sich Balestier. „Wir hatten nur eine Mehrspur-Maschine, also mußte ich, wann immer sie für eine kurze Besprechung unterbrachen, sofort die Spule von der Maschine reißen und eine neue draufschmeißen, ohne die alte vorher noch zurückspulen zu können. Terry Betts, einer meiner Maschinen-Bediener, konnte das sehr schnell erledigen. Er und Bob Porter grabschten sich je eine Spule, und ich nahm das Band in der Mitte und fädelte es sofort durch die Laufrollen der Maschine. Wir mußten es draufschmeißen, die Aufnahmetaste drücken und ab dafür! Jimi rief aus dem Aufnahmeraum: 'Habt ihr das auf Band?', und ich rief zurück: 'Wir haben alles drauf!'. Wann immer Jimi einen Jam wie diesen spielte – oder auch nur eine kleine Song-Idee – konnte er sich immer sicher sein, daß du die ganze Sache für ihn auch wirklich aufgenommen hattest. Es war extrem wichtig für ihn, zu wissen, daß er seine Ideen auf Band hatte."

Nach einem Ding wie „Calling All

Jimi bei Aufnahmen im TTG, wo die Vorliebe der Experience für extreme Lautstärken öfters die Arbeit in Studio A im ersten Stock jäh unterbrach.

(Michael Ochs Archives)

Szene zum Besten, bei der er unter anderem auch einen Bibel-fanatischen Prediger imitierte. „Bold as what?" fragte Jimis „Prediger". Inmitten der Geschreie und des andauernden Geplappers seiner „Anhänger" verkündeten menschliche Sirenen die baldige Herniederkunft eines „Busen" – woraufhin Noel brüllte: „Spüle das Klo! Spüle das Klo!" Unter dem Strich war

TTG Studio im Oktober 1968.

(Chuck Boyd/Flower Children Ltd.)

the Devil's Children" konnte kaum ein weiterer inspirierter Jam folgen – und genau das passierte auch: Zwei getrennte Jam-Sessions wurden aufgenommen, darunter vier Takes von „Jam#1" (mit Lee Michaels an der Orgel). Take 4,

eine schnelle Blues-Rock-Version, zeigte mehrere lebhafte Augenblicke, bevor es kurz nach der Vier-Minuten-Anzeige auseinanderbröselt. Die erweiterte Gruppe wurde anschließend von einem unbekannten Mundharmonika-Spieler für „Jam#2" unterstützt. Ein fertiger Take wurde aufgenommen, erneut mit Lee Michaels als treibende Kraft.

Die Gruppe, diesmal ohne Mundharmonika aber wieder mit Michaels, nahm (entlang eines Playbacks) den inspirierten Jam „Hear My Freedom Call Me" auf. Buddy Miles stieg mit weiteren Percussions ein. Mehrere außergewöhnliche Augenblicke entstanden bei diesem ausgedehnten Jam, darunter auch ein Teil, bei dem Hendrix hin und wieder den Leadgesang übernahm. Leider endete dieser Jam, wie so oft bei solchen Aktionen, ohne brauchbares Ergebnis.

Das Ensemble nahm auch den frenetischen Blues-Jam „Electric Church" auf, der zwar eine hervorragende, schneidende Lead-Gitarre von Hendrix zeigte, aber wieder keine brauchbaren Strukturen hervorbrachte. Miles spielte ein zweites Schlagzeug-Set und legte gemeinsam mit Mitch Mitchell eine einzigartige Doppel-Trommel-Arbeit hin. Take 4, der unmittelbar auf drei kurze, unvollständige und von diversen Wortwechseln der Musiker unterbrochenen Takes folgte, wurde als Master ausgewählt. Diese Aufnahme ist allerdings nicht der Song „Electric Church – Red House", der in dem Buch „Hendrix: Setting the Record Straight" oder vergleichbaren Hendrix-Werken erwähnt wird. Die dort fälschlicherweise beschriebene Version (erschienen auf: „Jimi Hendrix: Blues") ist in Wahrheit eine geschickt bearbeitete Kombination der Intros von „Electric Church" mit einer Version von „Red House", die am 29. Oktober aufgenommen wurde. Während Buddy Miles auf den Master-Aufnahmen von „Electric Church" gehört werden kann, spielte er jedoch in der Session am 29. Oktober keinen einzigen Ton. Michaels erscheint dagegen auf beiden Sessions und wurde am 29. Oktober von dem Flötisten Jim Horn unterstützt, dessen Beiträge aber später aus den Aufnahmen wieder herausgemischt wurden, aus denen „Electric Church" und „Red House" zu einem gemeinsamen Master zusammengesetzt wurden.

Dienstag, 22. Oktober 1968
Los Angeles, TTG Studios. Toningenieur: Angel Balestier. Zweiter Toningenieur: Mark Kauffman.

Die Experience machte bei ihrer Arbeit an „Mr. Lost Soul" (ebenfalls als „Mr. Bad Luck" bekannt) an diesem Abend große Fortschritte.

Die Aufnahmen begannen mit zwölf Takes von „Mr. Lost Soul", aufgenommen auf Spule eins. Ein lebhafter erster Take (Spielzeit: 2:53 Minuten) taugte bereits als Arbeits-Playback. Trotz vielversprechender Ergebnisse hatten sie aber noch kein Master in der Hand. Eine Reihe von Fehlstarts und unvollständigen Takes folgte, bis Take sieben ein brauchbares Playback lieferte. Die Gruppe war dennoch nicht zufrieden und ging in den Aufnahmeraum zurück. Die folgenden Takes zeigten nur kleine Veränderungen in dem Arrangement des Songs. Statt dessen konzentrierte sich Hendrix darauf, seine Rhythmus-Gitarre zu verfeinern. Ein interessanter Aspekt dieser Entwicklung ist, daß Anteile der Akkord-Struktur später in den Song „Stepping Stone" eingebaut wurden. Take 12 dauerte erneut 2 :53 Minuten, war jedoch noch immer nicht schlüssig genug. Weitere Aufnahmen folgten, bis das Master endlich mit Take 17 erreicht wurde.

Schwieriger als die Arbeit, Hendrix' Gitarren-Sound auf Tonband zu bannen, erwies sich die delikate Aufgabe, seinen Leadgesang aufzunehmen: „Ich versuchte eine Reihe von verschiedenen Tricks, um es ihm leichter zu machen", erklärt Balestier. „Ich hing ein C12 Mikrophon mitten im Studio auf, und er durfte die Gitarre umgehängt lassen. Gelegentlich kam von der umgehängten Gitarre ein kleines Störgeräusch aufs Tonband – aber das Instrument war halt seine Lady. Bei einer anderen Gelegenheit ließ ich Jimi singen, während sein Gitarrenverstärker in der Gesangskabine stand. Ich schloß den Verstärker an und jagte phasenverschoben einen Teil der Basic-Tracks durch seine Lautsprecher, damit Jimi nicht gezwungen war, Kopfhörer zu tragen. Ich richtete mich immer nach Jimis Stimmung. Manchmal war er so verärgert, daß er seine Gitarre in die Ecke warf und abhaute. Kurz darauf kam er wieder zurück und wollte es noch einmal versuchen. Er war sehr launisch, wenn er seinen Gesang aufnehmen mußte und konnte auch keine Leute dabei um sich haben. Doch wenn Leute da waren, ließ er seine Frustrationen nie an ihnen aus. Er schmiß dann lieber seine Gitarre auf den Boden und ging raus. Wenn ich das Gefühl hatte, daß nichts mehr geht, ließ ich ihn in Ruhe. Ich ließ das Studio C offen, damit er sich dort einschließen konnte. Wenn er dann raus kam und nicht mehr weiter aufnehmen wollte, gab ich ihm meine Privatnummer und sagte ihm, er könne mich immer anrufen – egal zu welcher Zeit. Ich wohnte beim Fountain, direkt neben dem McCadden, und es war nur ein kurzer Weg ins Studio. Es passierte, daß er mich um drei Uhr früh anrufte und sagte: 'Du weißt, ich habe dieses Ding, das ich machen will'. Ich sagte: 'Klar, in ein paar Minuten bin ich drüben'. Diese Sessions konnten die ganze Nacht lang dauern, ein paar Stunden oder nur eine halbe Stunde. Es war mir egal."

Balestier bereitete sofort nach der Session einen Rohmix vor. Take 17, umbenannt in „Look Over Yonder", wurde von Eddie Kramer, Mitch Mitchell und John Jansen remixt, so daß es ein Teil des 1971er-Albums „Rainbow Bridge" werden konnte.

Mittwoch, 23. Oktober 1968
Los Angeles, TTG Studios. Toningenieur: Angel Balestier. Zweiter Toningenieur: Mark Kauffman.

Eine lange, produktive Abend-Session, bei der drei neue Songs entstanden. Die Session begann ohne Reddings Baß mit zwei Takes des Instrumentals „The New Rising Sun". Von „Hey Baby (Land Of The New Rising Sun)", das später im Rahmen der „Rainbow Bridge" erschien, war der masterreife Take 2 in Sound und Anmutung noch meilenweit entfernt. Trotz der verhältnismäßig wenigen Takes (vor allem,wenn man an die letzten Experience-Aufnahmen denkt) folgte noch eine Menge Arbeit. Hendrix fügte einen rückwärts laufenden Gitarrenteil und eine zweite Lead-Gitarre hinzu. Das mittelschnelle Instrumental „The New Rising Sun" hatte mehrere Höhepunkte. Obwohl Hendrix nach seiner TTG-Zeit dieses besondere Arrangement angeblich nie wiederbelebt hat, wurden Teile des Take 2 von „The New Rising Sun" später für den „Rainbow Bridge" Film-Soundtrack ausgesucht. Toningenieur John Jansen zog „The New Rising Sun" am 22. Februar 1971 aus dem Bandarchiv der Electric Lady Studios und brachte ihn auf den Film-Sountrack wie auch auf das begleitende Album.

Jansen fand irgendwie Verwendung für den Track, veränderte die Geschwindigkeit und benutzte einen der Schnipsel als Teil eines experimentell zusammengesetzten Masters. Als 1974 Alan Douglas die Kontrolle über das Hendrix-Bandarchiv bekam, wurden Jansens Schöpfung, die auch Teile von Aufnahmen in der Hit Factory, dem Record Plant und dem Electric Lady benutzte, neue Overdubs von Schlagzeuger Alan Schwartzberg und Percussionist Jimmy Maeulen hinzugefügt. Unter dem neuen Titel „Captain Coconut" kam es 1975 auf das Album „Crash Landing".

Es folgten drei Takes von „Introduction" mit Orgel, Mundharmonika, Klavier und Redding am Baß. Jeder war völlig anders. Der erste „Take" war ein sehr lebhafter Zwölf-Takt-Blues-Jam. Die ausgedehnte Aufnahme zeigte feine Arbeit von Hendrix und Michaels, brach aber kurz vor der Sechs-Minuten-Anzeige völlig auseinander. „Take" 2 beginnt mit einem schönen Solo-Gitarrenpart von Hendrix. Es dauert fast zwei Minuten, bis die Band einsteigt. Die nächste Aufnahme, von Toningenieur Balestier über das Talkback als „Introduction, Take drei" angekündigt, ist dagegen ein melodisches Solo-Klavier-Stück, das von Hendrix gespielt wurde. Am Schluß bemerkte Hendrix: „Wir sollten das erst mal so lassen."

Acht Takes von „Peace" wurden anschließend aufgenommen. Die Gruppe verzichtete auf Reddings Baß, um sich auf die Melodie des Songs zu konzentrieren, hatte jedoch enorme Timing-Probleme. Die Folge: Es kam kein Basic-Track zustande.

Donnerstag, 24. Oktober 1968
Los Angeles, TTG Studios. Toningenieur: Angel Balestier. Zweiter Toningenieur: Mark Kauffman.

Diese Session wurde weitgehend den Aufnahmen des muskulösen Instrumentals „Peace" gewidmet. Die gesamte Arbeit des Vortages wurde verschrot-

Eine typische Aufnahmeparty bei Hendrix: Jimi bei der „Arbeit" für „Calling All The Devil's Children".

(Michael Ochs Archives)

tet und insgesamt 15 neue Takes versucht. Take 2, auf 4:41 Minuten gestoppt, wurde als „fertig" aufgeführt, aber nicht als definitives Master ausgewählt. Es folgten zwölf weitere Takes, die sich jedoch nur geringfügig voneinander unterschieden. Take 15, der erste Take auf Spule 2, wurde als Master ausgewählt.

Balestier hatte große Mühe, den versengenden Gitarren-Sound einzustellen, den Hendrix zwar klar im Kopf hatte, ihn aber nur schwer in Worte fassen konnte: „Jimi hatte gesagt, er

suche einen bestimmten Sound", erklärt Balestier. „Ich stand im Aufnahmeraum und hörte bei der Probe zu. Dann ging ich in den Kontrollraum zurück und hörte die Wiedergabe. Zu meiner Überraschung, hörte ich nicht das, was Hendrix draußen im Studio hörte – und genau das hatten seine Ohren bemängelt. Also änderte ich meine Mikrophon-Positionen. Ich setzte eins hinter seinen Verstärker und noch eins ungefähr zwei Meter davor. Ich wies Jimi an, seinen Verstärker weiter aufzureißen, was Ami oben wirklich störte. Was Jimi gehört hatte, war der Sound, der von dem Trennglas zwischen dem Studio und dem Kontrollraum reflektiert wurde. Ich stellte ein

Mikrophon auf, um das einzufangen. Nun hatte ich drei Positionen, die ich auf das Tonband zusammenmischen konnte. Er kam rein, hörte zu und sagte: 'Ich hätte gerne ein wenig mehr von diesem hier'. So war Hendrix – nicht wie die Jungs heutzutage, die immer nur sagen: 'Hau drei Kilo rein, und du hast es'. Ich ging wieder raus und stellte drei Manhasset-Trennwände in eine Ecke, um seinen Sound stärker zu bündeln. Dann veränderte ich meine Mikro-Positionen ein wenig und er sagte: 'Yeah, danach habe ich gesucht'."

Während „Peace In Mississippi" in Hendrix' Lebenszeit weder fertiggestellt noch veröffentlicht wurde, ließ Alan Douglas 1974 Take 15 mit neuen

Overdubs des Gitarristen Jeff Mironov, des Bassisten Bob Babbit, des Schlagzeugers Alan Schwartzberg und des Percussionisten Jimmy Maeulen auffüllen. Trotz dieser Arbeit am posthum geschaffenen Master verblaßt es im Vergleich zu den Demo-Aufnahmen der Experience. Die bemühten Overdubs, die Douglas anfertigen ließ, beraubten die ursprünglichen Aufnahmen ihrer rohen Vitalität, die sie so attraktiv gemacht hatten. Nichtsdestoweniger wurde das wiederhergestellte „Peace in Mississippi" auf der 1975er-LP „Crash Landing" veröffentlicht.

Wann genau Hendrix „Peace" komponierte, ist nicht bekannt. Balestier sagt, die Inspiration, den Songtitel von „Peace" zu „Peace In Mississippi" zu ändern, war das Ergebnis eines Besuches eines weiteren alten Freunde von Hendrix – J. W. Alexander, Sam Cookes angesehener Manager und Musikverleger. „Alexander, Bumps Blackwell und eine Reihe von anderen alten Freunden aus Jimis Tagen im Chitlin-Umfeld waren vobeigekommen. Einer hatte eine grosse Tüte mit Kürbis-Samen dabei, die ihm ein Verwandter aus dem tiefen Süden geschickt hatte. Der Typ prahlte damit, daß sein Verwandter die besten Kürbisse des Landes anbauen würde. Das hatte zur Folge, daß sich nun alle über den Süden unterhielten. Bumps erzählte uns von einem Album, das Little Richard in Clarksdale, Mississippi, aufgenommen hatte. Bumps hatte einen schwarzen Jungen mit einem roten Cabriolet weggeschickt, um Sandwiches zu holen. Kurz darauf brachte ein Orts-Sheriff den Jungen wieder zurück, weil er dachte, er habe das Auto geklaut. Als ein weißer Mitarbeiter erklären wollte, er habe den Jungen nur Sandwiches holen lassen, schaute ihn der Sheriff an und sagte: 'Sieh an – ein Nigger-Freund. Gut, sorgt dafür, daß eure Nigger meiner Stadt fern bleiben'. Das verdarb uns sofort die Laune, und es herrschte Schweigen im Kontrollraum. Jimi griff es auf und sagte, er werde den gerade gespielten Instrumental-Song 'Peace In Mississippi' nennen. So entstand dieser Titel."

❏ Freitag, 25. Oktober 1968
Los Angeles, TTG Studios. Toningenieur: Jack Hunt(?)

Gemäß der Auflistungen in „Plug Your Ears" und „Electric Gypsy" steuerte Hendrix einen Bassgitarren-Part zu Robert Wyatts Demo-Aufnahme von „Slow Walking Talk" bei. Wyatt, der Schlagzeuger und Chef der von Michael Jeffery gemanagten Combo Soft Machine, benannte den Song später in „But I'm Clean as a Whistle" um. Die Aufnahme wurde auf Wyatts Acetat gesichert, es fanden sich aber keine Mehrspur-Kopien im Hendrix-Bandarchiv.

❏ „Electric Ladyland"
Track Records 613 008/ 9. UK-Albumveröffentlichung. Freitag, 25. Oktober 1968. Produzent: Jimi Hendrix. Zusätzliche Produktion: Chas Chandler. Toningenieure: Gary Kellgren, Eddie Kramer. Weitere Toningenieure: Tony Bongiovi, George Chkiantz, Andy Johns.

„And the Gods Made Love"/ „Have You Ever Been (to Electric Ladyland)"/ „Crosstown Traffic"/ „Voodoo Chile"/ „Little Miss Strange"/ „Long Hot Summer Night"/ „Come On (Part 1)"/ „Gypsy Eyes"/ „The Burning of the Midnight Lamp"/ „Rainy Day, Dream Away"/ „1983 (A Merman I Should Turn to Be)"/ „Moon, Turn the Tides...Gently, Gently Away" / „Still Raining, Still Dreaming"/ „House Burning Down"/ „All Along the Watchtower"/ „Voodoo Child (Slight Return)"

Obwohl es die gleiche Titelreihenfolge wie die gleichnamige Reprise-Veröffentlichung hatte, löste die Platte einen Publizitäts-Sturm aus, weil die Plattenfirma das Cover ersetzt hatte: Nun zeigte es einen Haufen nackter Frauen. Diese Nudisten-Idee, ausgeheckt von Kit Lambert und Chris Stempel von Track Records, war weitgehend als Werbegag erdacht worden. Die Experience wohnte nicht mehr in London, und Track wollte das Outlaw-Image der Band bei der Fleet Street-Presse festigen. Dieses Ziel wurde bestimmt erreicht: Die Reaktionen auf das Cover mündeten in einen Aufschrei aus Protest und Verachtung. Hendrix war verärgert, daß die Kontroverse den eigentlichen Inhalt der Platte in den Hintergrund drängte und bewegte sofort die Gruppe dazu, sich von der Veröffentlichung völlig zu distanzieren. „Die Leute haben mich auf das englische Cover angesprochen, und ich kannte es noch nicht mal", sagte er. „Ich wußte nicht, daß es benutzt wird. Es ist nicht mein Fehler. Ich wußte ja noch nicht einmal, was auf der B-Seite von 'All Along the Watchtower' ist!"

Die daraus folgende Aufregung mag vielleicht den Wert der Gruppe für die Londoner Klatschspalten erhöht haben – die Verkäufe jedenfalls zeigten sich weitgehend unberührt davon. Das Doppelalbum blieb zwölf Wochen in den Charts und erreichte Platz 6 als Höchststand.

❏ Sonntag, 27. Oktober 1968
Los Angeles, TTG Studios. Toningenieur: Angel Balestier. Zweiter Toningenieur: Mark Kauffman.

Eine weitere Session, die weitgehend dem Jammen gewidmet wird. Sechs Takes von „Jam Session" wurden aufgenommen, der sechste erhielt die Aufschrift „behalten", obwohl es mehr ein Jam als ein fertiger Basic-Track war. Take 6 begann mit Solo-Klavier, kurz darauf stieg Hendrix' Wah-Wah-Gitarre ein. Bei Reddings und Mitchells Einsatz beschleunigte sich das Tempo des langsam begonnenen Songs. Der 15minütige Dauer-Jam, der darauf folgte, zeigte einen frühen Hendrix-Flirt mit jenem Genre, das später als Fusion bekannt wurde. Im Stil ähnlich der ausgedehnten Sound-Malerei „1983 (A Merman I Should Turn to Be)" von der „Electric Ladyland", war „Jam-Session" eine engagierte Mischung aus Jazz, Blues und pschedelischem Rock. Wie viele ähnliche Arbeiten fiel auch „Jam-Session" am Ende auseinander, als Hendrix' Mitspieler den von ihm vorgegebenen Faden verloren.

Improvisierte Jam-Sessions wie diese waren im TTG permanent an der Tagesordnung, erinnert sich Angel Balestier. An diesem Abend wurde ein weiterer Versuch, ebenfalls „Jam-Session" genannt, mit der Unterstützung von Lee Michaels charakteristischer Hammond B-3 Orgel unternommen. Vier Takes wurden aufgenommen, von denen aber nur der erste bis zum Ende gespielt wurde.

❏ Dienstag, 29. Oktober 1968
Los Angeles, TTG Studios. Toningenieur: Angel Balestier. Zweiter Toningenieur: Mark Kauffman.

Die vielleicht feinste und bestimmt strittigste Experience-Session im TTG wurde an diesem langen Abend veranstaltet. Sechs robuste Takes von „Here She Comes" (später „Lover Man" beti-

telt) klangen eher nach einem frühen Bühnen-Auftritt der Experience. Nach zwei unvollständigen Versuchen wurden Take 3 und 4 mit voll aufgerissenen Verstärkern von Hendrix und Redding beendet. Take 3 wurde von Timing-Problemen behindert, weil Mitchell verständlicherweise das Tempo, das Jimi mit seinen rasanten Improvisationen vorgab, kaum mithalten konnte. Hendrix vergeudete seine Konzentration, weil er zwischen diversen Fuß-Pedalen hin und herschalten mußte. Die Folge: ein vielversprechendes Gitarrensolo brach zusammen. Nichtsdestotrotz brachte Jimi den Take mit Sprechgesang und einer kurzen Ton-

Kakophonie zu Ende. Take 4 brachte eine geringfügige Verfeinerung hervor, indem Reddings Baß-Begleitung schon bei Hendrix' Intro-Rhythmus-Gitarre einsetzt. Obwohl Jimi die erste Gesangszeile des Songs verpfuschte, paßte sein Solo vorzüglich in das Arrangement. Hendrix beendete den Song noch einmal mit Sprechgesang und kurzen Gitarrentönen. Jimi bat dann Mitchell und Redding, 'ein bißchen schneller zu werden', und Balestier zählte Take 5 ein.

Take 5 und 6 waren fast genauso energiegeladen, entbehrten aber die tierische Wildheit der zwei vorangegangenen Versuche, besonders des frenetischen Take 4. Weil aber bei dieser Session kein fertiges Master entstand, bleiben Take 3 und 4 unberührte Beispiele für die Post-"Electric Ladyland"-Experience.

Als nächstes widmete sich die Gruppe dem rudimentären Remake von Van Morrisons Them-Hymne „Gloria". Wie auch „Here He Comes" werden diese Takes – vor allem der bemerkenswerte Take 8 – 1978 als Bonus-Single zu dem Album „Essential Jimi Hendrix Volume Two" veröffentlicht. Sie zeigen die rohe Intensität, die die Experience als Trio entwickeln konnte. „Gloria" lieferte auch, ähnlich wie „Calling All the Devil's Children", ein gutes Beispiel für Jimis verschrobenen Humor.

Nachdem „Here She Comes" und „Gloria" die Stimmung angeheizt hatte, wurde die Gruppe nun um den Organisten Lee Michaels und den Flötisten Jim Horn erweitert. In dieser Besetzung nahm man das Remake des Hendrix-Songs „Red House" auf. Take 1 und 2 waren ausgedehnt und enthusiastisch, aber nicht komplett. Takes 3 bis 5 krankten an Fehlstarts. Spule 3 beinhaltete die Version, die anschließend aufgenommen wurde, sowie die Intro-Versionen von „Electric Church" vom 21. Oktober. Dieses Hybrid-Master zierte später die Alben „Red House: Variations On A Theme" und „Jimi Hendrix: Blues".

Weder „Here She Comes" noch Gloria wurden von Eddie Kramer ernsthaft für eines der von ihm bearbeiteten posthumen Alben in Erwägung gezogen. Alan Douglas bearbeitete zwar am 16. September 1974 das 16-Spur-Master von beiden Aufnahmen, vermutlich, um sie entweder für eines der Alben, „Midnight Lightning" oder „Multicolored Blues", zu benutzen. Obwohl jeder der Songs diese Kompilationen unermäßlich verbessert hätte, wurden sie dennoch nie eingesetzt.

Nach der Abreise der Gruppe war es die letzte Aufgabe für Balestier, die Zwei-Zoll 16-Spur-Session-Tonbänder auf Ein-Zoll 8-Spur-Bänder zu überspielen. TTGs 16-Spur-Anlage war zwar das ausschlaggebende Argument, in diesem Studio zu arbeiten. Diese Zwei-Zoll-Bänder waren aber nicht kompatibel zu den zunehmend veralteten Ein-Zoll 12-Spur-Maschinen im Record Plant. Nachdem er die Arbeit vollendet hatte, schickte er diese TTG-Masters und die überspielten Zwischenmaster ins Record Plant nach New York, wo sie (weitgehend unberührt) bis Hendrix Tod im September 1970 aufbewahrt wurden.

❏ „Crosstown Traffic" / „Gypsy Eyes"
❏ „Crosstown Traffic" / „Gypsy Eyes"
Reprise 0792. US-Single-Veröffentlichung. Mittwoch, 30. Oktober 1968.

Reprise hoffte, auf der Beliebtheit von „All Along the Watchtower" mit dieser zweiten Single von „Electric Ladyland" aufbauen zu können. Obwohl „Crosstown Traffic" wohl eine genauso starke Arbeit wie die Vorgänger-Single war, schaffte sie es während ihres achtwöchigen Chart-Aufenthaltes nur bis auf Platz 52.

In der letzten Oktoberwoche ging auch der turbulente Hollywood-Aufenthalt der Experience zu Ende. Die Gruppe wurde für zwei Konzerte gebucht – am 2. November in Minneapolis und am 3. November im St. Louis's Keil Auditorium. Fast zwei Wochen bevor die Experience in Cincinnati auftreten sollte, stimmte Hendrix zu, noch eine Gruppe aus Michael Jefferys wachsender Kundenschar zu produzieren: Cat Mother& The All Night Newsboys. Obwohl für die Experience Studio-Zeit im Record Plant reserviert worden war, machte die Gruppe keine Anstrengungen, hier aufzunehmen oder aus den vielen TTG-Aufnahmen ein Album oder wenigstens eine Single zu bearbeiten. „All Along the Watchtower" hatte sich in den UK-Top-5 eingenistet und lieferte die erste Top-20-Single der Gruppe in Amerika. Das Bedürfnis, den enormen Erfolg von „Electric Ladyland" fortzusetzen, war entsprechend gering. Die Folge: weder Track noch Reprise bekamen neues Veröffentlichungs-Material.

Cat Mother hatte mit Larry Packer und Charlie Chin zwei sehr gute Gitarristen. Hendrix packte das Projekt deshalb anders als den Eire Apparent-Job an. Er stellte sein eigenes Spiel in den Hintergrund und entschied sich, eine weniger prominente Rolle zu spielen. Hendrix hatte einen größeren Einfluß im Kontrollraum als im Aufnahmestudio und überließ einen Großteil der Produktionsarbeiten den Record Plant-Toningenieuren Gary Kellgren und Tony Bongiovi.

Die Mehrspur-Tonbänder, die für dieses Album aufgenommen wurden, verschwanden unter mysteriösen Umständen und konnten weder in Jimis noch in Polygrams Bandarchiv gefunden werden. Exakte Session-Daten sind daher nicht verfügbar. Diese Bänder schienen in den Jahren nach Jefferys Tod 1973 verloren oder verlegt worden zu sein.

❏ Mittwoch, 6. November 1968
New York, Record Plant. Produzent: Jimi Hendrix. Toningenieur: Tony Bongiovi.

Von den vielen November-Sessions für Cat Mothers Album „The Street Giveth. . . and The Street Taketh Away" sind nur diese zwei Spulen mit lauen Jams (Hendrix spielte gemeinsam mit einem unbekannten zweiten Gitarristen) als die einzigen bekannten Mehrspur-Tonbänder übriggeblieben.

„Mir gefällt es, die Platten von anderen Gruppe zu produzieren", erinnerte sich Hendrix 1969 in einem Interview. „Solange ich das mag, was sie spielen. Ich habe die Eire Apparent-Platte gerne gemacht, aber nach meinen Maßstäben wurde sie niemals wirklich beendet. Dann produzierte ich Cat Mother. Man braucht sich ihrer nicht zu schämen, aber sie waren niemals so gut, wie ich sie haben wollte. Es war genau so wie bei unserer letzten LP ('Electric Ladyland') – sie hätte so viel besser sein können, aber wir haben die ganze Zeit gearbeitet und hatten deshalb nicht die Zeit, die wir im Studio gebraucht hätten."

Nachdem Eire Apparents „Sunrise" die *Billboard* Top 200 Album-Charts gänzlich verfehlte und rasch in der Versenkung verschwand, entwickelte sich Cat Mother zu einer angenehmeren Überraschung. die Single „Good Old Rock ‘N' Roll", das energiegeladene Medley aus „Sweet Little Sixteen", „Long Tall Sally", „Chantilly Lace", „Whole Lotta Shakin' Goin On", „Blue Suede Shoes" und „Party Doll" erreichte im Juli 1969 Platz 21 der *Billboard*-Single-Charts. Das Debüt-Album „The Street Giveth…And The Street Taketh Away" lieferte mit Platz 55 ebenfalls eine respektable Vorstellung.

▢ 2. – 7. Januar 1969

London, Polygram Studios. 18 Uhr bis 9 Uhr morgens.
Produzent: Jimi Hendrix. Toningenieur: Carlos Olms.

Kurz nach Neujahr versammelte sich die Experience in London, um eine kurze Europa-Tour zu beginnen. Die Gruppe machte in dieser Zeit keine Aufnahmen, Hendrix jedoch eilte in die Londoner Polygram Studios, um einen Leadgitarren-Overdub für das Eire Apparent-Album „Rock 'n' Roll Band" hinzuzufügen.

„Eire Apparent war um ca. 18 Uhr reingekommen", erinnert sich Olms in einem Rundfunk-Interview. „Wir probierten herum und versuchten den richtigen Sound hinzubekommen, bevor gegen zehn oder elf Uhr Jimi in seiner kunterbunten Kleidung ankam. Er saß sehr leise in einer Ecke. Nachdem er unsere Arbeit angehört hatte, baute er alles nach seinem Geschmack um. Er fing mit dem Schlagzeug an, stellte jedes Mikrophon neu auf, um den richtigen Sound zu bekommen und drehte anschließend an den EQs rum. Es war ziemlich hart für die Jungs, ihm mit ihrem Sound zu gefallen, aber ich war beeindruckt von seiner Art zu arbeiten."

Nachdem die Mikrophon und Sound-Anpassungen gemacht worden waren, versuchte die Gruppe, die Basic-Tracks der Songs aufzunehmen. „Wir machten ungefähr fünf oder sechs fertige Versionen", erinnert sich Olms", aber Jimi fand immer etwas, das ihm nicht gefiel, und wir versuchten es wieder. Es war 3 Uhr morgens, als er endlich damit begann, seine[Gitarren] Teile auf das Tonband zu bringen. Er hatte sich das beste bis zum Schluß aufgehoben."

Wie er es schon bei der Gruppe gemacht hatte, gab Hendrix auch Olms spezifische technische Anweisungen. „Er fragte mich nach einem besonders unempfindlichen Mikrophon, weil, so sagte er: ʻIch werde ziemlich laut spielen'", erklärt Olms. „Wir dimmten die Lichter im Studio so weit runter, daß ich nur den Schatten seiner Gitarre und der Verstärker sehen konnte. Jedes Mal, wenn er seinen Part gespielt hatte, fanden wir es phantastisch. Nur Jimi war anderer Meinung. Er hob immer wieder seine Hand hoch und sagte ʻNochmal'. Er spielte seinen Teil noch bis 5 Uhr morgens weiter, war aber nicht zufrieden. Zum Schluß war er damit einverstanden, aufzuhören, weil es so spät war. Wir fingen mit dem Abmischen an und blieben bis 9 Uhr morgens. Das war die längste Session, die ich jemals bei Polydor mitgemacht hatte. Andere Kollegen kamen an dem Morgen ins Studio und waren überrascht, uns dort noch vorzufinden."

▢ Dienstag, 7. Januar 1969

New York, Record Plant. Toningenieur: Jack Adams.

Während Jimi in London war, beauftragte Michael Jeffery den Record Plant-Toningenieur Jack Adams, die Höhepunkte der letzten TTG Sessions auszuwählen, um die Aufnahmen bewerten zu können und zu sehen, wie nahe die Experience ihrem Ziel – der Fertigstellung eines neuen Albums – gekommen war. Adams folgte den Beschriftungen auf jeder der Tonband-Hüllen, ohne dafür irgendwelche direkten Anweisungen von Hendrix oder der Gruppe bekommen zu haben. Er stellte folgendes zusammen: „Messenger" Take 15, „Mr. Lost Soul" Take 17, „The New Rising Sun" Take 2, „Jam Session" Take 6, „Peace in Mississippi" Take 15, „Izabella" Take 18, „Jam #1" mit Lee Michaels und Buddy Miles, „Jam #2" erneut mit Lee Michaels, „Electric Church", „Calling All the Devil's Children" und „Jam #4" mit extra Percussion. Es ist nicht bekannt, was Jeffery mit diesen Tonbändern machen wollte, oder ob er damit überhaupt etwas machen wollte.

▢ Dienstag, 11. Februar 1969

New York, Record Plant. Aufnahmen, 12 Uhr
Mitternacht bis 4 Uhr morgens. Rough-Mix, 4 Uhr bis
5,30 Uhr morgens. Toningenieur: Tony Bongiovi.
Zweiter Toningenieur: Dave Ragno.

Ohne einen festen Plan für das vierte Experience-Album suchte Hendrix neue kreative Herausforderungen. Seine Freundschaft mit Buddy Miles und den Mitgliedern von dessen Band Express hatte sich während seines ausgedehnten Aufenthaltes in Los Angeles im vorigen Herbst vertieft. „Jimi schien einfach nur neue Sachen machen zu wollen", erinnert sich der Express-Bassist Billy Rich. „Er und Buddy waren sich sehr nahe gekommen. In diesen Tagen versuchte Buddy, Jimi zu allem möglichen zu bewegen."

Hendrix liebte Buddys starke Persönlichkeit und hatte Freundschaft mit den Mitgliedern des Express, darunter auch mit Bill und Herbie Rich und dem Gitarristen Jim McCarty, geschlossen. „Jimi war es leid, jede Nacht auf Tour „Purple Haze" spielen zu müssen", erinnert sich McCarty. „Er wollte den Übergang vom Psychedelischen zu seinem eigenen Funk-Rock-Stil schaffen. Er sprach mit Leuten wie Miles Davis und Buddy Miles über ver-

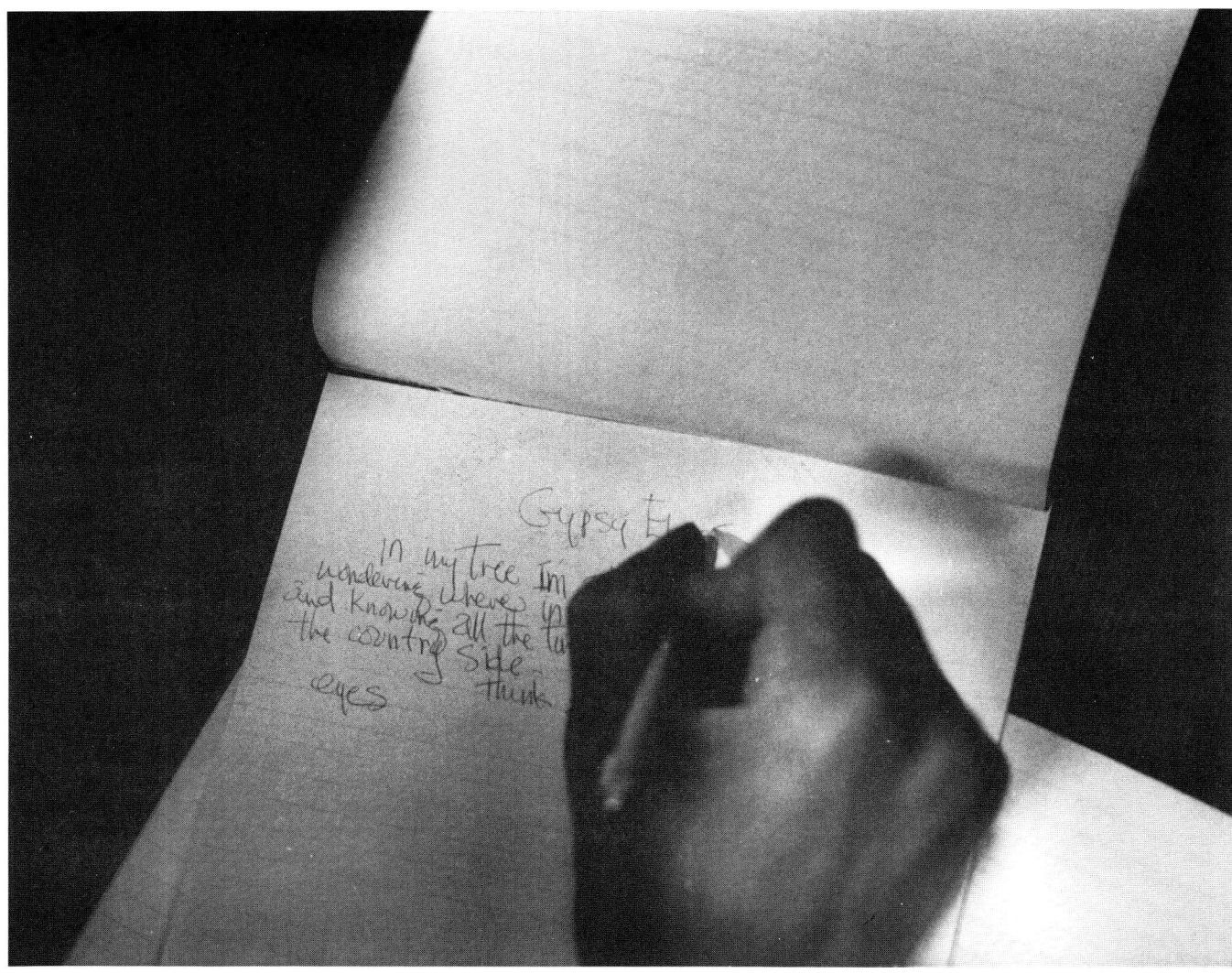

Jimi schreibt im Kontrollraum des Record Plant den Songtext von „Gypsy Eyes".

(Eddie Kramer)

schiedene Projekte, aber seine Drogensucht zog ihn runter."

Obwohl sich Hendrix' Beziehung zu Noel Redding zusehends verschlechterte, machte er keinerlei Anstalten, ihn zu ersetzen und versuchte statt dessen, ein Team von Musikern aufzubauen, mit denen er Aufnahmen außerhalb der Experience machen konnte. „Wir machten haufenweise Aufnahmen", erklärt Billy Rich. „Wir spielten die ganze Nacht, brachten einige kleine Sachen aufs Tonband — einfach so." Trotz Richs aufkeimender Freundschaft zu Jimi bekam Rich nie das Angebot, als Bassist für die Experience Noel Redding zu ersetzen. „Jimi bot mir niemals

an, in die Experience einzusteigen, sondern er deutete an, daß er irgendwie mit mir zusammenkommen wolle. Es sollte nicht die Experience sein, weil sie eine feste Sache war. Er hoffte, auch noch etwas anderes tun zu können."

Abgesehen vom Jammen in der Szene oder dem Abhängen an solchen Lieblingsplätzen wie dem Tin Angel, stöberte Hendrix gerne mit den anderen durch seine eindrucksvolle Plattensammlung. „Er und Buddy Miles hörten sich andauernd Moms Mabley und Pigmeat Markham-Alben an", erinnert sich Velvert Turner. „Die Platten hatten diese shuck-und-jive-Routine, was sie stundenlang zum Lachen brachte. Es war eine wilde Zeit, besonders wenn Tootie (Buddys Schwester) Chitlins, süße Kartoffel-Torten und all diese Soul Food-Gerichte kochte. Jimi liebte

das. Er wollte uns auf den Geschmack seiner Blues-Plattensammlung bringen. Er spielte uns Blind Lemon Jefferson, Robert Johnson und besonders Albert King vor. Wir hörten uns stundenlang diese Platten an."

Nachdem er schon auf der Plattenhülle von „Expressway to Your Skull", dem Debüt-Album von Express, erwähnt war, stimmte Hendrix zu, „Electric Church", das bevorstehende Buddy Miles Express- Album zu produzieren. Anne Tansey, eine gemeinsame Freundin und Haus-Produzentin bei Mercury Records, wurde beauftragt, mit Jimi zu arbeiten und das Projekt für die Plattenfirma zu überwachen. Tansey — eine der ersten weiblichen Rock-Produzenten — war ständig im Studio zugegen, während Hendrix' Terminplan nur die Produktion von vier Tracks erlaubte. „Obwohl Jimi schließlich nur wenige der Tracks produzierte, war Anne Tansey bei diesen Sessions auch dabei", erklärt Billy Rich. Tansey zog sich bei den Tracks, die von Hendrix beaufsichtigt wurden, zurück und erlaubte Hendrix, den Sound und die Arrangements so zu gestalten, wie er es wünschte. Wenn Hendrix nicht da war, überwachte Tansey die erforderlichen Aufnahmen der restlichen Album-Tracks, die an Mercury abgeliefert werden sollten.

Die Mehrheit der Sessions für „Electric Church" wurde in den Mercury Studios veranstaltet, nur einige zusätzliche Termine fanden im Record Plant statt. Leider sind fast alle Mehrspur-Master-Tonbänder von den Sessions in den Mercury Studios entweder verloren gegangen, gestohlen oder zerstört worden. Es blieb nur das Viertel-Zoll, 15 IPS Album-Master übrig. Der Verbleib aller Outtakes und/oder alternativen Takes ist nicht bekannt. Eine vorzügliche Jam-Session hat jedoch überlebt. Eine Blues-Arbeit, bekannt als „Crying Blue Rain" oder „Blue Window", machte vor wenigen Jahren in Bootleg-Kreisen die Runde.

An diesem Abend führte Hendrix die Aufsicht über die Produktion von „I Can See", das später in „Destructive Love" umbenannt wurde. Diese Aufnahme hatte das gleiche Arrangement wie das veröffentlichte Master, war aber in einer höheren Tonart gespielt.

Begierig darauf, mitzuspielen, trat Hendrix hinter dem Mischpult hervor und übernahm selbst die Baß-Gitarre, während Buddy Miles vom Schlagzeug zur Gitarre wechselte. Obwohl Miles ein fähiger Gitarrist war, folgte eine lange, zähe und erfolglose Jam-Session. Deshalb stieg Jimi anschließend auf die Gitarre um, und Miles ging zu seinem Schlagzeug zurück. Ein neuer Jam begann. Hendrix führte die Gruppe in dieser Besetzung durch zwei improvisierte Ideen, „World Traveler" und „It's Too Bad." Obwohl nur ein Take von jedem aufgenommen wurde, waren beide recht gut. Im Mittelpunkt des schnellen „World Traveler" stand ein Gitarren- und Orgel-Duell zwischen Hendrix und Larry Young. Das noch bessere „It's Too Bad" war eine sehr persönliche, ursprüngliche Blues-Komposition, die weitgehend auf Hendrix Beziehung zu seinem schwierigen Stiefbruder Leon basierte.

Während Hendrix die Aufnahmen und Produktion mit der Express sehr genoß, rückten seine bevorstehenden Verpflichtungen mit der Experience in bedrohliche Nähe. Den Anfang sollte ein großes Konzert machen, das für den 18. Februar in Londons Royal Albert Hall angesetzt war. Von den vier Tracks, die Hendrix schließlich für „Electric Church" produzierte, beschäftigte er sich laut Billy Rich am intensivsten mit den Aufnahmen von „69 Freedom Special". Die Songtitel wurde von Hendrix geprägt. Jimi war von Tanseys erfolgreichen Bemühungen inspiriert worden, die anstehende Wehrdienstzeit von Rich zu verkürzen. „Es wurde sehr viel Energie in die Session reingesteckt", erklärt Rich. „Es war mit so viel Spaß verbunden, daß es wie ein Traum war. Es tut mir nur leid, daß er für das Album zusammengeschnitten wurde, weil es auf dem Track noch mehr großartig aufgenommene Solos gab. Ich war gerade aus dem Wehrdienst (entlassen worden) und mußte zum ersten Mal nach zwei Jahren eine Menge Scheiße aus meinem Gehirn kriegen. Der Name, den ich für den Song ausgesucht hatte, war so etwas wie 'The Clap', was nicht gerade allzu cool klang. Im Studio erzählte ich Jimi meine ganze Wehrdienst-Geschichte, und er sagte: 'Okay, warum nennst Du es nicht '69 Freedom Special'?' Ich stimmte zu", ergänzt Rich mit einem Lachen, „weil ich einigen Scheiß, den ich auf dem Baß spielte, sowieso von ihm abgekupfert hatte!"

❏ 14., 15. und 16. Februar 1969
London, Olympic Studios. Toningenieur: George Chkiantz. Zweiter Toningenieur: Ron (Familienname unbekannt).

Das erste Mal nach über einem Jahr kehrte die Experience, die sich wegen ihres kommenden Engagements am 18. und 24. Februar in der Royal Albert Hall in London aufhielt, in die Olympic Studios zurück. Unglücklicherweise hatte die Europa-Tour im Januar die wachsende Disharmonie innerhalb der Gruppe nur weiter verschlimmert, besonders zwischen Hendrix und Redding, deren Beziehung sich immer mehr verschlechterte. Im Olympic, wo Chandler nicht länger am Ruder saß, war die Experience nicht in der Lage, die Energie und Einheit herbeizurufen, die notwendig gewesen wäre, um ihre durchhängenden Geister wiederzubeleben.

Angesichts der schwierigen Europatour im Januar zeigen Noel Reddings vernichtende Tagebuch-Aufzeichnungen seine steigende Frustration: „Am ersten Tag gab es nichts zu tun, was ich eigentlich schon erwartet hatte", notierte Redding. „Am zweiten passierte wieder nichts. Ich ging drei Stunden lang in den Pub, kam (ins Studio) zurück, und es dauerte eine Ewigkeit, bis Jimi endlich ankam. Dann stritten wir uns. Es schien keine Möglichkeit zu geben, mit der Arbeit anzufangen. Entweder war nichts zu tun, oder das Studio war so brechend voll, so daß ich Schwierigkeiten hatte, mich hineinzudrängen. Am nächsten Tag kam Mitch zu spät. Ich nehme an, daß wir es irgendwie nicht zusammen machen wollten. Der Druck der Öffentlichkeit, jedes Mal etwas noch Besseres zu schaffen, und dabei zu erwarten, daß wir uns treu bleiben, lastete schwer auf uns. Am letzten Tag schaute ich einfach nur eine Zeitlang zu und ging dann in meine Wohnung zurück."

„Wir hielten diese Sessions im Studio B ab, und sie waren fürchterlich", sagt Toningenieur George Chkiantz. „Hendrix war in einer schlechten Stimmung, aber er wollte reinkommen und etwas machen. Studio B war sowieso der falsche Aufnahme-Ort für Hendrix, weil es nicht genug Platz gab, damit sich sein Sound richtig ausbreiten konnte. Es war unglaublich schwierig, ihn dort aufzunehmen. Hendrix reagierte darauf, indem er doppelt so viele Verstärker aufbauen ließ. Es war fast unmöglich, im Kontrollraum irgend etwas zu hören. Wir stellten Trennwände in mehreren Reihen zwischen das Studio-Fenster und den Kontrollraum, aber es machte null Unterschied. Es war einfach dumm. Er wirkte völlig verloren, und das ganze Ding war sehr traurig."

❏ Mittwoch, 26. Februar 1969
London, Olympic Studios. Toningenieur: George Chkiantz.

Diese letzte Olympic-Session warf neben vermasselten Jams und Outtakes

Hendrix und Buddy Miles.

(Jim Marshall)

nur eine weitschweifige Version von „Gypsy Blood" ab.

Alles in allem brachte die Experience bei diesen zusammenhanglosen Februar-Olympic-Sessions nur wenig zustande. Abgesehen von einer energiegeladenen Umarbeitung von Creams „Sunshine Of Your Love", einem Glanzlicht der kürzlichen Europatour, machte Hendrix bei den wenigen neuen Songs, die er entwickelt hatte, nur kleine Fortschritte. Die ersten Versuche von „Room Full of Mirrors" – das wohl stärkste dieser neuen Werke – waren zwar vielversprechend, aber Jimi

schien es an Konzentration und dem nötigen Willen zu fehlen, die Aufgabe zu vollenden.

☐ Dienstag, 18. März 1969

New York, Record Plant. 4 Uhr bis 9 Uhr morgens.
Toningenieur: Gary Kellgren. Zweiter Toningenieur: Dave Ragno.

Hendrix' erste bekannte Sechzehn-Spur-Aufnahme-Session wurde durch den kürzlichen Einbau einer neuen Ampex-Maschine im Record Plant ermöglicht.

Vielleicht von diesen Möglichkeiten inspiriert, gelang Hendrix eine einzigartige Version von „The Star-Spangled

Banner". Es wurden weder Baß- noch Schlagzeug-Parts aufgenommen, und es gibt keinen Hinweis, daß Mitchell oder Redding bei der Session dabei waren. Die Aufnahme hatte eine völlig andere Attitüde als Hendrix' Bühnenversionen, einschließlich der definitiven Version, die er in Woodstock gespielt hatte.

Während Hendrix an dieser besonderen Aufnahme vor seinem Tod nie wieder weiterarbeitete, remixte Eddie Kramer später den Track und fügte ihn dem posthumen 1971er „Rainbow Bridge"-Album hinzu. „Ich fand, daß es eine wirklich einzigartige Version des Songs war", erklärt Kramer. „Ich wurde von der Tatsache gefesselt, daß Jimi es geschafft hatte, die Gitarre wie einen

Hendrix und Noel Redding.

(Michael Ochs Archives)

der frühen Synthesizer klingen zu lassen und damit den erst später erfundenen Gitarren-Synthie quasi vorwegnahm. Es zeigte einfach einen weiteren Aspekt seines Spiels. Seine Vielfalt an Klangfarben war grenzenlos."

Nachdem „Star Spangled Banner" fertig war, wurde Jimi von Buddy Miles und einem unbekannten Organisten besucht. Zwei neue Songs – „Hey Gypsy Boy" mit Orgel und „Jimi I" mit Orgel und Gesang – wurden aufgenommen. „Hey Gypsy Boy" war zu dem Zeitpunkt eine pränatale Version eines Songs, aus der sich später „Hey Baby (Land of the New Rising Sun)" entwickeln sollte. Auf den ersten Takes konnte man Jimi hören, wie er Miles seine gewünschten Schlagzeug-Rhyth-

men erklärte. Die paar Aufnahmen waren nichts weiter als einfache Skizzen. Keine ähnelte auch nur im geringsten einem fertigen Master.

Es folgte ein weiterer Jam, bei dem Jimi und Buddy jetzt von Orgel, Conga und Saxophon begleitet wurde. Diese zweite Spule beinhaltete ein Take von „Jam I" und drei Blues-beeinflußte Takes von „Jam II" in der gleichen Besetzung. Der dritte und letzte Take wurde für Jimis zukünftige Pläne aufgehoben.

Nach Jimis Tod wählte Alan Douglas Take 8 von „Hey Gypsy Boy" für die umfangreicher posthumen Overdubbing-Sessions aus, die er für das 1975er-Album „Midnight Lightning" beaufsichtigte. Als dieses „neue" Master schließlich fertig war, hatten

Douglas und Co-Produzent Tony Bongiovi mit etlichen Schnitten und Bandschleifen von Jimis Lead-Gesangsteil einen fast vollständig neuen Track erschaffen.

☐ Dienstag, 25. März 1969
New York, Record Plant. Toningenieur: Gary Kellgren.
Zweiter Toningenieur: Llylliane Davis.

Ein fleißiger Abend, an dem Hendrix zwei getrennte Jam-Sessions aufnahm – die erste mit dem Gitarristen Jim McCarty von Buddy Miles Express und

Madison Square Garden am 18. März 1969.

(Walter Iooss/Globe Photos)

die zweite mit dem Jazz-Gitarristen John McLaughlin.

Unterstützt von Miles am Schlagzeug und dem befreundeten Express-Bassisten Roland Robinson, tauschten Hendrix und McCarty Riffs aus. McCarty war unglücklich darüber, wie seine spontanen Improvisationen später für die 1980er „Nine to the Universe"-Kompilation nachbearbeitet wurden: „Nichts von dem Kram war zur Veröffentlichung bestimmt", beklagt sich McCarty. „Für mich war es peinlich. Ich bin sicher, daß Jimi gesagt hätte: 'Seid ihr denn völlig bescheuert?'. Er hätte das niemals geschehen lassen. Diesen Leuten geht es doch nur darum, mit Hendrix Kohle zu machen"

Obwohl die Markierungen auf der Tonband-Hülle fälschlicherweise „Jimi-Mitch-Dave" auflistete, handelt es sich hierbei um die legendäre Hendrix-McLaughlin Jam-Session mit Buddy Miles und dem erstklassigen Jazz-Bassisten Dave Holland. Obwohl sie nicht ganz ohne Fehler ablief, bleibt diese Aufnahme eine der aufregendsten unveröffentlichten Sessions der Hendrix Bibliothek.

„Ich hatte nachmittags einen Telefonanruf bekommen", erinnert sich Dave Holland, „und wurde gefragt, ob ich Lust hätte, zum Spielen rüber zu kommen. Ich bin nicht ganz sicher, warum gerade ich angerufen wurde, aber ich war darüber sehr froh. Es machte viel Spaß und lief völlig ungezwungen ab. Nichts war geplant – Buddy Miles saß am Schlagzeug, und Jimi schüttelte ein paar Phrasen aus dem Ärmel, an denen wir entlangjammen konnten. Wir fingen an und hörten auf und fingen dann wieder an. Es war ziemlich unzusammenhängend, und es sah so aus, als wolle Jimi es anschließend irgendwie zusammenbauen. Er kramte einige Riffs heraus, und wir spielten eine Zeitlang darauf herum. Dann machte Buddy Miles ein paar Sachen an der Orgel, und wir spielten dazu."

„Alan Douglas kam ins Village Vanguard runter, um mich zu treffen", erklärte John McLaughlin 1982. „Er sagte, er wolle heute abend aufnehmen und ob ich nicht mit rüber kommen wolle. Jimi war da, aber es war für mich nicht so wie für andere Leute. Ich war nicht nicht mal interessiert, es so zu sehen. Ich ging in das Studio,

und was mich aus den Socken haute, war Buddy Miles. Ich kannte diesen Typ nicht, aber er spielte so einen Fatback Boogaloo auf dem Schlagzeug, und ich bekam tierische Lust, mitzuspielen. Grundsätzlich war es aber Jimis Session und Jimis Musik. Ringsherum wurde gefeiert, und wir jammten ohne besonderen Plan. Wir spielten von zwei bis acht Uhr morgens. Ich spielte akustische Gitarre mit einem Tonabnehmer, und Jimi spielte elektrisch."

Obwohl McLaughlins Signal von einem defekten Stecker immer wieder verzerrt oder komplett unterbrochen wurde, schaffte er es dennoch, zu Jimis brüllender Rhythmus-Begleitung eine Breitseite seiner typischen Läufe und Saitenzieher abzufeuern. Jimi spielte mehr als gleichwertig und forderte McLaughin bei jedem Wechel mit seinem wilden Blues-Spiel heraus. Obwohl der Jam stundenlang gedauert haben soll, blieb von diesem speziellen Gipfeltreffen nur eine halbstündige Tonband-Spule übrig.

Es gab eine Menge von sprühenden Augenblicken, aber McLaughlin war nicht überzeugt: „Die Musik war nicht unbedingt großartig, es tut mir leid, das zu sagen. Ich liebe Jimi, aber die Musik war nicht so besonders. Wir spielten schon auch einige gute Sachen. Aber letztlich ging es nur darum, daß mein Name und Jimi Hendrix' Name im Spiel war. Erst als Mahavishnu herauskam und ich mehr Beachtung fand, wurde dieses Ereignis plötzlich zu etwas Besonderem gemacht."

Durch McLaughlins Zurückhaltung blieb diese Jam-Session unveröffentlicht. McLaughlin hat bislang einer Veröffentlichung nicht zugestimmt, und er hat auch nicht die Absicht, es jemals zu tun.

☐ Dienstag, 1. April 1969
New York, Olmstead Recording Studios. Toningenieur: Eddie Kramer.

Obwohl all ihre Anstrengungen, ein viertes Studio-Album zu vollenden, ohne Erfolg geblieben sind, versuchte die Experience erneut, ihren kreativen Hänger zu überwinden. Durch den Umzug in die neueröffneten Olmstead Recording Studios versuchte die Experience, die schöpferische Atmosphäre zu verbessern und die vielen Ablenkungen einzugrenzen, den Jimi im Record Plant ausgesetzt war.

Trotz der neuen Umgebung stiegen die alten Probleme sofort wieder an die Oberfläche. Ohne die feste Hand von Chandler brauchte die Gruppe dringend einen starken Mann, der dafür sorgt, daß weniger diskutiert wird, und der Jimis Energien in produktives Aufnehmen umleitet. Chandler hatte in der Vergangenheit diese Rolle immer ausgefüllt. Jetzt aber war Jimi mit der doppelten Verantwortung als Künstler und Produzent überfordert. „Ich ging nur deshalb ins Olmstead, um Jimi (aus der Klemme) zu helfen", erinnert sich Kramer. „Ich wurde dafür nicht bezahlt, aber ich hatte mit Jimi eine Zeitlang nicht mehr gearbeitet und wollte hören, was er machte. Olmstead war im obersten Stockwerk eines Hauses in der 54. Straße in Manhattan. Es war wie ein Penthouse, alles weiß angemalt. Obwohl es ein kleines Studio war, wurden dort sehr viele Jazz-Sessions abgehalten. Ich erinnere mich, daß die Sessions (mit Hendrix) nicht voran kamen, weil alles so verdammt abgedreht war. Es wurde ziemlich viel abgefeiert."

Die erste Session der Gruppe im Olmstead warf kein fertiges Master ab. Statt dessen wurde der Abend weitgehend den Aufnahmen von „Peoples, Peoples" gewidmet, einer frühen schnellen Version von „Bleeding Heart". Während die allgemeine Stimmung ermutigenderweise optimistisch war, enthüllten diese Instrumental-Arbeiten die Unfähigkeit der Gruppe, ihre Arbeit auf das naheliegende zu konzentrieren. Unter den Instrumentalsongs war auch „Midnight", das bearbeitet und posthum auf dem 1972er Album „War Heroes" veröffentlicht wurde. Eine der Tonband-Spulen wurde angemessenerweise mit „Ramblin", eine andere mit „Outtakes" gekennzeichnet.

☐ Mittwoch, 2. April 1969
New York, Olmstead Recording Studios. Toningenieur: Eddie Kramer.

Ein Abend für den Blues: Jimi konzentrierte sich auf „The Train" (besser bekannt als „Hear My Train A Comin"') und „Midnight Lightning". Obwohl für beide Songs Strukturen festgelegt wurden, zerfransten die Aufnahmen in ausgedehnte Jams.

☐ Donnerstag, 3. April 1969
New York, Olmstead Recording Studios. Toningenieur: Eddie Kramer.

Noch eine schwierige Session, bei der die Experience erneut Mühe hatte, einen passenden Basic-Track für „Midnight Lightning" fertigzustellen. Der beste Versuch der Gruppe war wahrscheinlich Take 5, der fast acht Minuten lang umherschweifte und auf der Tonband-Hülle als „Crying Blue Rain" aufgeführt wurde. Bei einigen der Passagen der dazwischenliegenden Jam-Sessions tauchte „Peace in Mississippi" wieder auf. Das Instrumental war vor einem halben Jahr in den TTG Studios entstanden. Die hier aufgenommene Version kam tatsächlich in Sound und Stil näher an „Trash Man" heran, das auf dem 1975er Album „Midnight Lightning" erschien.

☐ Freitag, 4. April 1969
New York, Olmstead Recording Studios.

Der Abend erbrachte drei Spulen voll mit Jams, die weitgehend auf dem „Trash Man"- Jam basierten. Teile eines dieser Jams wurden später mit neuen Overdubs angereichert und im Rahmen von „Midnight Lightning" veröffentlicht.

☐ „Crosstown Traffic" / „Gypsy Eyes"
Track Records 604 029. UK-Single-Veröffentlichung. Freitag, 4. April 1969.

Nachdem kein neues Produkt zur Anlieferung anstand, koppelte Track eine weitere Single aus „Electric Ladyland" aus, damit die Verkäufe wieder angeheizt wurden. Die Single-Veröffentlichung verpuffte jedoch, weil die Experience in New York mit Aufnahmen beschäftigt war und keine Promotion machen konnte. Ohne diese Unterstützung schaffte es die Single während ihres kurzen dreiwöchigen Chart-Aufenthaltes gerade mal bis auf Platz 37.

Madison Square Garden am 18. März 1969.

(Walter Iooss/Globe Photos)

In seiner Verzweiflung holte Jimi seinen alten Freund Billy Cox immer wieder in die Band zurück.

(Jim Cummins/Star File)

☐ Sonntag, 6. April 1969

New York, Record Plant. 21,30 Uhr bis 8,30 Uhr morgens. Toningenieure: Sandy (Familienname unbekannt), Lee Brown.

Das Olmstead Experiment wurde beendet, und die Experience kehrte ins Record Plant zurück – in der Hoffnung, dort Fortschritte zu machen.

Die Tonband-Hülle für diese Session wurde mit „Tape of False Takes" angemessen gekennzeichnet. Abgesehen von den aufgenommenen Jams wurde an „Lullaby for the Summer" weitergearbeitet, der erste Arbeitstitel von dem, was sich später zu „Earth Blues" entwickeln sollte.

☐ Montag, 7. April 1969

New York, Record Plant. Toningenieur: Sandy (Familienname unbekannt).

Es wurde ein weiterer Versuch gemacht, ein fertiges Master von „Hear My Train A Comin'" zu erstellen. Unerklärlicherweise versuchte sich Jimi auch an einem Remake von „Stone Free". Während die ursprüngliche „Stone Free"-Version der Gruppe in Kürze in den USA veröffentlicht werden sollte, sprach Jimis Entscheidung, lieber an seiner allerersten Experience-Komposition weiterzuar-beiten, denn sich auf neues Material zu konzentrieren, Bände über die mangelnde Kreativität, an der die Experience in den letzten Monaten gelitten hatte.

Alan Douglas zog am 7. August 1974 ein Take von „Stone Free" aus dieser Session hervor und veröffentlichte es mit neuen Overdubs als „Stone Free Again" auf dem Album „Crash Landing".

☐ Mittwoch, 9. April 1969

New York, Record Plant. „Stone Free", 1 Uhr bis 1,30 Uhr. „Get My Arse Back Together", 1,30 Uhr bis 4 Uhr. Playbacks, 4 Uhr bis 4,30 Uhr. Overdubs, 4,30 Uhr bis 6 Uhr. Toningenieure: Sandy (Familienname unbekannt), Lee Brown.

Die Session begann damit, daß Hendrix einen Gitarren-Overdub zu dem „Stone Free"- Master vom 7. April hinzufügte. Neue Takes von „Hear My Train A Comin'", auf der Tonband-Hülle als „Get My Arse Back Together" bezeichnet, wurden aufgenommen. Jimi nahm auch hierfür einen Leadgitarren-Overdub auf. Es wurde von keinem der Tracks eine Abmischung vorgenommen, weil Jimi sofort entschied, daß noch mehr Arbeit erforderlich sei.

🗋 Montag, 14. April 1969
New York, Record Plant. 3 Uhr bis 7 Uhr morgens. Toningenieur: Gary Kellgren. Zweiter Toningenieur: Lee Brown.

Von einer unbekannten Gruppe Musiker begleitet, denen ein Trompetenspieler, ein Bassist und ein Schlagzeuger angehörte, nahm Jimi eine Reihe Takes von „Ships Passing in the Night" auf, einer vielversprechenden, stimmungsvollen Komposition, die in John Lee Hookers Delta-Blues-Tradition gestrickt wurde. Diese Takes ähnelten eher ambitionierten Demos, weil Jimi erst begonnen hatte, das Arrangement des Songs zu entwickeln. Es wurde kein fertiges Master erreicht.

🗋 Donnerstag, 17. April 1969
New York, Record Plant. Toningenieur: Sandy (Familienname unbekannt), Lee Brown.

Die Tonband-Hülle dieser Session ist mit „Jam with Harmonica. Chorus left/Chorus right" beschriftet. Gemeinsam mit einer Gruppe von Freunden, deren Besetzung aus Jimis Freundin Devon Wilson, Paul Caruso an der Mundharmonika und einem unbekannten Percussionisten bestand, nahm Hendrix eine ziemlich rohe und heisere Version von „Keep On Groovin'" auf – das eindeutige Glanzlicht dieses wilden, undisziplinierten Jams. Unglaublich, daß Hendrix sich die Mühe machte, zu diesem Take Overdubs aufzunehmen. Ein Rohmix wurde vorbereitet, aber ein fertiges Master wurde nicht geschafft.

Als Jimi mit der Experience in Memphis (18. April) auftrat, machte er seinen alten Armee-Kumpan Billy Cox ausfindig. Da es nicht möglich war, Cox direkt zu finden, rief Hendrix bei Wright's TV Shop an und überließ es Wright, ihn aufzuspüren. „Das Geschäft von Mr. Wright war in direkter Nähe meiner altenWohnung", erinnert sich Cox. „Mr. Wrights Frau war ge-

storben, und er lebte in der Wohnung über dem Geschäft. Er reparierte Fernseher. Jimi wußte, daß die Telefonnummer noch stimmte und bat Mr. Wright, mich zu finden. Es war eine kleine Stadt, und er fand heraus, wo ich hingezogen war. Er erzählte mir, daß Jimi mich suchte. Ich ging zu dem Konzert im Coliseum, und es war großartig, ihn zu sehen. Er sah gut aus, aber er hatte sich verändert, seit ich ihn zuletzt gesehen hatte. Er war nicht der große, pausbäckige Bursche, der ich kannte. Es sah aus, als ob er an die 25 Pfund abgenommen hatte. Wir setzten uns in seine Umkleidekabine und redeten und redeten. Er bat mich um Hilfe, und das war alles, was er sagen mußte. Ich sagte ihm, daß ich alles, was in meiner Macht steht, tun werde, um ihm zu helfen." Cox, der Jimis Sorgen sehr ernst nahm, stimmte zu, nach New York zu kommen, sobald er seine Angelegenheiten in Ordnung gebracht hatte. Er fuhr einige Wochen später ab, um mit Jimi aufzunehmen

🗋 Montag, 21. April 1969
New York, Record Plant.

Hendrix kramte „Room Full of Mirrors" wieder hervor, aber es gelang ihm nicht, einen akzeptablen Basic-Track hinzukriegen.

🗋 Dienstag, 22. April 1969
New York, Record Plant. Toningenieur: Gary Kellgren.

Jimi wechselte erneut die Besetzung und bespielte mit Buddy Miles und Billy Cox vier Spulen mit „Mannish Boy", einer schnellen, vielversprechenden Blues-Komposition. Die meisten der anfänglichen Takes dienten dazu, den mitreißenden Groove des Songs zu entwickeln. Jimi hielt immer das Ruder in der Hand und machte, wann immer er es für notwendig hielt, Miles und Rich Änderungsvorschläge. Trotz der vielen aufgenommenen Takes war Jimi wieder mit keinem Basic-Track zufrieden. Die Folge: „Mannish Boy" vergrößerte den wachsenden Haufen unvollendeter Mehrspur-Masters im Tonband-Lagerraum des Record Plant.

Für das 1994er Album „Jimi Hendrix: Blues" wurde „Mannish Boy" von

Toningenieur Mark Linett wiederbelebt, der verschiedene Takes digital zu einem Master zusammenschnitt.

🗋 Donnerstag, 24. April 1969
New York, Record Plant. 20 Uhr bis 9 Uhr morgens. Toningenieur: Gary Kellgren. Zweiter Toningenieur: Bob Hughes.

Jimi arbeitete wieder ohne Mitchell oder Redding, aber mit unbekannten Begleitmusikern – Bassist, Organist und Schlagzeuger. In dieser Nacht wurde „Crash Landing Jam" aufgenommen, ein schneller Rocksong, dessen Songtext zu diesem Zeitpunkt ganz klar von Jimis Beziehung mit seiner Freundin Devon Wilson inspiriert war. Zwei Blues-basierte Jams, „Bleeding Heart" und „Hey Country Boy", wurden ebenfalls aufgenommen, fertige Masters kamen dabei aber nicht zustande. „Night Messenger"der letzte Track-Versuch dieser Nacht, zeigte die kontinuierliche Entwicklung des „Ships Passing through the Night"/"Nightbird Flying"-Demos.

🗋 Mai 1969
[Auf der Tonband-Hülle ist nur der Monat verzeichnet.] New York, Record Plant. 4 Uhr bis 7 Uhr morgens. Spule zwei: 7 Uhr bis 8 Uhr. Toningenieur: Gary Kellgren. Zweiter Toningenieur: Jack Adams.

Jimi konzentrierte sich auf Overdubs für das Master vom 7. April von „Stone Free Again". „Insert # 1" erforderte neun Takes, während „Insert # 2" sieben Versuche brauchte. Trotz dieser Overdubs wurden keine endgültigen Versionen erreicht, obwohl Take 11 mit „aufbewahren" beschriftet wurde.

🗋 Dienstag, 6. Mai 1969
New York, Record Plant. Playback, 18,30 Uhr bis 19 Uhr. Rough-Mix, 19 Uhr bis 0,30 Uhr. Dann wechselten sie das Studio und gingen von 1 Uhr bis 2,30 Uhr für eine Mixdown-Session ins Studio B. Toningenieure: Lee Brown, Tony Bongiovi.

Auf der Suche nach einer neuen musikalischen Orientierung hoffte Jimi, daß sein alter Freund Billy Cox ihm durch die schwierige Zeit seines Lebens und seiner Karriere helfen würde. Als Cox ankam, wurde ihm klar, daß Jimis Probleme nicht nur musikalischer Natur waren. Cox erklärt: „Jimi hatte mir alle diese tollen Geschichten erzählt, z.B. daß eine Limousine mich vom Flughafen abholen würde, und ich glaubte das natürlich alles. Es war jedoch niemand aus dem Büro da, um mich zu empfangen. Das war der Punkt, an dem mir klar wurde, daß Jimi mich hier haben wollte, aber das Büro schien sich da nicht so sicher zu sein. In diesem Moment wußte ich , daß jetzt ein Kampf beginnen wird.“

Ungeachtet der formlosen Ankunft war Cox sehr bestürzt über Jimis offenes Eingeständnis seiner schwindenen Kreativität. „Als ich in New York ankam, drückte mich Jimi auf einen Stuhl und gab zu, daß seine Quelle der Inspiration versiegt war“, sagt Cox. „Er merkte einfach, daß ihm nichts Neues mehr einfiel.“

Hendrix setzte in die Rückkehr von Cox die Hoffnung, jemanden zu finden, der ihm – persönlich – ermöglichen könnte, herauszufinden, wo und wie er vom rechten Weg abgekommen war. Es gab einfach niemanden außer Cox, dem er eine solch sensible Aufgabe zutraute. „Jimi wußte, daß ich einen direkten musikalischen Draht zu ihm hatte“, erinnert sich Cox. „Er wußte, daß ich mit seinem Stil, Sound und seiner Kreativität vertraut war. Ich hatte lange nicht mehr mit ihm gespielt, aber als ich zum ersten Mal 'Foxey Lady' hörte, erkannte ich es als einen alten Song von ihm, den wir damals in Nashville 'Stomp Driver' genannt hatten. Jimis Kreativität war erstickt worden, und ich nehme an, er hat sich deshalb an mich erinnert, weil uns sogar in den frühen Tagen immer irgend etwas eingefallen war. Wir fanden es immer toll, aber wir konnten diese Sachen niemals benutzen, weil wir unseren Lebensunterhalt damit verdienten, Coverversion zu spielen oder bei einem Künstler, der seine eigenen Songs schon aufgenommen hatte, als Begleitmusiker zu arbeiten. Jimi muß gefühlt haben, daß ich ihm dabei helfen konnte, all die Ideenfetzen, die er hatte, zu etwas zusammenzusetzen, das so gut war wie jene drei Alben, die er veröffentlicht hatte.

„Die erste Session, die ich machte, fand im Record Plant statt“, fährt Cox fort. „Jimi wollte vor allem wissen, wie wir zusammen spielten. Nachdem wir

angefangen hatten, sah ich das Lächeln auf seinem Gesicht, und ich lächelte auch. Wir ließen uns einfach hineinfallen, und wir jammten zwei oder drei Stunden lang. Er spielte genau so, wie ich es in Erinnerung hatte, aber jetzt gab es viel mehr Freiheiten. Am Schluß spielten wir auf den Strukturen von 'Hello My Friend' [das sich später zu 'Straight Ahead' entwickelte] und 'Earth Blues' herum.“

„Wir spielten besser miteinander – nicht unbedingt Note für Note, sondern Stück für Stück. Wir erinnerten uns an Muster, nicht an Noten. Oft kamen wir mit einem Teil daher, das vier Takte, acht Takte oder sechzehn Takte lang war – alles war möglich. Ein anderes Mal kam Jimi dann mit Teilen daher, die sieben Takte, neun Takte, oder gar dreizehn Takte hatten, was ziemlich abgedreht war. Um dem noch einen draufzusetzen, benutzten wir sogar von der Standartstimmung abweichende Tunings. Damit er besser singen und spielen konnte, stimmten wir einen Halbton runter. Als er mich bat, einen halben Ton tiefer zu stimmen, wunderte ich mich. Er sagte mir, daß es das Singen für ihn viel leichter mache. 'Außerdem gibt es außer dir und mir hier sonst niemanden mehr, der seine Gitarre stimmen muß. Also können wir ruhig einen Halbton runterstimmen, und niemand wird es merken'.“

Cox und Jimi verbrachten viel private Zeit miteinander, machten sich wieder miteinander vertraut, definierten Jimis Richtung und hatten einfach viel Spaß. „Ich wurde dann 'Jimis Bassist' genannt. Er und ich hatten einen kleinen Verstärker, mit dem wir überall üben konnten, wo wir gerade waren. Wir genossen das. Wir spielten weder Bowling noch Golf – Musik war unser Leben. Wir liebten jede Note, die wir spielten.“

Hendrix warnte Cox davor, seine Zeit in Michael Jefferys Büro in der East 37th Street zu vergeuden. „Jimi sagte mir, ich solle dort nicht rumhängen“, erinnert sich Cox . „Ich wollte wirklich nicht in irgendwelche politischen Sachen hineingezogen werden. Ich hatte meinen Kopf voll genug damit, zu spielen und diese ganze neue Musik zu behalten. Ich spielte keine Konzerte. Wir jammten ein bißchen im Scene und einigen anderen Clubs, aber das war's. Ich besaß einen Panasonic

Kassettenrekorder und nahm Tapes aus dem Studio mit nach Hause. Ich hörte mir die Bänder täglich an und übte den ganzen Tag dazu, um mich auf die Aufnahme-Sessions vorzubereiten.“

Während Jimi und Noel sich immer seltener sahen, vermieden Cox und Redding seit ihrer ersten Begegnung jede Konfliktsituation, die im Studio entstehen könnte. „Die Experience spielte gerade ihre letzten Konzert-Verpflichtungen“, erinnert sich Cox. „Und das war's dann. Einmal traf ich Noel im Foyer des Penn Garden Hotel, und es war sehr nett.“

Hendrix arbeitete in seiner Wohnung oder in Cox Hotelzimmer im Penn Garden und zapfte das umfangreiche R&B- und Blues-Wissen von Cox an, um einen neuen Sound zu erschaffen. Sogar einfache Baß-Strukturen von Cox konnten neue Ideen entzünden. „Jimi brauchte den Baß, um weiterarbeiten zu können. Er übernahm etwas, das ich spielte, und baute darauf auf. Wir versuchten immer, uns gegenseitig zu übertreffen, und immer wenn ich dann irgendwann die Waffen streckte- er war einfach zu gut – hatte er einen Song geschaffen. Es war nichts weiter als ein positiver Wettbewerb. Er spielte über seinen kleinen Übungs-Verstärker, während ich eine Möglichkeit gefunden hatte, meinen Baß in mein General Electric-Tonbandgerät einzustöpseln und damit einen höllisch geilen Baß-Ton mit nur ein oder zwei Watt Leistung bekommen konnte. Jimi spielte oftmals auf seiner akustischen Gitarre, weil sie ihm ein bißchen mehr Präsenz als die elektrische gab. Wir machten ein Tonband nach dem anderen von diesen inoffizellen Sessions und hörten sie nach Ideen ab. Jimi benutzte die von uns gespielten Muster und schuf daraus Songs.“

☐ Mittwoch, 7. Mai 1969
New York, Record Plant. Toningenieur: Lee Brown.

„Jam Part II“, von Guitar Slim als „Things I Used to Do“ bekannt, wurde in dieser wilden Session aufgenommen. Nachdem er den ersten Teil des Abends im Scene Club verbracht hatte, ging Hendrix zum Jammen ins Record Plant zurück, wo er, Cox und Buddy Miles von den Gitarristen Steve Stills

und Johnny Winter begleitet wurden.

Das Tonband begann mit einem Höhenflug-Jam, bei dem Hendrix und Winter nahtlos zusammenspielten. Stills Lead-Gitarre flog über das von Jimi aufgebaute, furiose High-Speed-Fundament. Dummerweise störte dabei nur die starke Verzerrung von Jimis Gitarre. Nachdem sie „Jam#1" zu Ende gespielt hatten, leitete Jimi „Jam#2"

ein, eine schwermütige Bearbeitung von „Earth Blues mit drei Gitarren. Die Musiker hatten allerdings Probleme damit, nahtlos zusammenzuspielen, weil ihnen von Jimi lediglich das Riff des Songs vorgegeben worden war. Dennoch stimmte die Chemie, und Stills, Hendrix und Winter spielten sich die Bälle gegenseitig zu. Kurz darauf schrie Jimi herum, sie sollten das

Ein unbekannter Trompeter beobachtet Jimi und Bill bei der Studioarbeit.

(Willis Hogan jr./Bill Nitopi Collection)

Tempo verlangsamen und die Sache bluesiger angehen. Sie folgten der Anweisung, und Jimi brachte eine Version von „Ships Passing in the Night" ein. Johnny Winter lieferte Slide-Licks dazu. Als dieser spezielle Take in sich zusammenbrach, fragte Jimi den Toningenieur Lee Brown, ob er alle Jams aufgenommen habe. Als Brown bejahte, schob Jimi die Band im gleichen Tempo voran. Diese Version von „Ships Passing in the Night" brach zusammen, aber Jimi wechselte zum Mikrophon hinüber und sang Guitar Slim's „Things That I Used to Do". Leider wurde diese Aufnahme durch technische Schwierigkeiten beschädigt, hauptsächlich durch die übermäßige Verzerrung von Jimis Gitarre und einen Tonband-Dropout auf Spur 2, seiner Gesangs-Spur. Johnny Winter spielte hervorragend, seine Slide-Gitarre sorgte für echte Höhepunkte. Jimis Spiel jedoch war nichts Besonderes. Es wurden keine Overdubs gemacht – Jimi betrachtete die Aufnahmeversuche des Abends als das, was sie waren: eine willkommene schöpferische Ablenkung und sonst nichts.

❏ Dienstag, 13. Mai 1969
New York, Record Plant. 4,30 Uhr bis 8 Uhr morgens. Toningenieur: Bob Hughes.

Diese Session, die mehr einem Vorspielen als einer tatsächlichen Aufnahme-Session ähnelte, brachte drei Spulen mit unvollständigen Jams, aber kein endgültiges Master hervor. Hendrix und Billy Cox wurden von der Organistin Sharon Lane und dem Percussionisten Juma Sultan begleitet. „Jimi wollte eine Reihe von neuen Musik-Richtungen ausprobieren", erinnert sich Cox. „Er fragte, ob ich irgendeinen Orgel-Spieler kenne. Ich erzählte ihm, daß ich einen ziemlich netten in Nashville kenne. Er sagte: 'Schaff' ihn her'. Ich sagte: 'Hey, es ist ein Mädchen.' Er warf mir einen strengen Blick zu, bat mich aber, sie trotzdem zu uns zu bringen. Sie spielte zu der Zeit in einer Gruppe namens King James & The Scepters."

Ihre Debüt-Session war jedoch eine Katastrophe. „Sie arbeitete zwei Nächte im Studio, aber es hat nicht besonders funktioniert", gibt Cox zu. „Es nahm sie so sehr mit, in einem Aufnahmestudio mit dem berühmten Jimi Hendrix zu sein, daß sie sich völlig verkrampfte."

❏ Mittwoch, 14. Mai 1969
New York, Record Plant.

In dieser Nacht wurde „Blues Jam", besser bekannt als „Jam 292" von den Alben „Loose Ends" und „Jimi Hendrix: Blues", aufgenommen. Dieser lustige, übermütige Jam war um einiges besser strukturiert als ähnliche Jams aus dieser Zeit. Beide veröffentlichten Versionen wurden aus dem längeren, ursprünglichen Master-Take herausgeschnitten.

❏ Donnerstag, 15. Mai 1969
New York, Record Plant. 18,30 Uhr bis 9,30 Uhr morgens. Toningenieur: Bob Hughes.

Durch Cox Begeisterung angespornt, wurde noch eine Marathon-Jam-Session aufgenommen. „Jimi wollte mit drei oder vier Bläsern experimentieren", erinnert sich Billy Cox. „Die Bläser vom Buddy Miles Express hatten gesagt, daß sie uns helfen würden. Ich dachte, daß dieser Groove seine Musik zu weit in Richtung R&B bringen würde – der Stil, den wir lange vor der Experience gespielt hatten, als er noch erfolgreiche Pop-Musik machte. Er kratzte sich am Kopf, dachte offensichtlich über den Plan nach und entschied sich, ihn aufzugeben."

„With the Power of God", später bekannt als „Power of Soul", wurde in dieser Nacht aufgenommen, wobei Jimi durch Schlagzeug, einen Bläser, Klavier, Tambourin und eine zweite Gitarre verstärkt wurde. Take 9 wurde als „vollständig" gekennzeichnet. „'Power of Soul'", erklärt Cox, „kam zustande, als Jimi mich ein Riff von 'Mary Ann' spielen hörte, einem alten Song, den Ray Charles spielte. Es hatte nichts zu bedeuten, daß ich es spielte – ich blödelte einfach herum, aber mehr brauchte er nicht, um anfangen zu können."

Angesichts ihrer gemeinsamen Liebe für Blues, Rock und R&B entfachte ein einfaches Riff oder Rhythmusmuster von Cox oft Hendrix' Erfindungsgabe. Hendrix, von Natur aus neugierig, konnte nicht anders, als das aufzugreifen, was er Cox spielen hörte und sein eigenes Ding daraus zu machen. Cox erklärt: „Bei Jimi war immer zuerst die Idee da. Wenn er dann glaubte, daß er die Idee lange genug gespielt hatte, ging sie in einen Groove über. Er hatte in 99 Prozent dieser Fälle noch keinen Songtext. Er mußte nach Hause gehen und ihn dort schreiben. Jimi war ein Pedant. Er ließ sich

immer Tonbandkopien anfertigen, um sie mit nach Hause zu nehmen und Songtexte dazu zu schreiben oder Veränderungen an dem vorzunehmen, was er aufgenommen hatte."

„Ships Passing in the Night" wurde ebenfalls aufgenommen, aber Jimi hatte sich – wie bei so vielen ähnlichen Arbeiten – kein passendes Ende ausgedacht, so daß der Track auseinanderbrach. Die letzte Spule enthielt sieben Takes von „Jam w/piano". Der siebte und letzte Take wurde als vollständig aufgeführt. Ein schlechter Take von „Stone Free" wurde noch aufgenommen, und Jimi entschied sich, die Arbeit an diesem Song für heute abzubrechen. Ein Take von „Blues Shuffle" brach ziemlich früh auseinander, und Jimi kehrte zu „With the Power of God" zurück.

❏ Mittwoch, 21. Mai 1969
New York, Record Plant. 3,30 Uhr bis 7,30 Uhr morgens. Toningenieur: Dave Ragno.

Eine weitere wilde Jam-Nacht mit wenig vorzeigbaren Ergebnissen am Ende der Session. „Die Party-Atmosphäre schien Jimi von dem Versuch, die Sachen fertig zu machen, abzulenken" sagt Toningenieur Dave Ragno. „Wenn es nicht gerade Devon war, der ihn durcheinanderbrachte, dann kam eben jemand anders in den Kontrollraum, winkte mit einer Flasche Tequila und verteilte Koks an jeden, der etwas haben wollte. Die Session war einfach eine große Party. Einige der Dinge, die wir aufs Tonband brachten, waren nett, aber sie waren nicht ernst gemeint. Sie waren nicht das, was er wirklich tun wollte. Ich war nicht besonders scharf darauf, bei diesen Sessions mitzumachen, weil mir das Verhalten von einigen Leuten um ihn herum nicht paßte."

Hendrix, Billy Cox, Buddy Miles und ein unbekannter Conga-Spieler versuchten sich an lockeren Versionen von „Earth Blues", die fälschlicherweise auf der Tonband-Hülle als „Lullaby for the Summer" vermerkt wurden. Keine von ihnen war zusammenhängend. Ein teilweise lustloser Jam folgte, bei dem Buddy Miles die Lead-Gitarre übernahm, und ein unbekannter Mundharmonika-Spieler gelegentlich zu hören ist. Buddy kehrte für den nächsten Jam, der Jimi noch einmal zur Teilnahme bewog, zu seinem Schlagzeug zurück, aber der Ertrag war minimal – die Gruppe klang, als ob sie einfach nur viel Spaß hätte.

Nach einem Tonband-Wechsel wurde noch ein erfolgloser Versuch unternommen, den Basic-Track für „Earth Blues" aufzunehmen. Die Arbeit mußte wegen Problemen mit der Gitarren-Stimmung und dem Timing unterbrochen werden. Jimi hatte eher wechselhaftes Interesse an dem Track und steuerte nur gelegentlich einen Leadgesang hinzu. Der Höhepunkt des Abends war „Bleeding Heart", das auf der Tonband-Hülle mit „Peoples, Peoples" bezeichnet wurde. Jimi war mit dem gewünschten Blues-Arrangement vertraut, so daß es der stimmigste Auftritt der Gruppe an diesem Abend wurde. Obwohl keine fertigen Masters erreicht waren, wurde ein Take von „Bleeding Heart" später bearbeitet und im Rahmen der 1994er Kompilation „Jimi Hendrix: Blues" veröffentlicht.

Vor dem Ende der Session spielten sie auch eine wilde Version von „Hear My Train A Comin'". In krassem Gegensatz zu den meisten Arbeiten des Abends war Jimis Ton hervorragend, er sang und spielte voller Inbrunst. Diese Rohaufnahmen stehen bis heute als einer der unveröffentlichten Edelsteine im Hendrix- Bandarchiv. Jimi versuchte sich an einem zusammenhanglosen „Villanova Junction Blues" und noch einmal an „Earth Blues", dann wurde die Session beendet.

◻ Donnerstag, 22. Mai 1969

New York, Record Plant. 4,30 Uhr bis 7,30 Uhr morgens. Toningenieur: Dave Ragno. Zweiter Toningenieur: Llyllianne Davis.

Billy Cox und Buddy Miles waren mal wieder mit von der Partie, als Hendrix „Message from Nine to the Universe" aufnahm, einen interessanten, frühen Hybrid-Song, aus dem später „Message to Love" und „Earth Blues" entwickelt wurden. Jimi lockte seine Freundin Devon Wilson in den Aufnahmeraum – sie sollte bei einzelnen Passagen den Leadgesang übernehmen. Obwohl sie nicht gerade eine geübte Sängerin war, folgte Wilson Jimis Einladung und teilte sich den Leadgesang mit ihm. Kurz nach Beendigung ihres improvisierten

Frage-und-Antwort-Gesangs brachte Jimi den Song mit einem polternden Tusch zu Ende.

Jimi bringt die übliche Zähne-Nummer, hier am 25. Mai in Santa Clara/Kalifornien.

(Chuck Boyd/Flower Children Ltd.)

Eine stark bearbeitete Version dieses Takes wurde später im Rahmen der 1980er „Nine to the Universe"-Kompilation veröffentlicht. Für die Album-Version landeten aber all die lebensnahen Kieckser von Devon als Bandschnipsel auf dem Boden des Schneideraums.

☐ Sports Arena, San Diego, Kalifornien
Samstag, 24. Mai 1969. Toningenieure: Wally Heider, Abe Jacob.

Ein packender Auftritt der Experience, u.a. mit „Fire", „Hey Joe", „Spanish Castle Magic", „Red House", „I Don't Live Today", „Star Spangled Banner", „Foxey Lady", „Purple Haze" und „Voodoo Child (Slight Return)". Dieses San Diego-Konzert ist vielleicht einer der denkwürdigsten Auftritte der Gruppe, bestens bekannt durch die prachtvolle Version von „Red House", die das 1972er-Album „Hendrix: In the West" zierte.

„I Don t Live Today" landete 1982 auf „Jimi Hendrix Concerts". Als Reprise die Kompilation 1987 auf CD wiederveröffentlichte, wurde „Foxey Lady" von Mark Linett remixt und als Bonus-Track hinzugefügt. Schließlich wurde 1991 das gesamte Konzert auf „Stages" veröffentlicht. Leider hatte nicht jeder an diesem Abend live gespielte Song Veröffentlichungswert, insbesondere nicht „Hey Joe", wo Jimi mit seiner Gitarren-Stimmung hart kämpfen mußte.

☐ Sonntag, 8. Juni 1969
Hollywood, Wally Heider Recording, Studio 3. Toningenieur: Eddie Kramer.

Im Anschluß an Wally Heiders Konzert-Mitschnitte der Experience (26. April 1969 im Los Angeles Forum und 24. Mai 1969 in der San Diego Sport-Arena) wurde Toningenieur Eddie Kramer nach Los Angeles eingeflogen, um die Qualität der beiden Heider-Mitschnitte und der Aufzeichnung des ebenfalls mitgeschnittenen hervorragenden Konzertes vom 24. Februar 1969 in der Londoner Royal Albert Hall zu beurteilen. Aus diesen drei Quellen extrahierte man auf Vorschlag von Michael Jeffery ein Live-Album.

Jeffery hatte gehofft, ein schnell zusammengestelltes Live-Album Reprise zur Veröffentlichung anbieten zu können – oder vielleicht sogar Capitol Records, denen Jimi als Folge der Vereinbarung, mit der er seinen jahrelangen Rechtsstreit mit dem Produzenten Ed Chalpin und dessen Firma PPX Industries beendet hatte, noch ein Album schuldete.

An diesem Tag vollendete Kramer die Abmischung und den Schnitt für die Songs „Star Spangled Banner" (San Diego), „Purple Haze" (San Diego) und „Little Wing" (Royal Albert Hall).

☐ Dienstag, 10. Juni 1969
Hollywood, Wally Heider Recording, Studio 3. Toningenieur: Eddie Kramer.

Es sind keine Tonband-Hüllen erhalten. Kramer überprüfte am Montag (9. Juni) diverse Aufnahmen und legte einen Rohmix von einigen der Tracks an, die auf die Live-Platte kommen sollten. Am 10. Juni wurden die Abmischungen von „I Don't Live Today" (L.A. Forum) und „Getting My Heart Back Together" (Royal Albert Hall) vorbereitet.

Am Ende von Kramers dreitägiger Arbeit im Wally Heider Recording war ein Album von Live-Mitschnitten zusammengestellt. Michael Jeffery erhielt eine Kopie. Er reagierte zögerlich und ließ am 15. Juni 1969 die Bänder mit Kramers Abmischungen als „outtakes" kennzeichnen und das Projekt bis auf weiteres beiseite legen. Obwohl Reprise die Idee, im Herbst 1969 ein Live-Album herauszubringen, nicht völlig fallen ließ, entschied man sich, zunächst eine US-Version des erfolgreichen „Smash Hits"-Album (Track Records) zusammenzustellen. Michael Jeffery beauftragte Reprise mit der Organisation der Veröffentlichung im Juli.

Kurz nach dem Experience-Auftritt am 29. Juni beim Denver Pop-Festival entschied Noel Redding, die Gruppe zu verlassen und sich darauf zu konzentrieren, mit seinem Soloprojekt Fat Mattress aufzutreten und aufzunehmen. Trotz Michael Jefferys Einwände nahm Hendrix den Ausstieg von Redding zum Anlaß, ein neues Konzept umzusetzen, das er im Kopf hatte: er wollte durch die Hereinnahme von Percussions und eines zweiten Gitarristen sein Sound-Spektrum erweitern.

In diesen Krisenzeiten besann sich Hendrix auf die kleine Band seiner engen Freunde. Die kürzliche Ankunft von Billy Cox hatte einen Funken Hoffnung gebracht, und jetzt wollte sich Jimi mit noch einem alten Genossen, dem Gitarristen Larry Lee, wiedervereinigen.

Daß sich Jimi ausgerechnet für das unbeschriebene Blatt Larry Lee entschied, anstatt einen bekannteren zeitgemäßen Rock-Gitarristen auszuwählen, überraschte alle im Hendrix-Camp – bis auf Cox, der Lees einzigartige Verbindung mit Hendrix kannte. „Jimi mußte bei der Experience immer Lead- und Rhythmus-Gitarre zugleich spielen", erklärt Billy Cox. „Er glaubte, sich besser auf das Lead-Spiel konzentrieren zu können, wenn er den Rhythmus einem anderen überließ. Larry Lee war der erste und einzige, den er vorschlug, und Jimi bat mich, ihn ausfindig zu machen. In Nashville war Larry eine Art Lehrer für Jimi gewesen, und er hatte ihm einige wichtige Dinge beigebracht, die er auf seinem Weg brauchte. Larry hatte Jimi an die Hand genommen und ihm Blues-Sachen gezeigt, die man in keinem Lehrbuch findet. Dieser Unterricht half Jimi, seine Sachen im rechten Licht zu betrachten. Jimi respektierte Larry, und er wußte, daß Larry so viel von seiner Musik verstand wie er selbst. Er sagte: 'Wenn ich mir hier von irgend jemanden helfen lasse, dann von Larry, weil er weiß, wo's langgeht'."

Trotz Cox' und Hendrix' unerschütterlicher Bewunderung für Lees Fähigkeiten begriff Lee ihre neue Richtung nicht. Am besten wird das vielleicht durch seine Entscheidung dokumentiert, eine Gibson 335-Gitarre (wie sie auch von dem Blues-Idol Freddie King bevorzugt wurde) zu spielen und nicht etwa eine Fender Stratocaster, die schon seit langem für Hendrix die Gitarre seiner Wahl war. „Ich redete ständig auf Larry ein, sich eine andere Gitarre zu besorgen, aber er bevorzugte diese 335, die überhaupt nicht zu dem paßte, wo wir musikalisch angelangt waren", bedauert Cox. „Natürlich paßte das nicht zusammen. Ich sagte ihm, daß er eine Stratocaster brauche, aber er hörte einfach nicht zu."

Mit einem zweiten Gitarristen im Schlepptau versuchte Hendrix, die Rolle der Percussion in seiner Musik zu festigen und auszubauen. Percussionist Jerry Velez hatte Jimi vor der Zerrüttung der Experience getroffen. „Ich traf Jimi im Steve Paul's Scene", erinnert sich Velez. Ich hatte gerade das Jammen mit den McCoys beendet, und als ich zu meinem Tisch hinüber ging, saßen Jimi und seine Begleiter hinter mir. Kurz darauf stieg ich für einige Nummern wieder bei der Band auf der Bühne ein. Als ich zurückkam und mich hinsetzen wollte, lehnte er sich rüber und sagte: „Hör zu, ich will diesen Jam heute nacht im Studio aufnehmen. Wenn das hier heute nacht vorbei ist, fangen wir gegen vier an. Magst du mit rüber kommen und mitjammen?' Ich sagte: 'Klar'. Ich ging in dieser Nacht rüber und jammte mit Jimi und Buddy Miles – es ging da verdammt was ab."

Zu Velez stieß Juma Sultan hinzu. Sultan hatte in der Woodstock-Künstlergemeinde einen guten Namen. Er war ein geachteter Percussionist, der gerade bei der Aboriginal Music Society spielte, die ihr multikulturelles Sound-Mosaik in konzertähnlicher Form jeden Sonntag Abend im Tinker Street Cinema präsentierten. Sultan lebte auf einer Farm in Woodstock und nahm Jimis Jam-Einladung während dessen Aufenthaltes in Woodstock gerne an. Der Ideenaustausch funktionierte gut, und Jimi bot ihm an, ein festes Mitglied seiner Band zu werden.

„Jimi hatte die Experience aufgelöst und wollte mehr ethnische Musik machen", erlärt Velez. „Er wollte afrikanische und afro-kubanische Musik mit einer größeren Band versuchen." Jimi jammte gerne mit Velez, aber Michael Jeffery traute dem Können von Velez nicht. „Jeffery sagte: 'Wer zum Teufel ist dieses Kind Jerry Velez? Ich habe noch nie von ihm gehört'. Jimi erklärte ihm, daß er gerne mit mir spielte und mich in seiner Band haben wollte. Dann entschied sich Jimi, zwei Percussionisten einzusetzen. Juma und ich sollten afrikanische und lateinamerikanische Einflüsse einbringen."

Jimi war sich über seine neue musikalische Richtung noch nicht ganz im klaren und hatte große Probleme, den neuen Musikern gegenüber sein Konzept in Worte zu fassen. Seine Unentschlossenheit erzeugte schnell Reibereien zwischen seinen Begleitmusikern, vor allem, weil die Rollen und Verant-

Larry Lee während einer Aufnahmepause in der Hit Factory im August 1969.

(Jim Cummins/Star File)

wortlichkeiten nie offen definiert wurden. Die meisten Probleme entstanden rings um das Percussion-Trio, weil Mitch mit Velez und Sultan nicht zurecht kam. „Wir hatten eine Menge

Percussions", gibt Velez zu. „Ich war ein Anfänger, und wir beide, Juma und

Mitch Mitchell spielt im August 1969 in der Hit Factory einen Basic-Track ein.

(Jim Cummins/Star File)

ich, spielten viel zu viel. Mitch spielte selbst schon so viel, und er setzte eine Menge Synkopen-Strukturen ein." Die Sache mit dem Timing frustrierte Mitchell, der Jimis Konzept in Frage stellte und befürchtete, drei Percussionisten würden den Sound der Gruppe völlig auseinanderreißen. „Es gab das Problem, den Takt zu halten", erinnert sich Cox. „Mitch spielte hervorragend und war immer schwer dahinter her, das Timing zu halten. Es passierte oft, daß sich Jimi und ich einen Blick zuwarfen und dachten: 'Oh, oh, Mitch wird's nicht bringen'. Und dann — bumm — spielte Mitch auf den Punkt. Jimis Absichten waren gut, aber es funktionierte einfach nicht, wenn du Congas und Timbals hast, die mit Mitchells Stil um die Wette spielen."

Jimis Operationsbasis war ein großes Haus in der Tavor Hollow Road im Woodstock-Village von Shokan. Hinter der Anmietung dieses imposanten Acht-Schlafzimmer-Luxus-Hauses steckte die Idee, Jimi einen bequemen Ort abseits der Zwänge Manhattans zu bieten. Hier, so dachte man, könne Hendrix sich ausruhen, zur Besinnung kommen und an neuem Material arbeiten. In Wirklichkeit jedoch nahm er seine Probleme einfach aufs Land mit – die Geldsorgen, das laufende Studio-Projekt, die kürzliche Auflösung der Experience und das drohende Verfahren in Toronto wegen seines Heroin-Mißbrauchs lasteten schwer auf seinem Gemüt. Der Trubel ging weiter: „Das Telefon klingelte ununterbrochen", entsinnt sich Cox. „Es ging immer 'mach' hin, tu dies. Laß' uns das machen, erledige dies.' Sie haben ihn niemals in Ruhe gelassen."

Hendrix schien die Schwierigkeiten magnetisch anzuziehen. Die Folge: Er wurde belagert von Rumhängern und Rauschgifthändlern, die sich bei ihm einschleimen wollten. „Jimi war Drogen gegenüber in jederlei Hinsicht nicht abgeneigt. Wie jeder von uns war er vorsichtig, aber unten auf dem Kaffeetisch gab es jede Droge, die man sich vorstellen kann", erinnert sich Velez. „Jeder wichtige Dealer kreuzte bei Jimi auf und sagte: 'Hey Mann, ich habe gerade diesen geilen Stoff aus Nepal reinbekommen', oder: 'Ich hab' das gerade aus Marseille mitgebracht'. Permanent kamen diese Typen an und wollten mit ihm ins Geschäft kommen."

Groupies und windige Typen strömten zu dem Haus und hofften, ihr Idol zu Gesicht zu bekommen. Die meisten wurden wieder weggeschickt, aber viele hatten Erfolg und störten das kleine Stück Privatsphäre, das Hendrix endlich um sich herum aufbauen konnte.

Im Hinblick auf Hendrix' Woodstock-Auftritt sahen die meisten in Jimis Management die erweiterte Band niemals als eine ernsthafte Sache an. Billy Cox war anderer Meinung, er bemerkte den Fortschritt, den Jimi als Songschreiber dadurch erzielt hatte. „Die Zeit, die Jimi in dem Haus verbrachte, war sehr produktiv. Er hatte mit der Experience gebrochen und war nun in der Lage, sich auf neue kreative Ideen wie 'Jam Back at the House' zu konzentrieren oder Songs wie 'Izabella' mit diesen kleinen, komplizierten Dingen zu verbessern, die nur diejenigen kannten, die mit ihm spielten. Wir jammten nicht nur herum. Die Muster, die uns einfielen, machten die Songs aus. Jimi nahm zum Beispiel das Muster 1, fügte Teile von Muster 9 dazu und beendete das ganze mit einem Teil

von Muster 3. So kamen die Songs zusammen."

Das vielleicht feinste Beispiel dieser Arbeitsweise war „Dolly Dagger", das als einfaches Baß-Riff von Cox begann. „ Es war früh am Morgen im Woodstock-Haus, und ich saß draußen auf der Terrasse. Jemand hatte am Tag zuvor dort Verstärker aufgebaut, und wir hatten sie die Nacht über draußen stehen gelassen. Ich weiß nicht warum, aber ich mußte an den 'Big Ben' in England denken. Ich schnappte mir meinen Baß und begann das zu spielen – da do da do, da do da do. Jimi kam in seinen Unterhosen zum Fenster und rief: 'Hey Mann, spiel' das weiter! Hör' nicht auf!' Er rannte herunter, grabschte sich seine Gitarre und sagte: 'Wie wär's damit?' Er hatte die erste Melodie schon fast auf der Reihe. Dann kam ich mit ein paar anderen Tönen daher, mit denen man weitermachen konnte. 'Dolly Dagger' wurde so geboren. Das war die Art, wie wir uns gegenseitig ergänzten."

Es war ein ungeschriebenes Gesetz in dem Shokan-Haus, daß die Kompositions-Sessions keinen festen Rahmen haben durften. „Wir setzten uns im Kreis auf den Boden und spielten lange herum", erinnert sich Velez. „ Im ersten Stock, gegenüber der beiden Schlafzimmer, war ein großes Wohnzimmer, in dem wir viel mit akkustischen Instrumenten jammten. Und unten hatten wir die gesamte große Ausrüstung in einem riesigen Raum stehen."

„Die Roadies kümmerten sich sehr gut um uns", erinnert sich Cox. „Mitchells Schlagzeug wurde aufgebaut, und wir konnten uns hinsetzen und losspielen."

Um das schöpferische Potential dieser spontanen Jam-Sessions besser ausschöpfen zu können, begannen Hendrix und Cox damit, dieses freie Arbeiten auch mitzuschneiden. „Jimi war ein Aufnahme-Freak', erklärt Cox. „Zunächst stellten wir eine Scully Zwei-Spur-Maschine hin aber die war zu schwierig zu bedienen und herumzuschleppen. Also gingen wir ins Büro und ließen uns Geld für eine Sony geben, mit der man auch Überspielungen machen konnte. Ich bediente diese Maschine!"

„Smash Hits"

Reprise M 2025. US-Albumveröffentlichung. Mittwoch, 30. Juli 1969. Produzent: Chas Chandler, Jimi Hendrix. Toningenieure: Eddie Kramer, Dave Siddle.

„Purple Haze"/ „Fire"/ „The Wind Cries Mary"/ „Can You See Me"/ „Hey Joe"/ „All Along the Watchtower"/ „Stone Free"/ Crosstown Traffic/ „Manic Depression"/ „Remember"/ „Red House"/ „Foxey Lady"

Die Fans der Gruppe warteten auf einen Nachfolger von „Electric Ladyland", aber „Smash Hits" versüßte ihnen diese Wartezeit. Es war ein äußerst dauerhaftes und erfolgreiches Werk um Songs wie „Stone Free", „Remember", „Red House" und „Can You See Me" herum – jene vier Tracks, die Reprise bei der Zusammenstellung seiner Version von „Are You Experienced?" 1967 zurückgehalten hatte. Diese vier – für den US-Markt neue – Aufnahmen wurden ergänzt mit Auszügen aus „Are You Experienced?" und „Electric Ladyland", eigenartigerweise jedoch ohne Beiträge von „Axis: Bold as Love". „Smash Hits" verkaufte sich hervorragend und erreichte Platz 6 der *Billboard* Album-Charts. Nach Hendrix' Tod wurde diese Kompilation zum bestverkauften Hendrix-Produkt, das seine anderen Reprise-Alben in den Schatten stellte.

Montag, 18. August 1969
Woodstock Music & Arts Festival. Toningenieur: Eddie Kramer. Zweiter Toningenieur: Lee Osbourne.

Trotz ihrer vielen Jam-Sessions in Jimis Shokan-Exil war das erweiterte Gypsy Sun & Rainbows-Ensemble für sein Live-Debüt nicht ausreichend vorbereitet. Während Jimis ungewöhnlich langen 140-Minuten-Auftritts gab es zwar einige Glanzlichter, aber die Gruppe spielte noch nicht besonders gut zusammen und hatte oft große Mühe, bei Experience-Hits wie „Fire" und „Foxey Lady" ordentlich mitzuspielen.

Donnerstag, 28. August 1969
New York, Hit Factory. Toningenieur: Eddie Kramer. Zweiter Toningenieur: Joey Zagarino.

Es galt, neues Material aufzunehmen. Hendrix umging das Record Plant und entschied sich für das Hit Factory, ein kleineres Studio, das von dem Song-

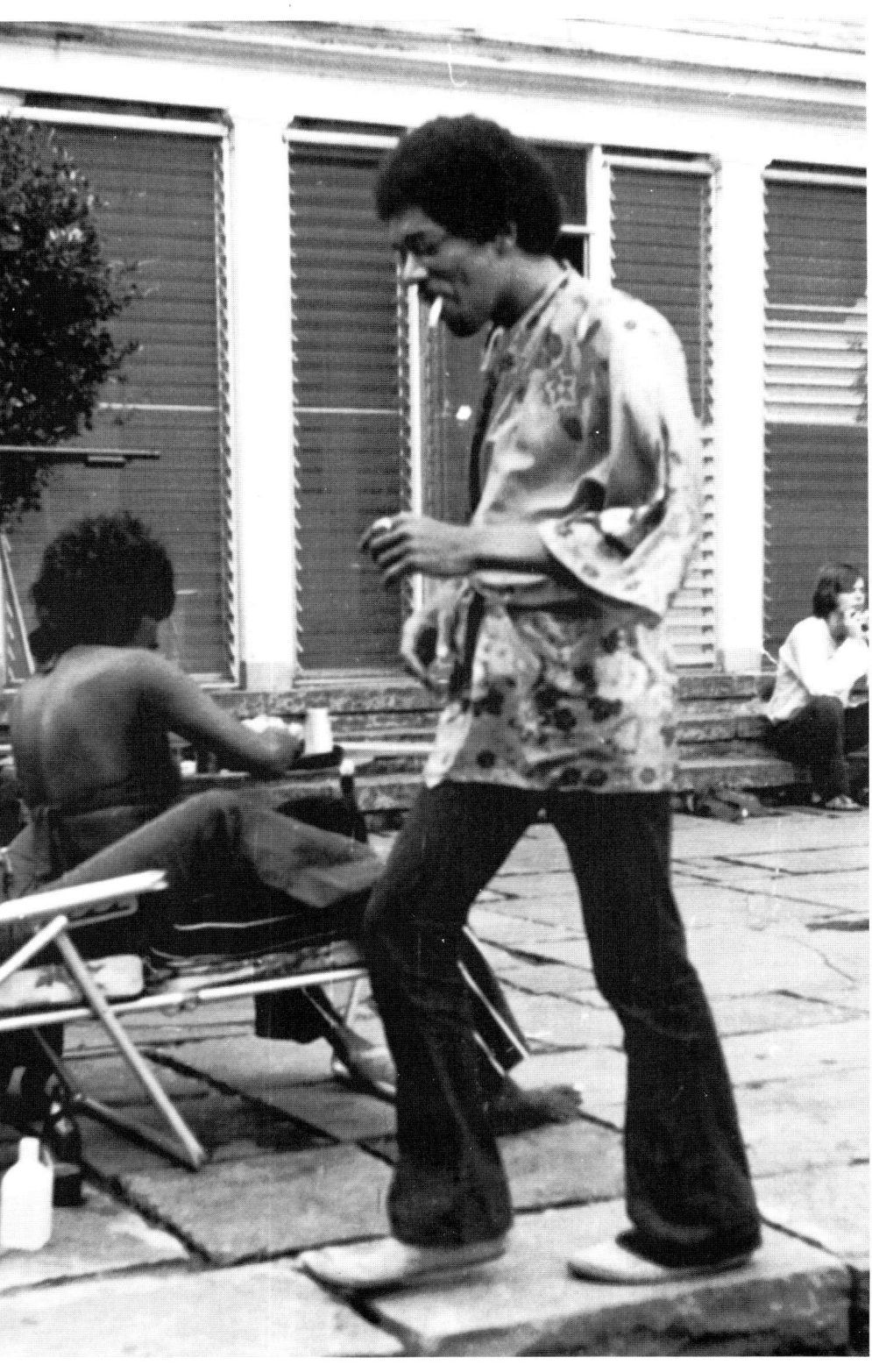

16. August 1969: Jimi und Bill ruhen sich gemeinsam mit ihren Freunden auf der Terrasse des Hauses im Staate New York aus, das Jimi als Urlaubsdomizil gemietet hatte.

(Willis Hogans jr./Bill Nitopi Collection)

chen in Jimis Shokan-Haus eine Bandmaschine installiert und später auch die Aufnahmen des Woodstock-Auftritts gemacht. Obwohl Kramers Name nicht auf jeder der Tonband-Hüllen aufgeführt wurde, war es Kramers Stimme, die im Hit Factory viel öfters, als die des Haus-Ingenieurs Joey Zagarino mit diversen Anweisungen über das Talkback-Mikrophon gehört werden kann.

Die Hit Factory-Termine waren auch Hendrix' erste offizielle Rückkehr in ein Aufnahmestudio, nachdem er die letzten beiden Monate hauptsächlich mit Schreiben und Entspannen im ländlichen Hinterland New Yorks verbracht hatte. Jimi wurde von Gypsy Sun & Rainbows begleitet, jener Gruppe, die er erst vor neun Tagen durch das Woodstock-Festival in Bethel geführt hatte.

Der Abend begann mit „Message to the Universe", einer frühen, langsamen Version dessen, was später zu „Message to Love" werden sollte. „Jimi hatte das Anfangs-Riff auf einem kleinen Tonband, das er zu Hause aufgenommen hatte", erinnert sich Cox. „Als er es mir vorspielte, schlug ich einige Änderungen an dem Riff vor, und das ergab schon ein fertiges Muster. Das nächste Muster wurde zweimal wiederholt, bevor die Melodie wieder die Führung übernahm. Das war alles. Es war nichts außer zwei verschiednenen miteinander verbundenen Mustern. Das Intro war wirklich dasselbe wie das Ende. Wir kletterten einfach nur das Griffbrett hinauf, bis es zu Ende war."

Hendrix sang leidenschaftlich zu der begeistert aufspielenden Band, „Message to the Universe" klang vielversprechend. Während der 36 Takes, die sie (ohne am Schluß einen fertigen Basic Track zu haben) aufnahmen, entstanden viele interessante Momente vor allem durch das packende Zusammenspiel von Cox und Hendrix. Eingestreut zwischen die Takes ist eine lässige, spontane Version von „Lover Man" (ohne Gesang) ebenso zu hören wie auch einige lockere Versuche von „Izabella" (mit Jimis Gesang), die jedoch mehr wie ein kreativer Zerstreuungsversuch denn wie eine strukturierte, ernsthafte Arbeit klangen. Nach weiteren Takes von „Message to the Universe" führte Larry Lee die Band noch durch ein unbetiteltes Blues-Original, bei dem

schreiber Jerry Ragavoy betrieben wurde. Hendrix bat Eddie Kramer, diese Sessions zu beaufsichtigen. Kramer kannte die erweiterte Gruppe ein wenig, denn er hatte bei einigen Besu-

aber nur seine langatmige Gitarren-Arbeit erwähnenswert ist.

Nach einer kurzen Pause für den Bandwechsel wurde erneut „Message to the Universe" versucht, anschließend wandte sich Hendrix mit wenig Erfolg „Izabella" zu. Der Schwung war raus, und die Band nahm sich Zeit, das bislang Aufgenommene abzuhören. Das Aufnahmeband lief dann wieder an, und man kann darauf hören, wie Hendrix Lee die Gitarren-Parts von „Burning Desire" erklärt. Um diese Anweisungen zu verdeutlichen, spielte Jimi die Akkord-Wechsel und erläuterte den Aufbau des Songs im allgemeinen. Daraufhin entwickelte sich ein spontaner Jam über das Song-Thema, aber Lee verlor den Faden in seinem Solo, und der Versuch wurde beendet. Mitchell hatte bei diesem Jam ausgesetzt und stieg wieder ein, als die Gruppe mit „Easy Blues" begann, einem wunderbaren, Jazz-beeinflußten Instrumental-Jam. 1980 erscheinen erheblich nachbearbeitete Teile dieser Aufnahme auf dem Album „Nine to the Universe".

Die Aufnahmen gehen mit weiteren sechs Takes von „Izabella" weiter. Eine inspirierte Probe von „Jam Back at the House" beendete die Session. Keine dieser Aufnahmen gaben fertige Masters her, aber mit „Izabella", und „Message to Love" waren zwei außergewöhnliche neue Songs entstanden.

Zusätzlich zu „Easy Blues" wurden weitere ausgewählte Teile von dieser Session nach Jimis Tod veröffentlicht. Zwei Passagen aus Jimis Gesangs-Track für „Message to the Universe" wurden in ein zusammengesetztes Master für „Message to Love" hineingeschnitten – den ersten Song auf dem 1975er Album „Crash Landing".

Am 21. Mai 1975 bearbeitete Alan Douglas „Jam Back at the House" von dieser Sessions-Master-Spule für das „Midnight Lightning"-Album. Für diese Platte wurden (mit Ausnahme von Hendrix' Stimme und Gitarren-Teilen) alle originalen Aufnahmen mit neuen Overdubs des Gitarristen Jeff Miranov, des Bassisten Bob Babbit, des Schlagzeugers Alan Schwartzberg und des Percussionisten Jimmy Maeulin überspielt. Der Track tauchte auch unter dem Namen „Beginnings" wieder auf, ein Titel, der für eine andere Aufnahme dieses Songs für das 1972er Album „War Heroes" benutzt wurde.

❏ Freitag, 29. August 1969
New York, Hit Factory. Toningenieur: Eddie Kramer.
Zweiter Toningenieur: Joey Zagarino.

Hendrix und Anhang versuchten erneut verzweifelt, einen brauchbaren Basic-Track für „Izabella" hinzubekommen. Trotz der Session-Länge (acht Bandspulen wurden bespielt – ein inoffizieller Rekord) und Hendrix' inspirierter Gesangs- und Gitarren-Arbeit brennt in Jimis Spiel noch immer kein Feuer. Der Abend begann damit, daß die Band den Song herunterspulte und Jimi in dem Streben, endlich das erwünschte Arrangement hinzubekommen, weitere Verfeinerungen vornahm. Die ersten hörbaren Fortschritte gab es bei Spule vier mit drei starken Takes. Take 3 von dieser Spule wurde mit „aufheben" gekennzeichnet Später am Abend wurden Overdubs auf diese Version aufgenommen – Hendrix ersetzte seinen Leadgesang und nahm zwei getrennte, zusätzliche Gitarren-Tracks auf. Eine Vielfalt von Percussion-Instrumenten (Shaker, Kuhglocke, und Congas) wurden ergänzt. Hendrix lieferte eine lustige Vorstellung, indem er beim Gesangs-Overdub seine Lippen leckte und damit einen gewaltigen Affen-Sound erzeugte.

Obwohl Hendrix schließlich Take 3 von Spule 4 als sein Arbeits-Master auswählte, war eine Reihe von Takes auf Spule 5 durchaus ebenbürtig. Ein solider Take 2 wurde mit „gut" beschriftet, aber Take 8 (4:45 Minuten Spielzeit) ist besonders erwähnenswert. Diese Version, sicher exakter und kantenloser als jeder vorangegangene Versuch (inklusive der Live-Version von Woodstock), gibt einen schmerzhaften Ausblick auf Jimis neue Richtung. Obwohl er keinen eigentlichen Leadgesang aufnahm, kann man ihn ab und zu singen hören: er benutzte seine Stimme als seine spezielle Form eines Metronoms.

Zufrieden mit dem Ergebnis der Gruppe bei „Izabella", grub Hendrix „Message To The Universe" wieder aus. Drei lange, zerfaserte Versuche füllten Spule 6. Diese Versionen waren nicht viel mehr als ausgeweitete Jams, in denen die Band mit den grundlegenden Rhythmus-Mustern des Songs experimentierte.

Spule 7 brachte „Izabella" erneut ins Rampenlicht. Nach einem Durch-einander von Fehlstarts entstand ein kompletter Take von „Izabella", der sich dann in eine Früh-Version von „Machine Gun" entwickelte. Obwohl der Song eigentlich recht vielversprechend war, verlor die Arbeit bald ihren Dampf und artete rasch in einen frenetischen Jam aus, bei dem weder die richtigen Noten getroffen noch das Tempo gehalten wurde.

Weitere Takes von „Izabella" und „Message To The Universe", sowie einige abgelutschte Jams füllten die achte und letzte Spule des heutigen Aufnahme-Abends. Bevor die Session beendet wurde, folgten einige Overdubs für „Izabella" und die Anfertigung eines Rough-Mix von „Izabella", der von Hendrix und Kramer als Höhepunkt des Tages ausgewählt wurde.

Während keine der heutigen Aufnahmen zu Hendrix Lebzeiten veröffentlicht wurde, ist die skelettartige Version von „Machine Gun" später mit Overdubs überholt und 1974 der posthumen Kompilation „Midnight Lightning" hinzugefügt worden. Sowohl das ursprüngliche Demo als auch das von Alan Douglas und Tony Bongiovi überholte Master verblassen im Vergleich zu der Fillmore East-Version, die den Mittelpunkt des „Band of Gypsys"-Albums bildet.

❏ Samstag, 30. August 1969
New York, Hit Factory. Toningenieur: Eddie Kramer.
Zweiter Toningenieur: Joey Zagarino.

Dieser Abend wurde weitgehend den Aufnahmen von Hendrix „Sky Blues Today" und Larry Lees „Mastermind" gewidmet. Neun Takes von „Mastermind" wurden aufgenommen, bei Take 1, 2 und 4 sang Lee selbst. Das Arrangement des Songs war nahezu identisch mit der in Woodstock gespielten Version. Nur Take 4 wurde mit „gut" gekennzeichnet, ein endgültiges Master kam aber nicht zustande.

„Sky Blues Today" wurde in einer stark polierten Version aufgenommen. Im Laufe der Takes verfestigten sich die Jams, aber sie klangen holperig, weil Mitchell sich schwer tat, inmitten der gegensätzlichen Percussion-Betonungen von Velez und Sultan den Takt zu halten. Eine ereignislose spontane Arbeit („Jimi's Jam") beschloß die dritte und letzte Spule.

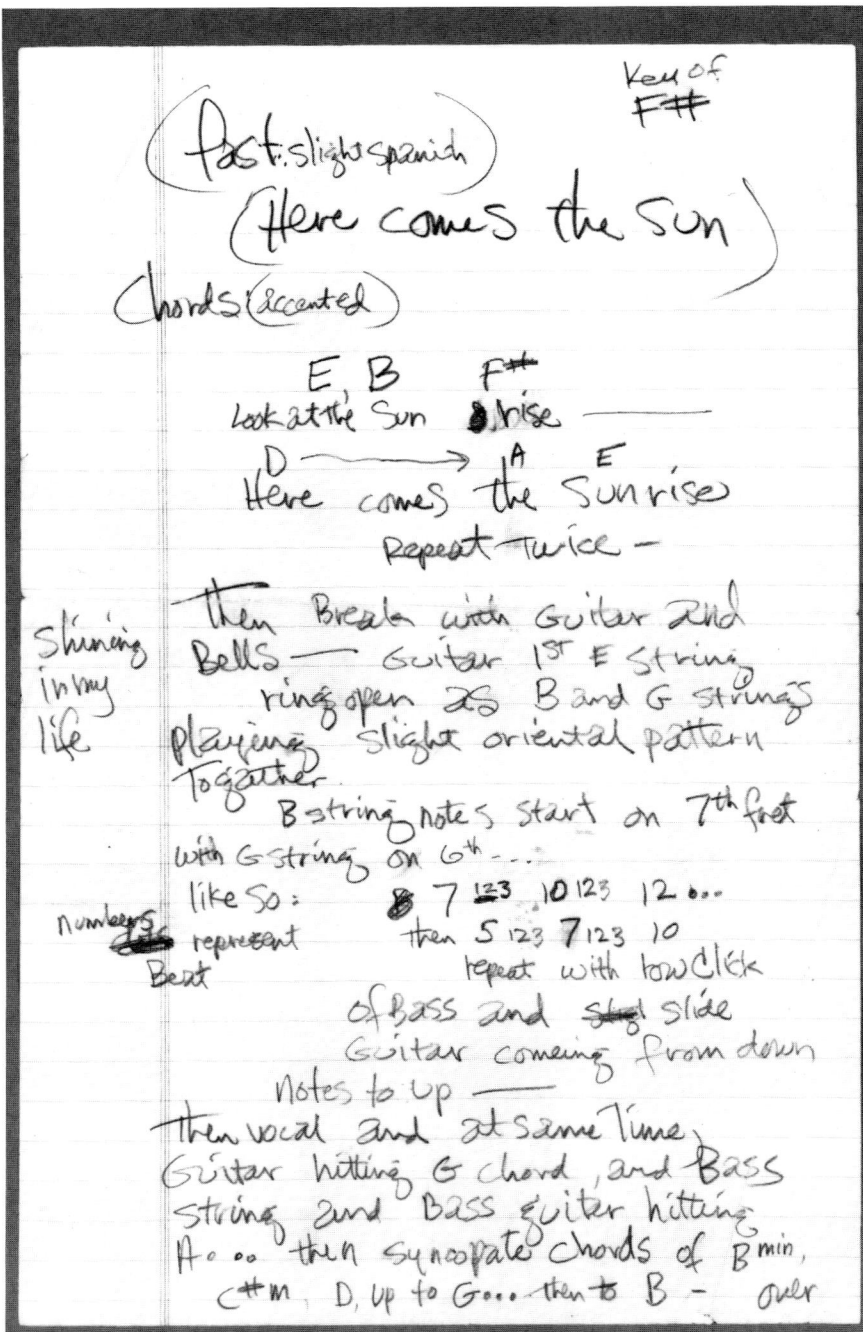

Charts völlig.

Manuskript für „Here Comes The Sun": Ein hervorragendes Beispiel für Jimis eigenwillige Art, seine Ideen samt Akkordwechsel und Kommentaren zu notieren.

(James A. Hendrix)

❐ Donnerstag, 4. September 1969
New York, Hit Factory. Toningenieur: Joey Zagarino.

Hendrix eröffnete, vielleicht um die richtige Stimmung zu verbreiten, diese Session mit einer soliden Vorführung von „Jam Back at the House". Angetrieben von Jimis schweißtreibender Lead-Arbeit begann diese Version mit einem mitreißenden Start, bevor sie dann auseinanderläuft, weil man sich leider noch nicht auf ein Ende geeinigt hatte. Der Take kollabierte unmittelbar, nachdem Hendrix zum Schluß frenetisch das Griffbrett seiner Gitarre hinauf gespielt hatte.

Die Session wurde mit neuen Takes von „Mastermind" fortgesetzt, bei denen Larry Lee wieder den Leadgesang lieferte. Die gediegene R&B-Stimmung von „Mastermind" verschaffte Cox, Lee und Hendrix die willkommene Gelegenheit, Curtis Mayfield (eines ihrer wichtigsten Vorbilder) zu huldigen. Lees bescheidener Gesang untermalte die gefühlvolle Wehklage des Songs, während Jimi geschmackvolle Rhythmus- und Lead-Gitarren-Arbeit beisteuerte. Insgesamt 18 Takes wurden aufgenommen, Take 4 war der erste brauchbare, obwohl er nur mit „geht so" markiert wurde. Take 9 war genauso komplett wie Take 11, aber sie beide entbehrten Zusammenhalt und Inspiration, so daß auch sie kein Master abwarfen. Die Aufnahmen setzten sich bis zu einem fertigen Take 18 fort – dem vollendeten Master.

❐ „Stone Free" / „If Six Was Nine"
Reprise 0853. US-Single-Veröffentlichung. Mittwoch, 3. September 1969.

Mit der Auskoppelung „Stone Free" von der erfolgreichen „Smash Hits"-Kompilation versuchte Reprise erneut, wenngleich erfolglos, die *Billboard* Top 40 zu knacken. Zum ersten Mal, seitdem Reprise im Mai 1967 „Hey Joe" herausgebracht hatte, verfehlte eine Jimi Hendrix Experience-Single die

❐ Freitag, 5. September 1969
New York, Hit Factory. Toningenieur: Joey Zagarino.

Stunden nach dem glänzenden Auftritt der Gruppe bei der Wohltätigkeits-Veranstaltung der United Block Association in der 139. Straße in Harlem kehrten Hendrix und Anhang ins Studio zurück, um „Burning Desire", einen weiteren, vielversprechenden neuen Song anzupacken.

27 Takes von „Burning Desire" wurden aufgenommen, aber keiner kam nahe genug an ein fertiges Master. Während Hendrix und Cox die Melodie des Songs standhaft aufrecht er-

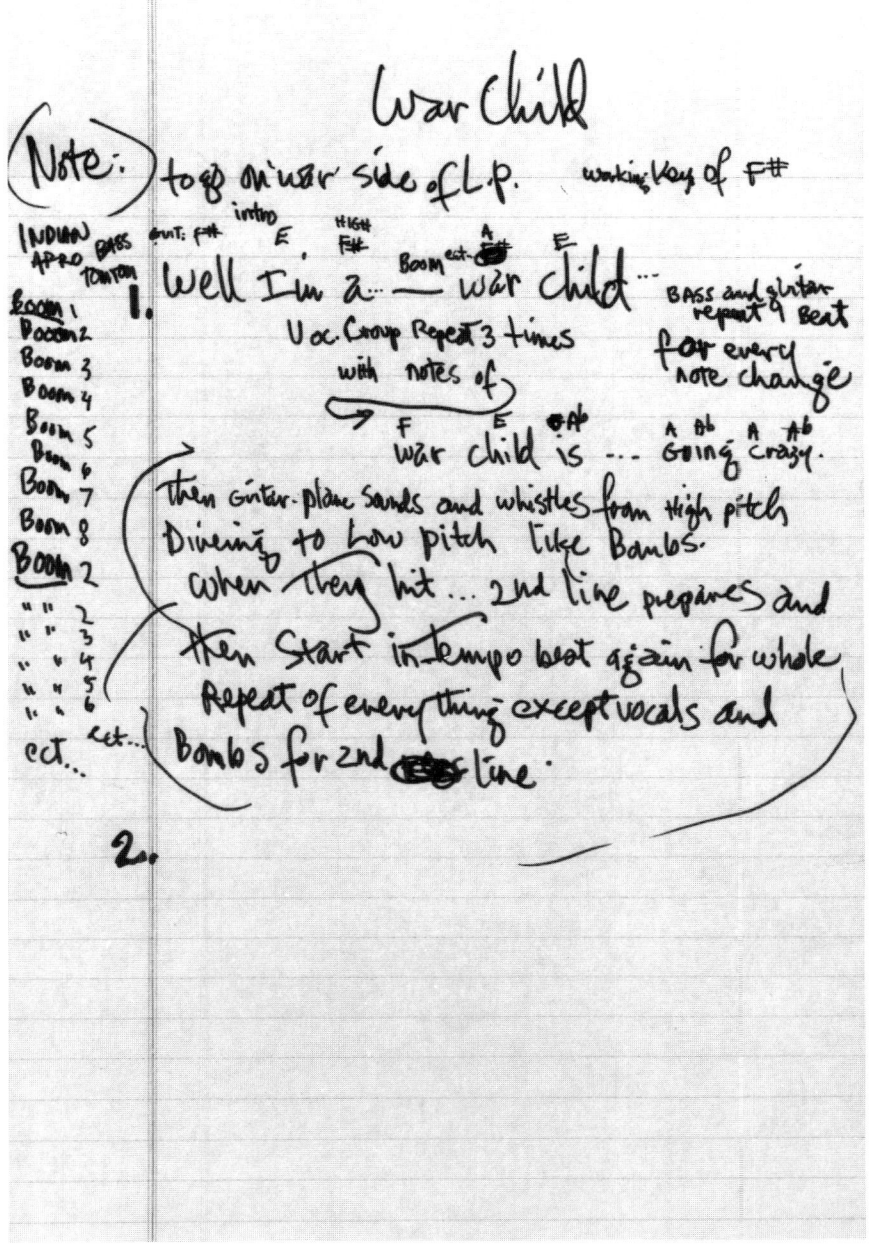

Jimi konnte keine Noten lesen. Deshalb notierte er seine Ideen für seine Gitarrenparts und für die Parts von Billy Cox und Mitch Mitchell auf diese Weise.

(James A. Hendrix)

hielten, wurden die vielen Versuche von einer endlosen Reihe vergessener Noten und Timing-Problemen behindert. Take 27 wurde mit Overdubs (ein weiterer Gitarren-Part von Hendrix und Congas von Juma Sultan) versehen, aber keiner von ihnen zeigte eine substantielle Wirkung. Trotz einiger prachtvoller Augenblicke kommt bei dieser Gelegenheit kein fertiges Master zustande. In seiner aktuellen Form brauchte „Burning Desire" eine tiefgreifende Umstrukturierung, um überhaupt weitergehende Aufnahmen zu rechtfertigen.

Obwohl die Band unfähig gewesen war, Jimis Vision für den Song zu realisieren, war Hendrix nicht abgeschreckt. In dieser Nacht blieb er allein im Studio und nahm ein einzigartiges Arbeits-Demo auf, das faszinierende Einsichten in seine Kompositionskunst erlaubt. Er arbeitete allein mit Toningenieur Joey Zagarino und der Acht-Spur-Tonbandmaschine und nahm Gesang, Gitarre und eine wendige Baß-Linie auf. Um das gewünschte Tempo vorzugeben, kletterte Jimi sogar hinter Mitch Mitchells Schlagzeug. Sechs Takes wurden auf Tonband festgelegt, aber Hendrix schien noch immer unbefriedigt zu sein. Während Zagarino überschwenglich in seinem Lob war, blieb Jimi skeptisch und wies ihn an, das Tonband für weitere Arbeit beiseite zu legen.

☐ Samstag, 6. September 1969
New York, Hit Factory. Toningenieur: Joey Zagarino.

Trotz der vielversprechenden Arbeit an „Burning Desire" am Vorabend entschied sich Hendrix, „Valleys of Neptune", einen weiteren Song, den er in Arbeit hatte, aufzunehmen. Drei holprige, unvollständige Takes ohne Gesang läuteten die Aufnahmen ein. Hendrix Begeisterung flaute ab, weil die erweiterte Band Probleme hatte, das Arrangement des Songs in den Griff zu bekommen. Es erleichterte seinen Stand nicht gerade, daß „Valleys of Neptune" trotz seines Potentials nicht weiterentwickelt wurde wie „Burning Desire" oder „Sky Blues Today". Die Session-Stimmung erhellte sich erst, als Hendrix und Lee „Blues for Me and You" anstimmten, ein spontanes, ursprüngliches Blues-Nümmerchen.

„Blues for Me and You" war eine der bekannteren (und oft gebootlegten) unveröffentlichten Jam-Sessions von Hendrix. Sie wurde von Alan Douglas ursprünglich für das Album „Multicolored Blues" vorgemerkt, eine unveröffentlichte Kompilation von Blues-Jams, die eigentlich irgendwann im Jahre 1976 hätte erscheinen sollen. Nachdem das Album zurückgezogen wurde, kam „Blues for Me and You" auch nicht auf „Nine to the Universe", eine Sammlung nachbearbeiteter Studio-Jams, die Hendrix jazzige Seite zeigen sollte. Ironischerweise wurde dieser Jam auch von der 1994er MCA-Kompilation „Jimi Hendrix: Blues" ausgeschlossen. „Blues for Me and You" scheint trotz aller fortgesetzten Ausschlachtungen der Hendrix-Hinterlassenschaft offenbar dazu bestimmt, unveröffentlicht zu bleiben.

Fünf zusätzliche Versuche von „Valleys of Neptune" folgten, jede mit gelegentlichem Gesang von Jimi und desorganisierter Unterstützung seiner Gruppe. Nachdem Take 5 zusammengebrochen war, wechselte Hendrix zu „Lover Man" – in der Hoffnung, damit seine Rhythmus-Gruppe anzutreiben und den gewünschten Groove zu erzeugen. Als auch „Lover Man" auseinanderfiel, nahm Larry Lee das Ruder in die Hand und stimmte einen originalen Blues-Jam an, für den er auch die Lead-Gitarren-Arbeit übernahm. Einige glänzende Augenblicke folgten, aber das war's dann auch schon.

Unerschrocken kehrte Hendrix zu „Valleys Of Neptune" zurück und dirigierte die Gruppe erfolglos durch eine Reihe von ungeschliffenen Takes. Jimis leidenschaftlicher Gesang überstrahlte selten den Lärm, den die Rhythmusgruppe machte. Sultan und Velez klangen hoffnungslos zerfahren in ihrem vergeblichen Versuch, im gleichen Timing wie Mitchell zu spielen. Lange Jams auf das „Valleys of Neptune"-Thema folgten und brachten als nennenswerten Effekt nur eine zufällige Vor-Skizze von „Angel" in Jimis Spiel hervor. Wie bei so vielen Hendrix-Sessions wurden mehrere strahlende Augenblicke auf Tonband eingefangen, aber es waren einfach nur Augenblicke und sonst nichts.

Wie schon am vorangegangenen Abend blieb Hendrix nach der Session im Studio und nahm ein weiteres Solo-Demo auf. Jimi schnitt auf der Acht-Spur-Maschine fünf Takes von „Trying To Be" mit, das später zu „Stepping Stone" umgetauft wurde. Zwei getrennte vollständige Takes wurden aufgenommen und mit „unterschiedlich" gekennzeichnet.

Unfähig, seine erweiterte Gruppe in Form zu bringen, brauchte Hendrix Zeit, sich wieder zu besinnen, bevor das Experiment endgültig auf dem Müll landete. Die Auswirkungen seines ausgedehnten Gerichts-Streites mit Ed Chalpin und die Kosten der fortgesetzten Bauarbeiten an den Electric Lady Studios hatten Jimis Geld-Reserven aufgefressen. Michael Jeffery organisierte eine kurze US-Tour, um ihren geschmälerten Geldbeutel wieder aufzufüllen. In der letzten Minute bockte Jimi, die gesamte Tour mußte abgesagt werden. Hendrix behauptete, daß die Band nicht für

eine Tour bereit sei. Voller Zorn auf seinen krisengeschüttelten Star bestand Jeffrey darauf, daß Hendrix einen Vorspieltermin für neue Musiker arrangieren sollte. Jeffrey war auch sauer, weil sie Capitol noch ein Album schuldeten und weil Jimi sich außergerichtlich mit Ed Chalpins PPX Industries geeinigt hatte. Schließlich kreuzte ein völlig frustrierter Jimi bei dem Vorspiel-Termin im Salvation Club auf.

„Jimi rief mich an und fragte, ob ich meine Einladung bekommen habe", erklärt der frühere Buddy Miles-Express-Bassist Roland Robinson. „Ich sagte: 'Was?' Er sagte mir, ich sollte vorbeikommen und ein paar Sachen mit der Band probieren. Ich ging ziemlich angepißt dort hin, weil ich die Express im Unfrieden verlassen hatte. Billy Cox war da, aber er sagte kein Wort. Ich stand also mit einem seltsamen Gefühl herum, und mir wurde klar, daß Jimi den Jungs nicht gesagt hatte, daß sie nicht mehr in der Band waren. Es gab zwei Bands dort. Wir hatten zwei Bassisten, zwei Schlagzeuger und eine Menge Feindseligkeit in der Luft. Jimis Management war da und flippte aus, weil er so viele Leute ausprobieren wollte. Jimi schrie: „Scheiße, laßt mich in Ruhe! Laßt mich mit den Leuten spielen, mit denen ich spielen will, und ich verschaffe euch all das verdammte Geld, das ihr haben wollt. Als wir dann in diesem Jam einstiegen, saß Billy Cox mit verschränkten Armen vor mir, und Buddy spielte halbherzig und lugte verstohlen hinter seinen Trommeln hervor. Anschließend war Buddy völlig angepißt und er sagte Jimi, daß ich versuchen würde, alles an mich zu reißen, sobald ich in der Band spielen würde. Das hat mich völlig umgehauen, und ich schrie Buddy an, daß ich ihn umbringen werde. Es lief alles aus dem Ruder, und ich kann nur sagen: vergiß es! Ich war nicht gerade dabei, abzuheben. Wir endeten schließlich im Salvation Club, und Jimi war jetzt völlig durcheinander. Ich bekam einen Wochenlohn und seine Entschuldigungen."

Der Vorspieltermin brachte keinen Besetzungswechsel mit sich, aber er vergrößerte den Graben zwischen Hendrix und seinem Manager. „Jimi war völlig aufgelöst", erinnert sich Vel

vert Turner. Er krallte sich im Salvation an mich und flüsterte: 'Versau dein Leben niemals so, wie ich das gemacht habe'. Er sah aus wie gefoltert."

❐ Montag, 15. September 1969
New York, Record Plant. 16 bis 18 Uhr. Toningenieur: Jack Adams. Zweiter Toningenieur: Tom Flye.

Hendrix verließ die Hit Factory und kehrte für diese bizarre Session ins Record Plant zurück. Eigenartigerweise klang die Arbeit der Gruppe hier noch zusammenhangloser. Verschlimmernd kam hinzu, daß Hendrix Gesangsmikrophon nicht auf den richtigen Mischpultkanal gesteckt wurde, was den Inhalt der Tonbänder völlig unbrauchbar machte.

Die Aufnahmen begannen mit einer Probe von „Sky Blues Today", gefolgt von drei richtigen Takes. Take 1 war komplett und, wenn man den Begriff sehr weit faßt, der beste von den dreien. Diese ersten Takes wurden ohne Baß aufgenommen. Man kann hören, wie Hendrix und Lee zwischen den Takes an der Songstruktur arbeiteten. Nach einem Bandwechsel stieg Cox für zwei ausgedehnte Probedurchläufe ein, bei denen bereits Skizzen von „Villanova Junction Blues" und „Burning Desire" auftauchen. Nach den Proben wurden sechs Takes aufgenommen. Der sechste und letzte Take des Abends war komplett und auch mit Gesang versehen, wurde aber dennoch mit „nochmal" gekennzeichnet.

Nichts von dem, was an diesem Abend aufgenommen wurde, ähnelte einem fertigen Master. Hendrix' Spiel klang zweifelhaft, und die Session war völlig unproduktiv.

In dem Maße, in dem der Druck um ihn herum wuchs, schien Hendrix immer weniger Kraft zu haben, das Ruder wieder herumzureißen. Er war unfähig, den Sound und die Richtung zu realisieren, die er sich von der erweiterten Band erhofft hatte, und somit neigte sich das kurze Zwischenspiel mit Gypsy Sun & Rainbows dem Ende zu. Kurz nach dem Session-Desaster am 15. September warf Larry Lee das Handtuch und ging kleinlaut nach Memphis zurück. „Larry sagte nur: 'Ich glaube, ich stehe hier nur im Weg', faßte sich ein Herz und schied im Guten", erinnert sich Billy Cox. „Es war einfach zu viel Scheißdreck um ihn

Im August 1969 kehrt Jimi mit seiner neuen Band,
Gypsy Sun & Rainbows", ins Studio zurück.

(Jim Cummins/Star File)

herum, mit dem er nicht umgehen konnte. Er merkte einfach, daß er jetzt genug hatte."

☐ Dienstag, 23. September 1969

New York, Record Plant. 3 Uhr morgens. Toningenieur:
Jack Adams. Zweiter Toningenieur: Tom Flye.

Nachdem Larry Lee nach Memphis zurückgekehrt war, verließ als nächster Jerry Velez die Gruppe, um andere Jobs zu spielen. In ihrer Abwesenheit versuchte eine ausgedünnte Gypsy Sun &

Rainbows wenig ernsthaft, „Valleys of Neptune", „Message of Love" und „Jam Back at the House", die wohl vielversprechendsten neuen Hendrix-Kompositionen, fertigzustellen.

Die Session begann mit drei zerfaserten Takes von „Valleys of Neptune". Als nächstes kam „Drinking Wine" dran, eine spontane Blues-Nummer, die für das einzige Glanzlicht des Abends sorgte. Anschließend kehrte Hendrix sieben Instrumental-Takes lang zu „Valleys of Neptune" zurück, ein fertiges Master kam dabei aber nicht zustande. Einzelne Takes von „Message of Love" und „Jam Back at the House" waren gleichermaßen mutlos, was die Session definitiv beendete.

Der steigende Druck und Jimis Zustand, der sich immer mehr verschlechterte, hatten auch Folgen für Cox. Ende September stieg auch er aus, verließ das Penn Garden-Hotel und ging still und leise zurück nach Nashville. „Das ganze Problem fing an, als wir in das Haus in Woodstock kamen", gibt Cox zu. „Dort gab es Leute, die der Band einfach nicht den Erfolg gönnten. Eins folgte aufs andere. Es gab diese Schießerei vor der Eingangstür des Shokan-Hauses, Leute belagerten das Haus und mischten Drogen ins Essen – einfach eine Menge von unnötigen und versteckten Dingen, die ohne erkennbaren Grund geschahen. Ich hatte nicht die Zeit, herauszufinden, was hinter diesen Dingen steckte und warum sie das alles machten. Wenn du soweit bist, daß die Leute mit Gewehren vor deinem Haus herumballern, dann läuft doch etwas gewaltig schief. Ich wollte eigentlich nur diesen einen Woodstock-Gig spielen, meinem Freund helfen und dann meinen Arsch nach Nashville zurück retten. Darum ging es mir. Nach Woodstock hing ich noch, so lange ich konnte, herum, aber es war einfach viel zu viel Kacke, die um ihn herum ablief."

Hendrix' Nerven waren gleichermaßen verschlissen. „Jimi war am Ende", erinnert sich Cox. „Er sagte: 'Ich krieg' nichts mehr auf die Reihe, Mann. Ich muß mal abschalten'. Er sagte mir, daß er, wenn möglich, gerne mit (seiner Freundin) Colette (Mimram) nach Afrika abhauen wolle. Ich wünschte ihm Gottes Segen dafür und sagte ihm, ich sei stolz darauf, ihm geholfen zu haben. Das war's. Ich konnte

Jimis Manager Michael Jefferey.

(Jim Marshall)

mir nicht vorstellen, mit ihm jemals wieder etwas zu tun zu haben."

☐ Mittwoch, 24. September 1969
New York, Record Plant. Toningenieur: Jack Adams. Zweiter Toningenieur: Tom Flye.

Ohne einen Bassisten wurden 19 Takes von „Jimi's Tune", zu diesem Zeitpunkt ein rauher Vorläufer von „Power Soul", aufgenommen. Der letzte erhielt den Vermerk „aufheben". Neben einem ausgedehnten Jam mit Juma Sultan

entstanden auch sieben Takes von „I'm a Man", später bekannt als „Stepping Stone".

Take 17 von „Jimi's Tune" war ein früher Anwärter für das 1975er Album „Crash Landing". Er wurde dann jedoch von der etwas strukturierteren Version der Band of Gypsys vom 21. Januar 1970 abgelöst.

☐ Donnerstag, 25. September 1969
New York, Record Plant. Mitternacht. Toningenieur: Jack Adams. Zweiter Toningenieur: Dave Ragno.

Erschöpft und frustriert von dem mageren Fortschritt der erweiterten Band

kehrte Mitch Mitchell nach England zurück. Er hatte keine Ahnung, was Jimi in der nächsten Zeit vorhatte und ließ deshalb den Zeitpunkt seiner Rückkehr offen. Seine Abreise läutete die Totenglocke für Gypsy Sun & Rainbows, von der nun Juma Sultan als restliches Mitglied übriggeblieben war.

Buddy Miles saß bei dieser Session auf Mitchells Stuhl. Hendrix, Miles und Sultan versuchten sich an acht Takes von „Sky Blues Today". Miles hatte fast nicht geprobt und gab sein Bestes, den Song – unterstützt von Hendrix' Anweisungen – im Fluge zu lernen. Trotz Miles Begeisterung mußte Hendrix viel von der teuren Studiozeit dafür verschwenden, Buddy einzuweisen, anstatt sich auf sein eigenes Spiel zu konzentrieren. Der achte und letzte Take wurde aufgehoben und als die beste Arbeit des Abends markiert. „Room Full of Mirrors" wurde ebenfalls aufgenommen, aber auch dieser Take klang ungeprobt.

Erschöpft und tief niedergeschlagen ließ Jimi alles fallen und versank in seiner Wohnung in einem Sumpf von Ängsten und Selbstzweifeln. Wie schon einmal bat er Billy Cox, zu ihm zurückzukehren und ihm dabei zu helfen, seine Mitte wiederzufinden. „Als ich mich dann breitschlagen ließ, zurückzukommen, setzten wir uns in Jimis Wohnung zusammen, und er erklärte mir, was Sache ist", erinnert sich Cox. „Ich dachte daran, daß wir ihnen (PPX und Capitol) einfach irgend etwas geben müssen. In den nächsten Tagen kam er mit der Idee an, etwas jenseits der Experience zu versuchen. Ich fragte ihn, ob er mit Mitch darüber geredet habe, aber er murmelte nur unverständlich vor sich hin und verfolgte die Idee zunächst nicht weiter. Buddy Miles rief mich an, und ich erklärte ihm die Situation. Er sagte 'Gut, ich werde Hilfe holen. Laß' ihn rausgehen und jammen'."

„Der Herbst 1969 war eine schlimme Zeit für Jimi Hendrix", entsinnt sich Buddy Miles. „Er brachte nichts zustande. Wir jammten die ganze Zeit, aber ich wurde für keine dieser Sessions bezahlt. Ich bin nicht besonders diplomatisch, also sagte ich gerade heraus: 'Ich habe eine Idee. Laß' uns eine Band zusammenstellen'. Wir redeten viel über die Sache, ob wir Steve Winwood , den wir beide haben wollten, in die Band nehmen sollten, aber am Ende lief es doch wieder auf uns drei hinaus."

„Wir haben die Band of Gypsys zusammengestellt", sagt der ehemalige Douglas Records-Manager Stefan Bright. „Zum ersten Mal sollte Jimi also mit Buddy offiziell zusammenspielen. Die alte Gruppe hatte sich aufgelöst, und Buddy war dabei, weil er Jimi mehr Feuer unter dem Hintern machen konnte."

„Zunächst sollte Billie Rich den Baß spielen", erklärt Bright. „Rich hatte auf unserem John McLaughlin-Album gespielt, das wir gemacht hatten. Wir versuchten, Billy dazu zu bringen, mit Buddy zu spielen, aber schließlich kam Jimi mit Billy Cox an, und das wurde die Gruppe."

Miles, Rich, Douglas und Stefan Bright hatten schon einmal zusammengearbeitet, als Miles und Billy Rich gemeinsam mit dem Organisten Larry Young als Begleitgruppe für John McLaughlins Douglas Records-Debüt spielten. Die meisten wollten Rich in der neuen Band haben, aber Hendrix entschied sich für Cox, weil er dessen Zuverlässigkeit und echte Freundschaft über alles andere stellte.

„Ich bedaure wirklich, nicht bei der Band of Gypsys und dem Live-Album mitgespielt zu haben", gesteht Billy Rich. „Ich war nach Denver gezogen und arbeitete gerade für Columbia Records an einem Projekt in San Francisco, als mich Alan Douglas anrief und mir anbot, dieses Album mit Jimi Hendrix zu machen. Aber ich kam zu dieser Zeit nicht so schnell weg, um es zu machen."

❏ Oktober 1969
New York, Juggy Sound Studios. Toningenieur: Steve Katz. Zweiter Toningenieur: Richie Cicero.

Alan Douglas und Stefan Bright organisierten eine Session im Juggy Sound für die Gruppe, aber Cox und Bright prallten fast sofort aufeinander. Die Wurzeln ihrer negativen Gefühle lagen darin, daß Bright den Bassisten Billy Rich Cox vorgezogen hatte. Cox, sagt Bright, sei weder seine noch Alan Douglas erste Wahl für die Besetzung der Bassistenrolle in der neuen Band gewesen. Das führte zu einer erheblichen Spannung zwischen den beiden Männern, die sich bei einem Zwischenfall im Kontrollraum entlud, der beinahe in einer Schlägerei geendet hätte. „Wir haben bei diesen Sessions im Juggy ein bißchen herumgeblödelt", erinnert sich Cox. „Es war ein lausiger Ort mit einer Menge schlechten Schwingungen überall. Unsere Musik hatte eine spirituelle Seite, und die Atmosphäre im Juggy lähmte Jimi. Er spürte das, und es gab nichts, was wir dort jemals ausarbeiteten. Ich hatte Streit mit Alans Partner, Stefan Bright. Unter solchen Umständen konntest du keine Musik erschaffen. Diese Typen lenkten meine Konzentration von der

Musik ab, und ich bekam nichts auf die Reihe. Die Leute hatten vergessen, wozu ein Aufnahmestudio eigentlich da ist. Ein Studio ist für kreative Abenteuer da und nicht für ein nettes Zusammensein. Wir waren nicht die Sorte Musiker, die ihre Musik auf einem Notenständer vor sich stehen haben. Wir benutzten unsere Ohren, Gefühle und Geist. Wenn es dabei negative Schwingungen gibt, stoppt das sofort das Aufkeimen jeder kreativen Idee. Es gab Momente, da mußte mir Jimi nur einen kurzen Blick zuwerfen, und ich wußte sofort, was ich zu tun hatte. Ich weiß nicht, ob das was mit Telepathie zu tun hat, aber seine Meldungen kamen ohne Worte rüber, und du mußt dich auf ihn und auf das, was du spielst, konzentrieren – und nicht auf das, was gerade im Kontrollraum abgeht."

Ein weiterer Streitpunkt entstand dadurch, daß Cox den Produktions-Fähigkeiten von Bright und Douglas nur wenig Vertrauen schenkte. Die beiden, so folgerte er, waren bei den Aufnahmen von Jimis Musik völlig überflüssig. Die Folge war, daß sich das Verhältnis von Cox und Bright , wie auch immer es zuvor gewesen war, zunehmend verschlechterte. „Bright und Douglas wußten, daß ich sie für überflüssig hielt", erinnert sich Cox. „Ich war nicht auf ihrer Seite, weil sie meiner Meinung nach nicht auf Jimis Level waren. Sie wurden für die Produktion der Musik nicht gebraucht. Jimi war selber in der Lage, es zu tun. Diese Songs waren seine Schöpfungen, und er war dazu bestimmt, seinen eigenen Kram zu produzieren. Er brauchte keine außenstehende Person, um Musik für ihn zu produzieren. Genau deshalb sagte Bright zu Jimi und Buddy, daß sie mich nicht bräuchten. Aber Jimi hatte entschieden, mich mit ihm spielen zu lassen. Unabhängig davon, was auch immer Alan oder Stefan wollten, spielte ich sowieso bei den meisten dieser Sessions.

❏ Freitag, 7. November 1969
New York, Record Plant. Toningenieur: Jack Adams. Zweiter Toningenieur: Dave Ragno.

Obwohl Alan Douglas Stimme nicht über das Talkback-Mikrophon gehört werden kann, ist er doch allgegenwär-

Tief im Blues versunken spielt Jimi auf dem San Jose Pop-Festival, einem der letzten Auftritte mit der Original Jimi Hendrix Experience.

(Nancy Carter/Flower Children Ltd.)

tig, weil der Name seiner Plattenfirma „Douglas Records" auf die Tonbandhüllen gedruckt ist, die sein „Kunde" an diesem Abend bespielte. Billy Cox nahm an der Session nicht teil.

Ohne einen Bassisten durchliefen Hendrix und Buddy Miles eine Reihe von energischen Takes von „Izabella" und „Room Full of Mirrors". Die hier aufgenommenen Versuche dienten weniger zur Perfektionierung strukturierter Takes, denn zur Entwicklung beider Songs und zur Verbesserung des polyrhythmischen Zusammenspieles von Hendrix und Miles.

Kurz nach Beginn von Spule 2 verlangsamten technische Probleme die Arbeit des Paares. Vor allem Hendrix regte sich über die Lautstärke und miserable Qualität seines Kopfhörer-Signals auf. Adam und Ragno versuchten fieberhaft, die Situation zu bereinigen, aber als die Aufnahmen wiederaufgenommen wurden, versagte Jimis Verstärker, und der Gitarren-Sound brach immer wieder ab. Das wiederum sorgte für eine weitere Aufregung im Kontrollraum. Um die Situation zu retten, wurde der Toningenieur Tony Bongiovi herbeigeholt. Obwohl er auf den Tonbandhüllen nicht erwähnt ist, kann man seine Stimme dennoch ab diesem Zeitpunkt klar heraushören. Die Aufnahmen begannen wieder, und eine Reihe von ungeschliffenen Versuchen von „Room Full of Mirrors" folgten. Hendrix und Miles spielten inspiriert, Hendrix sang live dazu. Jimi wechselte zwischendrin in eine spontane Version des Blues-Originals „Shame, Shame, Shame", dessen Songtext die kaum vorhandene Beziehung mit seinem Stiefbruder, Leon Hendrix, thematisiert. Ein weiterer Take brachte eine rauhe Version von „Ezy Ryder" hervor, anschließend kehrte Hendrix mit einem Tusch zu „Room Full of Mirrors" zurück.

Bei dieser Session wurden keine Masters erreicht, die Tonband-Hülle wurde mit „Outtakes" gekennzeichnet.

Die aktive Teilnahme von Douglas und Bright überraschte den Rest der Toningenieurs-Mannschaft im Record Plant. „Douglas und Bright kamen einfach herein und rissen das Ruder an sich," erklärt Tom Erdelyi, der als zweiter Toningenieur bei einigen der Sessions arbeitete. „Sie spielten die großen Zampanos. Ich war überrascht, weil ich

ein Fan der Jimi Hendrix Experience war, und niemand schien zu verstehen, worauf Jimi hinaus wollte. Jimi war ein ziemlicher Perfektionist. Es schien, als ob er einfach Zeit brauchte, weil keine Tracks vollendet wurden. Wir dachten, daß Douglas viel Geduld hatte."

Die genauen Rollen von Bright und Douglas bei den verhältnismäßig wenigen Mehrspur-Tonbändern, die unter ihrer Aufsicht aufgenommen wurden, waren unklar. Von den beiden hatte, wenn auch nur geringfügig, Douglas mehr zu sagen. „Ich weiß nicht, ob sie genaue Titel hatten oder nicht, aber Stefan Bright war wohl der Produzent und Alan Douglas der leitende Produzent", erinnert sich Erdely. Es passierte, daß nur Stefan Bright da war, aber Jimi spielte einfach, was er wollte, und diese Typen gaben ihre Kommentare im Kontrollraum ab."

☐ „Fire" / „The Burning of the Midnight Lamp"
Track Records 604 033. UK-Single-Veröffentlichung. Freitag, 14. November 1969.

Ohne ein neues Produkt in der Hinterhand versuchte Track mit „Fire", einem Höhepunkt von „Are You Experienced?", den Single-Markt zu stürmen. Das Interesse an der Platte war jedoch minimal, und sie verfehlte die UK-Charts völlig.

☐ Montag, 17. November 1969
New York, Record Plant. Toningenieur: Tony Bongiovi. Zweiter Toningenieur: Tom Erdelyi.

Gemeinsam mit Billy Cox werden „Room Full of Mirrors", „Ezy Ryder" und „Stepping Stone" aufgenommen. „Jimi war ganz klar mit einem Plan in das Studio gekommen", sagt Bright. „Weil 'Izabella' und 'Room Full of Mirrors' als Songs strukturiert waren, die sehr wenig Zeit zur Aufnahme benötigen. An 'Machine Gun' hatte er schon seit geraumer Zeit gearbeitet. Er jammte auf Songs wie 'Dolly Dagger', aber die Basic-Tracks für 'Izabella', 'Stepping Stone', 'Message to Love' und 'Room Full of Mirrors' waren bereits arrangiert und konnten rasch aufgenommen werden."

Der Mittelpunkt des Abends war

„Room Full of Mirrors". „Jimi war ein Perfektionist", erinnert sich Tom Erdelyi. „Er nahm etliche verschiedene Gitarrensoli auf, jedes so gut wie das andere, aber er war mit keinem zufrieden. Ich hatte den Eindruck, daß Jimi nach einem Sound suchte, den er im Kopf hat, und daß er alles Mögliche versuchte, ihn hinzubekommen. Dafür tat er so schräge Sachen wie das Aufeinanderstapeln einer ganzen Wand von Marshall-Stacks, die er voll aufriß, um dieses lange Sustain zu bekommen. Für 'Room Full of Mirrors' versuchte er, einen besonderen Slide-Sound zu bekommen. Er probierte alle Arten von Slides – Glas-Slides-, Metall-Slides-, Steel Pedal-Slides – aber keins davon klang so wie das, was er in seinem Kopf hörte." Alan Douglas berichtet, daß das Problem gelöst wurde, indem sich Hendrix bei seiner Suche nach dem geeigneten Werkzeug den Ring von seinem Finger streifte und den gewünschten Effekt schuf, indem der dessen Stein als Slide benutzte.

Als Hendrix seinen Leadgesang für „Room Full of Mirrors" aufnahm, passierte folgender Vorfall: „Jimi haßte seine Stimme", sagt Bright. „Ich schätze, die anderen Leuten, die mit ihm gearbeitet hatten, wußten das, aber wir hatten keine Ahnung. Als es Zeit wurde, seinen Gesang aufzunehmen, wies er den Toningenieur und dessen Assistenten an, mobile Trennwände um ihn herum aufzubauen und sämtliche Lichter im Aufnahmeraum auszuschalten. Ich sagte: 'Was für einen Scheiß denkst du denn von deiner Stimme? Deine Stimme ist einzigartig, sie ist ein Teil deines gesamten Sounds'. Er sagte: 'Du kannst reden, was du willst. Ich will das so, und so wird das gemacht'."

Zusätzlich zu den Aufnahmen eines Leadgesanges für den Track, rekrutierte Hendrix Albert und Arthur Allen, seine langjährigen Freunde aus Harlem, für den Chorgesang. Das Paar, in der Branche als die „Ghetto Fighters" bekannt, wurde von Hendrix ins Studio geführt, wo er ihnen ihre Parts erklärte. Nachdem sie das fertig hatten, besuchte er mit den Zwillingsbrüdern das Studio B, in dem Mountain an ihrem Album arbeiteten. „Leslie West nahm gerade 'Mississippi Queen' im Studio B auf, und Hendrix fand das Riff so geil, daß er ihn zu einem Jam einlud", erinnert sich Arthur Allen.

West war von dem Zufalls-Treffen begeistert: „Ich sah Jimi zum ersten Mal in Woodstock", erinnert sich West. „Ich verpaßte es, ihn dort zu treffen. Aber als wir ‚Mountain Climbing' im Record Plant aufnahmen, hörte er das Riff von ‚Mississippi Queen' und ging einfach in den Kontrollraum. Er setzte sich zwischen [den Mountain-Bassisten und Produzenten] Felix Pappalardi und mich, und wir spielten ihm die Abmischung von ‚Never in My Life' vor. Er war der erste Typ außerhalb der Band, der es hören durfte. Als er mein Lick hörte, drehte er sich zu mir um und sah mich an. Irgendwie klang das Riff wie ein Bläser-Satz, und das scheint etwas in ihm ausgelöst zu haben. Als ich sah, wie er reagierte, dachte ich: ‚Wow! Er scheint zu glauben, daß etwas in mir steckt!' Er kam dann tatsächlich auch zu unserem Konzert im Fillmore East. Er saß auf einem dieser Kinostühle direkt neben der Mutter von (Mountain-Drummer) Corky Laing. Sie wußte nicht, wer zum Teufel er war, aber wie wir ihn unser Konzert beobachten sahen – das war schon eine tolle Sache."

◻ Donnerstag, 20. November 1969
New York, Record Plant. 17 Uhr Toningenieur: Bob Hughes. Zweiter Toningenieur: Dave Ragno.

Sechs solide, aber wenig spektakuläre Takes von Buddy Miles Song „Them Changes". Take 5 und 6 waren komplett, obwohl sie nicht für ein Master in Frage kamen. Zwölf vorläufige Instrumental-Tracks von „Burning Desire" folgten, aber sie trugen kaum eine Spur von Begeisterung. Keiner war komplett, und nur wenige waren überhaupt passabel gespielt. Hendrix schien mit seinem Gitarren-Ton unzufrieden, und er veränderte ihn zwischen den Takes ohne erkennbaren Erfolg.

Spule 2 begann mit zwei lustlosen Versuchen von „Lover Man" (hier als „Here Comes Your Lover Man" notiert). Drei lustlose Takes von „Hear My Train A Comin" folgten mit einem bescheidenen Live-Gesang von Jimi. „Das war ein Song, den Jimi mit der Original Experience gemacht hatte", erinnert sich Cox. „Es war ein einfacher Blues-Song in B-Dur, aber für ihn war es dennoch einfach zu spielen, weil es Jimis Art von Blues war. Der Songtext handelte davon, zurückzu-

kommen, die ganze Stadt zu kaufen und alles in seinen Schuh zu stopfen. Es war wohl seine Art, dem Establishment zu entgegnen. Das war Jimis Art, den Blues zu singen – die Leute können ihn nicht mehr verstoßen, weil er reich werden würde und ihnen die Stadt unter ihren Füßen wegkaufen würde."

Eine Rückkehr zu „Burning Desire" endete in ähnlichem Desinteresse wie auch die kurze Fortsetzung von „Them Changes". An diesem Punkt brach die Session auseinander, denn die Gruppe klang so, als habe sie jedes Interesse verloren. Es ist nicht bekannt, was genau Hendrix Stimmung versaut hat. Sehr wohl bekannt ist aber, daß diese Session zu dem Unproduktivsten gehört, was Hendrix jemals in einem Studio hervorbrachte.

◻ Freitag, 21. November 1969
New York, Record Plant. Toningenieur: Tony Bongiovi. Zweiter Toningenieur: Tom Erdelyi.

Nachdem Hendrix am vorangegangenen Abend den absoluten Tiefpunkt erreicht hatte, versuchten Bright und Douglas, seine durchhängende Kreativität in eine neue Richtung zu lenken: „Wir holten extra den Toningenieur Tony Bongiovi, um ‚Izabella' zu fahren", erklärt Bright. „Jimi sagte über Tony Sachen wie ‚Was zum Teufel macht dieses Kind im Studio', weil Tony zu dieser Zeit wirklich noch recht jung aussah. Tony gab Jimis Sound einen Groove, den wir bislang noch nicht gehört hatten. Bei ‚Izabella' klangen Baß und Schlagzeug richtig funky. Tony hatte bei Motown gearbeitet, und er brachte diese Elemente in seinen Sound ein."

Wie gewünscht, wurde „Izabella" von Grund auf neu aufgebaut. Es begann mit einem ziemlich lockeren Take. Die nachfolgenden Takes wurden dann immer klarer. Man kann hören, wie Alan Douglas über das Talkback die Session gemeinsam mit Bright und Bongiovi dirigiert. Von den 19 Versuchen auf dieser Spule waren die Takes 1, 2, 4, 10, 12, 16 und 19 komplett bis zum Ende des Songs gespielt.

Nach einem Tonband-Wechsel wurde ein letzter Versuch von „Izabella" aufgenommen, und dieser Take, der zwanzigste des Abends, lieferte den Basic-Track. Sogar in seiner rohen, unfer-

tigen Form klang dieses Arbeits-Master der fertigen Abmischung sehr ähnlich, die kurz darauf im Februar 1970 als eine Band of Gypsys-Single veröffentlicht wurde.

Mit „Burning Desire" ging es dann weiter. Die Arbeit war jedoch nicht erfolgreich. Wie bei „Izabella" verbesserte sich „Burning Desire" während der 24 aufgenommenen Takes allmählich, aber keiner davon fing die Intensität ein, die Hendrix haben wollte. Buddy Miles hatte einige Probleme damit, daß die Rhythmus-Struktur des Songs nicht klar definiert war, und er stolperte deshalb über diverse Tempo-Wechsel. Es wurde auch eine Version von „Machine Gun" versucht, die aber auch nicht besser war als das primitive Demo, das Hendrix im August im Hit Factory aufgenommen hatte. Vier Takes wurden aufgenommen, aber nur der letzte wurde bis zum Ende gespielt. Nichts von diesem unfertigen Demo streifte auch nur Hendrix' Vorstellung von einem kraftvollen Song.

Nachdem man mit „Machine Gun" keine Fortschritte machte, wechselte Hendrix zu „Power of Soul", das hier noch „Paper Airplanes" hieß. 24 Takes ohne Jimis Gesang wurden versucht, aber zu diesem Zeitpunkt war die Gruppe noch mit dem Feinschliff des Song-Arrangements beschäftigt. Unabhängig vom Haupt-Riff experimentierte Hendrix mit seinen Rhythmus- und Solo-Parts. Von den vielen aufgenommenen Takes kann nur der zweite als einigermaßen vollständig durchgehen. Nach dieser Version folgten nur noch immer wiederkehrende Versuche von Hendrix, Cox und Miles, jeweils den Part des anderen zu begreifen.

◻ Freitag, 28. November 1969
Eine Viertel-Zoll, zwei-Spur-Aufnahme wurde an diesem Tag gemacht, aber es ist nicht bekannt, wo diese Aufnahmen stattfand. Die einzige Aufschrift der Tonband-Hülle lautet „Buddy Miles/Billy Cox". Vielleicht waren es Aufnahmen aus Baggys Probe-Studios oder einfach nur ein Rohmix von Aufnahmen, die sie an diesem Tag im Record Plant gemacht hatten.

Diese November-Sessions waren auch das Ende von Douglas' beschränkter Produzentenarbeit für Hendrix. In einem Brief vom 4. Dezember 1969 verabschiedete sich Douglas von

te Verwendung für diese Bänder. Sogar als er 1974 das umstrittene Album „Crash Landing" zusammenbastelte, griff er lieber auf andere unvollendete Hendrix-Bänder zurück und ließ Session-Musiker die Original-Aufnahmen überspielen.

❏ Montag, 15. Dezember 1969

New York, Record Plant. 3 Uhr morgens. Toningenieur: Bob Cotto. Zweiter Toningenieur: R. Beekman.

Eine optimistische Session, die einige Überraschungen hervorbrachte. Erwähnenswert ist vor allem die ausgedehnte Version von Albert Kings „Born Under a Bad Sign", die 1994 auf der Kompilation „Jimi Hendrix: Blues" veröffentlicht wurde. Nach „Born Under A Bad Sign" entwickelte sich die Session zu einer Probe. Ein lebhaftes „Lover Man" ohne Gesang von Jimi folgte. Jimi war sichtlich zufrieden damit, wie die Gruppe den Song spielte und schlug vor, „Izabella" zu versuchen. Es folgte eine beschleunigte Version mit gelegentlichem Gesang von Jimi. Hendrix wechselte dann zu „Earth Blues" und versuchte, diesen einzelnen Take in ähnlicher Weise zu spielen. Zwei vielversprechende Versuche von „Message to Love" knüpften daran an, erneut mit nur kurzen Gesangseinlagen von Jimi. Diese zwei Versionen zeigten ein anderes Arrangement als die auf „Band of Gypsys" oder „Crash Landing" veröffentlichten. Buddy rückte sein „Them Changes" in den Mittelpunkt, angefeuert von einigen starken Rhythmus-Einlagen und Jimis Lead-Gitarre. Die Gruppe schaffte es, einen einzigen guten Take abzuliefern, bevor man den Track zu den Akten legte.

Die Band war gut eingespielt und versuchte sich an sieben Takes von „Lover Man". Überraschenderweise brachten diese Versionen aber nichts ein. Das stattdessen angepackte „Burning Desire" scheiterte an den gleichen Problemen wie zuvor schon „Lover Man".

❏ Donnerstag, 18. Dezember 1969

New York, Record Plant. Toningenieur: Jack Adams. Zweiter Toningenieur: Tom Erdelyi.

Die Gruppe erzielte wichtige Fortschritte bei „Message to Love", „Ezy Ryder" und „Bleeding Heart". „Ezy Ryder", zu dieser Zeit noch als „Eazy Rider" bekannt, läutete die Session auf

1969 im Record Plant.

(Warner Bros.)

Jimi und schob dies auf seinen vollgestopften Terminplan, den beständigen Druck von Michael Jeffery und Hendrix' Desinteresse. Obwohl Douglas in den vergangenen zwei Jahrzehnten immer wieder das Gegenteil behauptete, brachten die von ihm beaufsichtigten

Sessions noch nicht einmal ein einziges fertiggestelltes Master ein. Mit Ausnahme der Basic Tracks von „Room Full of Mirrors", die er im August 1970 in den Electric Lady Studios überarbeitete, kam für Hendrix keines der bei den November-Sessions entstandene Tonband für eine Verwendung auf der längst überfälligen vierten Studio-LP in Frage. Noch nicht einmal Douglas hat-

Im Herbst 1969 ist auf dieser Baustelle nur kaum zu erkennen, daß hier der Kontrollraum des Electric Lady Studio A entsteht.

(Eddie Kramer)

Plant an", erklärt Cox, "aber es wurde erst im folgenden Sommer im Electric Lady beendet. Jimi war mit dem Haupt-Riff angekommen, aber für mich war es nur ein 'da da da dum, da da did da da', und ich hatte keine Ahnung, was ich damit anfangen sollte. Jimi baute darauf auf und entwickelte es aus einer einfachen Reihe von Mustern zu einem lebenden, atmenden Song."

Die Gruppe stellte dann "Message to Love" in den Mittelpunkt. Die ersten Takes zeigen die Probleme der Gruppe, das passende Tempo zu finden. "Wir spielten mit dem Tempo des Song herum", gibt Cox zu. "Buddy wollte es verlangsamen, aber Jimi wollte es schneller haben. Jimi sagte dann immer: 'Wenn du dir bei deinen schnellen Songs keine zappelnden Kinder vorstellen kannst, dann taugen sie auch nichts'." 18 Takes wurden aufgenommen, der letzte wurde das Master.

Drei Takes von "Bleeding Heart" schlossen sich an. Der letzte war zwar komplett, wurde aber nicht als Master angesehen. Anschließend wurden Rough-Mixes waren von "Ezy Ryder" (gekennzeichnet hier noch als "Eazy Rider") und "Message to Love" vorbereitet.

☐ Freitag, 19. Dezember 1969
New York, Record Plant. 3 Uhr morgens. Toningenieur: Bob Cotto. Zweiter Toningenieur: R. Beekman.

Mit dem Schwung des vorigen Abends im Rücken vervollständigte die Band of Gypsys die Basic-Tracks für "Message to Love" und "Earth Blues". Ein einzelner Take reichte bei "Message to Love" zum Arbeitsmaster, "Earth Blues" erforderte dagegen 16 Takes. Schließlich wählte Jimi Take 11 als Basic-Track aus. Sein Songtext von "Earth Blues" unterschied sich zu diesem Zeitpunkt von späteren Versionen, das Arrangement blieb allerdings gleich. Hendrix steuerte zu diesen Aufnahmen auch Leadgesang und Lead-Gitarre bei, beide wurden jedoch später durch neue Overdubs ersetzt. Man nahm in dieser Nacht auch den Chorgesang von Buddy Miles und den Ronettes auf.

☐ Dienstag, 23. Dezember 1969
New York, Record Plant. Toningenieur: Bob Cotto. Zweiter Toningenieur: Tom Erdelyi.

Technische Probleme beendeten leider diese lebhafte Band of Gypsys-Session.

einem hohen Level ein und brachte den Basic Track hervor, der im kommenden Sommer in den Electric Lady Studios erweitert und vollendet wurde. "Wir fingen mit 'Ezy Ryder' hier im Record

Jimi und seine Band of Gypsys im Fillmore East am 13. Dezember 1969.

(Joe Sia)

Jimi besaitet seine Stratocaster.

(Chuck Boyd/Flower Children Ltd.)

An diesem Abend wurde zum ersten Mal „Honey Bed", eine lebhafte Mischung aus „Bleeding Heart" und „Come Down Hard on Me", angespielt. Jimi war in bester Laune (er nannte es „Pigmeat Markham-Stimmung") und nannte den Track „Honey Bed, Sweet-

nin's, and a Yam!" – woraufhin der komplette Kontrollraum in Gelächter ausbrach. Drei funky, wenngleich unvollständige, Takes wurden aufgenommen, bei denen Jimi den Songtext abwechselnd singt und summt.

Von den Zeilen, die Jimi sang, wurden Phrasen wie „Do I live or do I die?" und „You got me sitting up on your shelf" später bei anderen Hendrix-Kompositionen eingesetzt. Nachdem sie Take 3 fertig hatten, führte

Hendrix Cox und Miles durch eine primitive Instrumental-Version von „Night Bird Flying". Kurz nach der Zwei-Minuten-Anzeige ließ ein fürchterliches Störgeräusch Jimi aufschreien: „Hey Jungs, was ist das für ein Lärm?" Das Quietschen wurde rasch lauter, die Aufnahme wurde gestoppt und die Session war zu Ende. Weitere Aufnahmen wurden erst gar nicht versucht.

1 9 7 0

❑ Mittwoch, 7. Januar 1970
New York, Record Plant. Toningenieur: Bob Hughes.
Zweiter Toningenieur: Tom Erdelyi.

Drei vollständige Takes von „I'm a Man" und ein einzelner, vollständiger Take von „Cherokee Mist" wurden aufgenommen. Take 3 von „I'm a Man" lieferte den Basic-Track, auf dem am 20. Januar 1970 letzte Overdubs aufgenommen wurden. Dieses neue Master wurde zusammengemischt und mit „Izabella" auf der Rückseite als Reprise-Single im April 1970 veröffentlicht.

❑ Freitag, 16. Januar 1970
New York, Record Plant. Toningenieur: Bob Hughes.
Zweiter Toningenieur: Dave Ragno.

Jimi präsentierte noch einen vielversprechenden neuen Song – eine rauhe Skizze der mittelschnellen Ballade „Send My Love to Linda". Cox und Miles, die von Jimis Gitarre und Live-Gesang geleitet wurden, gaben das Tempo vor. Obwohl Jimi nur Fragmente des Songs entwickelt hatte, mauserte sich einer der Takes zu einer lebhaften, ausgedehnten Jam-Session.

Zwölf Takes von „Paper Airplanes", besser bekannt als „Power of Soul", wurden ebenfalls aufgenommen. Take 6, der nach fünf unvollständigen Takes zustande kam, war in Ordnung, aber er ähnelte immer noch etwas einem Jam. Auch Take 11 und 12 waren komplett, aber wieder einmal brachte Hendrix keinen annehmbaren Basic-Track zustande. Die Gruppe versuchte sich dann an „Burning Desire", aber die fünf Takes lieferten keinen Basic-Track.

❑ Montag, 19. Januar 1970
New York, Record Plant. Toningenieur: Bob Hughes.
Zweiter Toningenieur: Dave Ragno.

Es folgte weitere Arbeit an „Burning Desire", aber Hendrix war noch nicht in der Lage, einen Basic-Track zu erarbeiten. Man versuchte auch zusätzliches Overdubbing und einige Experimente mit rückwärts gespielten Gitarren-Tracks.

❑ Dienstag, 20. Januar 1970
New York, Record Plant. Toningenieur: Bob Hughes.
Zweiter Toningenieur: Dave Ragno.

Eine spannende Session mit einem gutgelaunten Hendrix. Die Overdub-Arbeit für „Message to Love" war am 19. Dezember 1969 vollendet worden, Jimi fügte diesem Master nun einen neuen Leadgitarren-Teil hinzu.

Take 11 von „Earth Blues" (aus der gleichen Session vom 19. Dezember 1969, in der auch „Message to Love" entstand) erhielt eine Serie neuer Overdubs, Hendrix fügte neue Gitarren- und Leadgesangs-Teile hinzu. Diese wurden aber in den Electric Lady Studios am 26. Juni 1970 wieder ersetzt.

Der am 7. Januar aufgenommene Take 3 von „I'm a Man" wurde in „Sky Blues Today" umbenannt und bekam Gitarren-Overdubs von Jimi. Dasselbe geschah mit dem am 18. Dezember 1969 aufgenommenen, vielversprechenden, aber noch immer unvollendeten Band of Gypsys-Rocker „Ezy Ryder".

Jimis Freispruch von der Drogenanklage und sein letzter Fortschritt mit der Band of Gypsys hatten seine Stimmung erheblich aufgeheitert. „Du konntest richtig sehen, daß Jimi die Kurve gekriegt hatte", sagte Toningenieur Dave Ragno. „Jimi verkleinerte die Gruppe der Party-Abhänger im Studio und versuchte, sich auf seine Arbeit zu konzentrieren. Er kam in vielen Nächten ganz alleine rein und wollte einfach Gitarren-Overdubs aufnehmen oder mit einigen Abmisch-Ideen herumexperimentieren. Er wurde kreativer, weil er nicht mehr all diese Leute um sich herum hatte. Auch sein Drogenkonsum, sofern wir es mitbekamen, hatte sich reduziert. Es war eine gesündere Situation. So konnte ich eine andere Seite von ihm sehen – im Gegensatz zu der nach der Trennung der Experience im Frühjahr. Er war ein empfindsamer, höflicher Mensch, der kreativ war und ein offenes Lachen auf den Lippen trug. Wir gingen oft mit Jack Adams aufs Dach des Record Plant und ließen Papierflugzeuge fliegen. Wir warfen sie um die Wette – wer sie am weitesten über der Straße werfen konnte, hatte gewonnen. Chris Stone hat sich bestimmt gewundert, wo all das Briefpapier geblieben ist!"

Für alle an diesem Abend vollendeten Songs wurden Rohmixe vorbereitet. „Earth Blues", „Sky Blues Today", und „Ezy Ryder" (zu dieser Zeit noch „Eazy Rider" genannt) wurden jeweils in den Electric Lady Studios im Sommer 1970 wieder von Grund auf neu arrangiert. „Message to Love" jedoch nicht. Obwohl Hendrix nach allen Regeln der Kunst „Message to Love" fertiggestellt hatte, veröffentlichte er dennoch zunächst eine großartige Live-Version des Songs als Teil des „Band of Gypsys"-Albums. Nachdem er den Song für das Album vorgesehen hatte, wurde diese Studio-Aufnahme nie wieder für

„First Rays of the New Rising Sun", seinem geplanten Doppel-Album, in Betracht gezogen.

Als Alan Douglas und Toningenieur Les Kahn 1974 das gesamte Bandarchiv durchforsteten, war diese Studio-Version eine von Douglas' besten Funden, da die Aufnahme ja im Wesentlichen fertiggestellt war. Abgesehen von nebensächlichen Percussions, die 1974 von Jimmy Maeulen hinzugefügt wurden, waren keine zusätzlichen Overdubs erforderlich, um den Track zu vollenden. Er wurde schließlich remixt und dem „Crash Landing"-Album hinzugefügt.

☐ Mittwoch, 21. Januar 1970
New York, Record Plant. Toningenieur: Bob Hughes.
Zweiter Toningenieur: Dave Ragno.

14 Takes von „Power of Soul", in diesem Stadium noch als „Crash Landing" bekannt, wurden aufgenommen. Von den 14 aufgenommenen Takes waren die Nummern 2, 4, und 6 komplett, aber ein Master-Take war nicht dabei.

Hendrix zog dann die interessanteste Überraschung des Abends aus dem Hut: sechs fesselnde Versuche von „Astro Man". Obwohl Jimi diesem Song mit Cox oder Miles niemals zuvor in Angriff genommen hatte, waren diese Versionen dem vollständigen Master überraschend ähnlich, das später in den Electric Lady Studios aufgenommen und im Rahmen von „Cry of Love" veröffentlicht wurde. Obwohl nur Take 5 und 6 vollständig waren, wurde durchaus kraftvoll und inspiriert gespielt. Zwischen den Takes wies Hendrix Billy Cox an, einen spanischer klingenden Takt in den Rhythmus des Songs einzubauen. Obwohl Toningenieur Tony Bongiovi auf der Tonband-Hülle nicht als Mitarbeiter der Session aufgeführt wurde, kann man ihn hören, wie er einige Takes einzählt und gelegentliche Anweisungen erteilt. Ein vollständiges Take 5 gab Anlaß zur Hoffnung, obwohl kein Leadgesang aufgenommen wurde. Der sechste und letzte Take fing stark an, fiel aber bald auseinander, und der Song wurde aufgegeben. Die letzte Arbeit des Abends war ein einzelner ereignisloser Take von „Valleys of Neptune". Dieser Version fehlten, obwohl sie vollständig war, sogar die Guide-Vocals von Jimi. Zum

Schluß bemerkte Jimi: „Wir packen es erst mal weg" – was das Ende der Session signalisierte.

Der vollständige Take 4 von „Paper Airplanes" wurde später von Alan Douglas herausgezogen und 1974 auf „Crash Landing" veröffentlicht. Diese Aufnahme, für das Album in „With the Power" umbenannt, war (wie die „Message to Love"-Version vom 20. Januar 1970) weitgehend von Hendrix selbst vollendet worden. Douglas fügte später Percussions von Jimmy Maeulen hinzu und remixte den Track.

☐ Donnerstag, 22. Januar 1970
New York, Record Plant. Toningenieur: Bob Hughes.

Rohmixe von „Izabella" und „Sky Blues Today" wurden vorbereitet, endeten jedoch erfolglos und wurden später ersetzt. Hendrix suchte offensichtlich nach einem speziellen Sound und unternahm etliche Versuche, eine letztgültige Abmischung für beide Songs hinzukriegen. Er setzte die Arbeit an dem gewünschten Sound im Februar fort.

☐ Freitag, 23. Januar 1970
New York, Record Plant. Toningenieur: Bob Hughes.
Zweiter Toningenieur: Dave Ragno.

Ein wilder Abend mit einem inspiriert jammenden Jimi. Einer der vielen Glanzlichter des Abends war der bemerkenswerte „Villanova Junction Blues", der mehr als 15 Minuten dauerte.

Ein weiterer ausgedehnter Jam, bekannt als „MLK", begann auf Spule eins und setzte sich auf Spule zwei fort. Es folgte ein loser, improvisierter Jam, der den Titel „Slow Time Blues" trug, sowie ein Versuch von „Burning Desire". Diese Version des Songs knüpfte an das Live-Arrangement der Gruppe an, hauptsächlich durch das hypnotische Eröffnungsmuster. Obwohl diese Idee den Ertrag der Arbeit in hohem Maße verbesserte, hatte die Rhythmusgruppe Probleme, sich den komplizierten Tempi des Songs anzupassen. Hendrix nahm auch keinen Gesangs-Track auf – zweifellos, weil er fühlte, daß weitere Arbeit erforderlich war bevor er sich um diese Dinge kümmern könnte.

Hendrix, Cox und Miles – von einen unbekannten Mundharmonika-Spieler begleitet -begannen mit ausgedehnten Proben von Carl Perkins Rockabilly-Klassiker „Blue Suede Shoes", eingeleitet durch einige Späße von Jimi. Er und Billy deuteten in einem Blues-Groove die frühe Version von „Freedom" an, während Jimi einen spontanen Blues sang, der treffend mit „Highways of Desire" bezeichnet wurde. Nach und nach verlangsamten Cox und Miles das Tempo um die Hälfte, was Jimis Zustimmung fand. Er begann anschließend mit „Seven Dollars in My Pocket", einem weiteren improvisierten Blues-Original. Während Jimi von einer verlorenen Liebe aus Sugar Hill sang, hatte die Rhythmus-Gruppe Probleme, das Tempo aufrechtzuerhalten. Jimi reagierte prompt: „C'mon. C'mon, behalte es", befahl er dem Toningenieur. Jimis Konzentration war jedoch gestört, und der Jam fiel langsam auseinander. Sie behielten den soeben erreichten Blues-Groove bei, und Jimi sang später den Songtext für „Midnight Lightning" dazu. Eine embryonale Version von „Freedom" wurde ebenfalls versucht. Leider wurde die Aufnahme durch den unbekannten Mundharmonika-Spieler unbrauchbar gemacht, der pausenlos dazwischenspielte.

Zwei weitere Blues-Originale wurden aufgenommen. Das Instrumental-Stück „Country Blues" sowie „Once I Had a Woman", mit einem Live-Gesang von Jimi. „Country Blues" wurde niemals kommerziell veröffentlicht. Allerdings bekam der Produzent Elliot Mazer leihweise ein Tonband-Exemplar von Alan Douglas, das in einer Sendereihe über Jimis Leben von National Public Radio in den frühen Achziger Jahren ausgestrahlt wurde. „Once I Had a Woman" wurde 1974 mit neuen Overdubs überarbeitet, einschließlich eines neuen Mundharmonika-Parts, der von Buddy Lucas gespielt wurde. Eine bearbeitete Version wurde später dem 1975er Album „Midnight Lightning" hinzugefügt. Eine um gut zwei Minuten längere Version der ursprünglichen Aufnahme wurde ebenfalls veröffentlicht – im Rahmen der 1994er Kompilation „Jimi Hendrix: Blues".

Während „Country Blues" im Vergleich zu Jimis anderen Blues-Jams eine interessante Aufnahme war, klang keine Version von „Once I Had a Woman" besonders überzeugend. Jimi hatte bei vielen Gelegenheiten weit bessere Zeugnisse seiner Liebe zum Blues aufgenommen.

Ein katastrophaler Auftritt von Hendrix am 28. Januar im Madison Square Garden brachte ein jähes Ende der Band of Gypsys. Hendrix taumelte peinlich durch die zwei Songs, „Who Knows" und „Earth Blues", dann ging er von der Bühne. Das öffentliche Debakel erzürnte Michael Jeffery, der hinter der Bühne prompt Buddy Miles feuerte und damit die kurze Amtsdauer der Gruppe beendete. „Was dort abging war sehr peinlich, und Jimi war wütend und desillusioniert", sagte Cox. „Es war unglücklich gelaufen. Buddy und ich gingen rüber zum Madison Square Garden in die Umkleidekabine, und da war Jimi. Er war nicht gerade in Bestform. Jimi saß neben Jeffery, und wir wußten, daß es so nichts werden würde. Jimi war schlecht drauf. Wir dachten, es wäre besser, nicht rauszugehen, weil jemand versuchte, Arschlöcher aus uns zu machen, aber wir gingen trotzdem raus. Wir dachten, daß Jimi es packen könnte, aber wir kamen nur durch den einen Song, bevor alles auseinander lief.

Obwohl die Beziehung zwischen Jeffery und Miles immer gespannt war, hinterläßt der Verdacht, daß die Hautfarbe eine Rolle bei ihrer Trennung gespielt haben könnte, bei Cox einen bitteren Nachgeschmack. „Buddy und mir war klar: Nachdem sie die Jimi Hendrix Experience als diese zwei weißen Typen mit Jimi in der Mitte erfolgreich vermarktet hatten, wollten sie die Pferde nicht in der Mitte des Flusses auswechseln und mit drei schwarzen Typen weitermachen. Wer weiß? Ich spürte, daß sie mich nicht wollten, und ich ging nach Nashville zurück, um etwas anderes zu machen."

Nach der offiziellen Auflösung der Band of Gypsys begann Miles damit, seine Band Express wieder zusammenzubauen und seine Solo-Karriere wieder aufzunehmen. Billy Cox kehrte entmutigt nach Nashville zurück. Miles bot Cox an, in seine umgestaltete Gruppe einzusteigen, aber Cox lehnte ab. Er flog jedoch nach Chicago, um den Verzerrer-Bass für Miles Studio-Version von „Them Changes" einzuspielen.

Michael Jeffery stand mit dem Stu-

dio-Projekt am Rande des Bankrotts und sorgte sich nach dem Madison Square Garden-Debakel um Jimis angekratztes Image. Er setzte Hendrix unter Druck, seine Idee zu unterstützen, die Original-Experience wiederzuvereinigen und in dieser Besetzung zu touren. Es wurde ein Interview mit dem *Rolling Stone* Reporter John Burks in Jefferys Büro in der East 37th Street angesetzt, zu dem Hendrix in Begleitung von Mitchell und Redding aufkreuzte. In den Tagen nach dem Inter-

THINGS TO DO **TODAY**

DATE

```
1   Poor Miss Clara Crenshaw
2   died this morning  God
3   rest her little wrinkled bones.
4
5   it seems, by looking at the
6   way the window pane shattered,
7   that she had a very bad
8   cold and, well... I know
9   you've seen the size of her
10  nose I mean it's...er ah,
11  well anyway, I heard tell
12  that she rolled away from
13  her shadow of a husband's
14  advances, the wretched devil,
15  anyhow; she rolled over, caught
16  her nose in her ear, sneezed
17  and blew her brains out.
```

Form P-75 The Drawing Board, Inc., Box 505, Dallas, Texas

Hendrix schrieb nicht nur Songtexte: Ein Fetzen Papier reichte ihm meist, um seinen Humor zu Papier bringen zu können.

(James A. Hendrix)

view bekam Jimi jedoch kalte Füsse, und Redding wurde wieder durch Cox ersetzt, der sich jedoch nur widerwillig dazu überreden ließ. „Jimi und Michael Jeffery riefen an und sagten: 'Billy, die Dinge haben sich verändert. Es ist nicht so, wie du denkst.' Sie überzeugten mich, nach New York zu kommen,

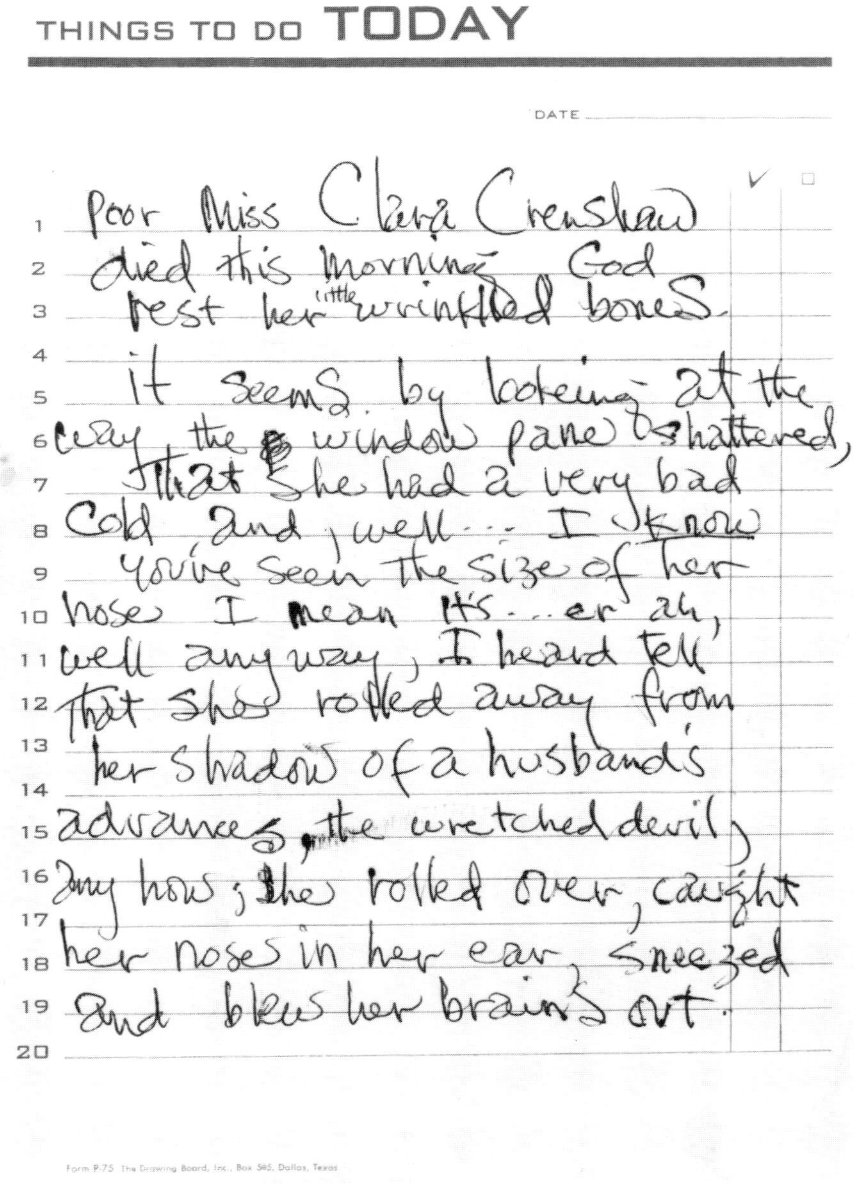

Jimi bereitet an den Lautstärke-Fadern einen Rohmix vor. Obwohl er es nie formal erlernt hatte, entwickelte er großes Talent hinter dem Mischpult.

(Chuck Boyd/Flower Children Ltd.)

aber die Chemie stimmte noch immer nicht, so daß ich wieder nach Nashville zurückging. Ich sagte: 'Das war's. Ich bin mit dieser Scheiße fertig.'"

Hendrix' Band lag im totalen Chaos. Er setzte sich mit Eddie Kramer im Juggy Sound zusammen. Dort hatte der Toningenieur damit begonnen, die Mitschnitte des mobilen Aufnahmestudios von den letzten Fillmore-East Auftritten der Band of Gypsys durchzuhören. Juggy Sound war ein kleines, überwie-

gend R&B-orientiertes Studio das (welche Ironie!) früher dem legendären Sue Records-Chef Juggy Murray gehört hatte, bei dem Hendrix im Juli 1965 unter Vertrag gewesen war.

Der Haus-Toningenieur, Kim King, war sehr vertraut mit Jimi Hendrix. King, ehemaliger Gitarrist von Lothar&the Hand People, hatte oft mit Hendrix, der damals als Jimmy James aufgetreten war, im Village gejammt. "Im Juggy Sound hatte man gerade eine Sechzehn-Spur-Maschine eingebaut, aber es war immer noch ein abgefucktes, altes R&B-Studio", entsinnt sich King. "Eddie und Jimi erzählten mir, daß sie vom Record Plant genug hatten und jetzt wo anders arbeiten wollten. Eddie machte noch einige andere Sachen im Juggy, einschließlich eines Buzzy Linhart-Albums und einiger Demos für eine Band aus Queens, die sich die Rosicrucians nannte. In den ersten Hendrix-Sessions, die ich mit Eddie machte, wurden Rough-Mixes des Live-Materials der Band of Gypsys angelegt. Kramer sagte: 'Laß uns mal sehen, wie gut Du schneiden kannst. Ich will, daß die Gitarrensolos dringelassen werden und das Schlagzeug komplett rausfliegt.' So fingen wir an. Wir spielten auch öfter mit Jimi einfach so herum. Es gab eine Session, bei der Jimi ganz besonders gut drauf war. Leider ging uns das Bandmaterial aus, aber ich konnte noch einige Spulenkerne mit unbespielten Band-Stückchen finden. Nach der Session flog einer der Kerne von der Maschine herunter und ich mußte an die hundert Meter Band per Hand auf die Spule zurückwickeln. Gott sei dank haben Eddie und Jimi das nicht mitbekommen!"

"Ein anderes Mal kreuzte Jimi auf, und es gab einige bizarre Gitarren-Experimente oder wir arbeiteten an Overdubs für Sachen, die er in anderen Studios aufgenommen hatte. Aber das Hauptgewicht lag auf dem Live-Album, und darauf, Electric Lady [Studios] fertig zu bauen. Ich hatte eine enge Beziehung zu Eddie entwickelt, und er bot mir während der Sessions eine Arbeit im neuen Studio an."

Hendrix wählte aus den vier Fillmore East-Auftritten sechs Songs für das Album aus. Experience-Hits wie „Fire" und „Voodoo Child (Slight Return)" wurden aber ausgeschlossen. Hendrix entschied sich, auch die eindrucksvollen Versionen von „Ezy Ryder", „Burning Desire" und „Earth Blues" zurückzuhalten, vielleicht, weil er stattdessen deren Studio-Versionen perfektionieren wollte. An ihrer Stelle setzte Hendrix vier neue Songs nach vorn: „Message to Love", „Machine Gun", „Power of Soul" (aufgeführt als „Power to Love") und „Who Knows". „'Who Knows' war eine Nummer, mit der Jimi anfing", erinnert sich Cox. „Buddy kannte zwar die Stops, aber es war im Grunde nur ein Muster von Jimi, das großartig zu spielen war." Die Gruppe hatte dem Song niemals viel kostbare Studio-Zeit gewidmet. Man hatte ihn bei den Konzertproben in Baggys Studios eingeübt. Der daraus resultierende Live-Auftritt war entsprechend schlecht und klang trotz des mitreißenden Wechselspiels zwischen Cox und Hendrix eher unterbelichtet.

Während die atemberaubenden „Message to Love" und „Power of Soul" hervorragende Beispiele für Hendrix' einzigartige Mischung aus Rock, R&B und Blues waren, galt die Live-Version von „Machine Gun" doch als seine großartigste Leistung. Hendrix wollte gerecht sein und nahm auch zwei Buddy Miles-Songs, „Changes" und „We Got to Live Together", auf das Album. Beide mußten beträchtlich gekürzt werden, weil Buddys Frage-Antwort-Spiel mit dem Publikum nur in minderwertiger Qualität aufgenommen worden war. Mit der großartigen letzten Steigerung von „We Got to Live Together" ging die zweite Show am 1. Januar vor der Zugabe zu Ende. Der Song bildet auch den würdigen Abschluß-Track des Albums.

„Als 'Band of Gypsys' herauskam, wünschten wir beide, daß wir es im Studio gemacht hätten", erinnert sich Cox. „Wir hätten viel darum gegeben, einige Overdubs machen zu können und einige der Fehler, die wir gemacht hatten, zu berichtigen. Das waren Fehler, die nur wir bemerkten und nicht die Öffentlichkeit. Wir hatten den Punkt erreicht, an dem wir alles perfekt haben wollten. Doch unterm Strich hatten wir das Gefühl: 'Scheiß' drauf, das Album hat sowieso nichts mehr mit uns zu tun. Laßt uns einfach weitermachen und es vergessen.'"

☐ Montag, 2. Februar 1970
New York, Juggy Sound. Toningenieur: Eddie Kramer.

Während einer Pause bei den Abmisch-Sessions für „Band of Gypsys", beteiligte sich Jimi an zwei Jam-Sessions mit den Rosicrucians, einer Gruppe aus Queens, die Kramer im Studio produzierte. Der erste Jam dauerte ungefähr fünf Minuten, während der zweite beträchtlich länger dauerte und die Band besser zusammen spielte.

☐ Dienstag, 3. Februar 1970
New York, Record Plant. Toningenieur: Bob Hughes.

Ein Rohmix der Studio-Version von „Power of Soul" vom 21. Januar 1970 wurde vorbereitet. Diese Abmischung wurde niemals benutzt. Am 13. Juni 1972 schnitt der Electric Lady-Toningenieur Andy Edlin das Material zu einem Reference-Master zusammen und setzte es auf die Auswahlliste für „Loose Ends".

☐ Sonntag, 8. Februar 1970
Record Plant, Los Angeles. Toningenieure: Stan Agol.
Zweiter Toningenieur: Dan Turbeville.

Ohne Jimis Anwesenheit wurde eine Vier-Spur-Abmischsession von „Star Spangled Banner" vollendet. Take 7 wurde als Master ausgesucht und für das bevorstehende „Woodstock"-Album (und den Film) benutzt.

☐ Mittwoch, 11. Februar 1970
New York, Record Plant. Toningenieur: Bob Hughes.
Zweiter Toningenieur: Dave Ragno.

Rohmixe der Band of Gypsys Studio-Version von „Izabella" wurden beendet.

☐ Donnerstag, 12. Februar 1970
New York, Record Plant. Toningenieur: Bob Hughes.

Rohmixe von „Izabella" und „Sky Blues Today" wurden vorbereitet, von „Izabella" wurde auch das Master fertig.

☐ Sonntag, 15. Februar 1970
New York, Record Plant. Toningenieur: Bob Hughes.

Eine Master-Abmischung von „Sky Blues Today" wurde schließlich während dieser Session erreicht. Die Abmischung wird später wird mit „Izabella" gekoppelt und als kurzlebige Reprise-Single Anfang April 1970 veröffentlicht.

☐ Montag, 16. Februar 1970
New York, Record Plant. Toningenieur: Bob Hughes.
Zweiter Toningenieur: Tom Flye.

Hendrix nahm unter Mitwirkung von Juma Sultan und Buddy Miles zwei kraftvolle Instrumentalversionen von „Blue Suede Shoes" auf. Beide unterschieden sich sehr von dem ausgedehnten Jam, den Hendrix am 23. Januar aufgenommen hatte. Jimi wechselte dann zu einem lockeren „Hey Baby (Land of the New Rising Sun)". Sein Live-Gesang ist eine sehr interessante Annäherung an den spanischen Flamenco-Stil. Nachdem dieser Jam zusammengebrochen war, gelang Jimi ein echter Höhepunkt – eine verschmitzte, instrumentale Version von „Summertime Blues". Buddy hielt den Groove mit eiserner Hand und Jimi bearbeitete sehr effektiv den Vibratorhebel seiner Gitarre. Diesem fabelhaften Stückchen spaßiger Spontanität folgte ein funkiger, improvisierter Einfall, der an „Day Tripper" der Beatles erinnerte.

Eine andere an diesem Abend aufgenommene Spule beinhaltet weniger erfinderisches Material: die drei quälen sich – jetzt mit Sultan an den Maracas – orientierungslos durch eine Reihe langweiliger Jams.

☐ Montag, 23. März 1970
New York, Sound Center. Studio A. 19 Uhr bis Mitternacht. Produzent: Noel Redding. Toningenieur: Skip Juried.

Durch das an Capitol gelieferte „Band of Gypsys"-Album und die wiederaufgenommenen Bauarbeiten im Electric Lady lasten die beiden größten Sorgen nicht mehr auf Hendrix' Schultern. Er hatte eine Reihe von Verträgen für Auftritte unterschrieben, die im April be-

Auch bei der Arbeit im Record Plant trug Jimi gerne Hut.

ginnen sollten, aber Jimi scheute eine Wiedervereinigung mit Redding, zu dem er nach wie vor eine eher brüchige Beziehung hatte. Er wollte Billy Cox in die Band zurückbringen. Cox, der Hendrix in den vergangenen zehn Monaten zwei Mal verlassen hatte, war desillusioniert. „Nach der Sache im Madison Square Garden war ich wirklich mißtrauisch", erinnert sich Cox. „Ich versprach, im Februar zurückzukommen, aber auch daraus wurde nichts. Ich hörte über einen Monat lang nichts von Jimi. Dann rief er mich an und sagte: 'C'mon Bill. Laß uns anfangen!' Ich sagte: 'Hey Mann, du kriegst nichts auf die Reihe. Ich bin hier in Nashville und ich bin glücklich. Ich will nicht wieder durch all die Scheiße gehen, durch die ich gegangen bin.' Er machte Versprechungen über Versprechungen, daß ich keinen Ärger kriegen würde, und ich Idiot kam ein

drittes Mal zurück."

Obwohl Hendrix Cox zu seinem Bassisten gemacht hatte, empfand er noch eine gewisse Loyalität Redding gegenüber, und so versprach er, bei Noels Platte zu helfen. Am Ende seiner Zeit bei der Experience hatte Redding die Arbeit an einem Solo-Album begonnen, das angemessenerweise den Arbeitstitel „Nervous Breakdown" trug. Für die Aufnahmen im Sound Center versammelte Noel den Family-Sänger Roger Chapman, Paul Caruso, sowie den Schlagzeuger Steve Angel und den Organisten Gerry Guida, früher bei the Big Three – eine Gruppe, die von Jefferys Kollegen Bob Levine gemanagt wurde.

Die „Nervous Breakdown"-Sessions begannen am Freitag, 20. März, und dauerten bis zum 23. März an. Redding erinnerte Freunde an frühere Versprechen und trommelte sie zu dem hastig organisierten Projekt zusammen. Redding vollendete ein Remake von „Walking through the Garden" das Fat Mattress vorher aufgenommen hatte. Dann

wurden eine Coverversion von Eddie Cochrans „Nervous Breakdown", sowie die Songs „Everything's Blue" und „Highway" (mit Gesang von Neil Landon von Fat Mattress) aufgenommen. Der Portier des Penn Garden Hotels spielte den Dudelsack bei „Eric the Red" während Lee Michaels Klavier und Orgel zu „Wearing Yellow" und „Blues in 3/ 4" hinzufügte. Hendrix schaute am 23. März vorbei, um Gitarre bei Reddings „My Friend" zu spielen.

Fleißig wie immer, organisierte Redding schnell Material für diese Sessions. „Ich bekam einige Demos zusammen, nachdem Jimi, Mitch und Billy Cox zu proben begonnen hatten", erinnert sich Redding. „'My Friend" war ein Song, den ich geschrieben hatte. Er war in E-Dur. Jimi hatte auch einen Song mit diesem Namen, aber ich glaube, daß er den Titel von mir geklaut hatte. Jimi kam ins Studio und bot an, Gitarre zu spielen. Ich denke, er versuchte, reinen Tisch mit mir zu machen, weil er damals mit mir weder persönlich oder telefonisch darüber gesprochen hatte, daß er mit einem anderen Typ spielen wollte. Jimi spielte die Gitarre bei 'My Friend'. Ich kam noch dazu, einen Roh-Gesang daraufzusetzen."

❑ Montag, 23. März 1970
New York, Record Plant. Toningenieur: Jack Adams.
Zweiter Toningenieur: Dave Ragno.

Eine kurze Solo-Session, in der Jimi drei unvollständige Takes von „Midnight Lightning" aufnahm. Beim Singen und Live-Spielen saß er auf einem Stuhl. Der verlangsamte Rhythmus des Songs wurde in der Tradition von Bluesern wie Lightnin' Hopkins und John Lee Hooker akzentuiert, indem Jimi den Takt mit dem Fuß auf dem Boden dazu klopfte.

Am Anfang der Spule sind einige Gesprächsfetzen zwischen Jimi und dem Kontrollraum zu hören. Jimi rief: „Instant coma! Instant coma, du weißt, was ich meine?" – ohne Zweifel ein Wortspiel auf John Lennons kürzlich veröffentlichte Single „Instant Karma". Keiner der drei folgenden Takes war vollständig, aber jeder von ihnen – besonders Take 3 – erinnert an das tiefe Blues-Gefühl von John Lee Hooker und Lightnin' Hopkins.

Zunächst wollte Hendrix den Track live aufnehmen, und das Tonband schnitt einen kurzen Teil von Jimis Diskussion mit Toningenieur Jack Adams mit – eine Meinungsverschiedenheit betreffs der Aufnahmetechnik von Jimis Gesang (Kopfhörer-Monitoring). Nachdem Take 2 abgebrochen wurde, bemerkte Jimi: „Ich werde Dir mal was sagen. Ich werde das nicht singen. Ich kann kein Feeling mit diesem Ding in meinem Ohr kriegen. Ich werde den Gesang sowieso wieder neu aufnehmen, weil dieser Gesang hier nicht gut werden kann." Adams spürte Jimis Unbehagen und bot an, den Track so aufzunehmen wie Jimi es ursprünglich gewünscht hatte. „Kannst du das Feeling für den Gesang kriegen, wenn wir die Tür wieder aufmachen?" fragte Adams. „Wenn wir es so hinbekommen: macht die Tür auf, macht sie weit auf." Sie versuchten einen dritten Take, der aber ebenfalls unvollständig ausfiel. Hendrix klang müde und niedergeschlagen und beendete die Session mit einem erschöpften: „Yeah, dann geb' ich es eben

auf." Es wurde keine weitere Aufnahme mehr versucht.

❑ Dienstag, 24. März 1970
New York, Record Plant. Toningenieur: Jack Adams.
Zweiter Toningenieur: Dave Ragno

Eine ungewöhnliche Session, bei der Jimi zunächst von einer unbekannten Schlagzeuger begleitet wurde. Man arbeitete ohne einen Bassisten und nahm einen lockeren, energischen Take von „Bleeding Heart" auf. „Nenn es einfach 'Bleeding Heart'", sagte Jimi direkt nach dem Take. Danach folgten drei Takes von „Midnight Lightning", aber keine dieser Arbeiten wurde von Hendrix ernsthaft genug vorangetrieben, um ein Master zustande zu bekommen.

An diesem Punkt scheint die Session zu Ende zu sein. Das Vorhaben wurde jedoch wieder aufgenommen – diesmal mit Billy Cox am Bass. Vermutlich hatten in der Zwischenzeit auch einige Proben stattgefunden, da nur vier Takes von „Bleeding Heart" erforderlich waren, bevor der vierte als Mastertake gekennzeichnet wurde. Hendrix' Konzentration und die Intensität seines Spiels hatten sich im Vergleich zu früher aufgenommenen Versionen spürbar verbessert.

Wie viele ähnliche Record Plant-Arbeiten wurde auch diese Spule später in die Electric Lady Studios mitgenommen, wo Jimi daran weiterarbeitete, den Track zu seiner Zufriedenheit zu vollenden. Zusätzliche Gitarren-Teile wurden dort overdubt, und Mitch Mitchell ersetzte die bestehenden Percussion-Tracks mit seinen neuen Schlagzeug-Teilen. Während es Hendrix nicht gelang, „Bleeding Heart" vor seinem Tod zu vollenden, wurde Take 4 dem „Rainbow Bridge"-Master am 11. März 1971 hinzugefügt.

❑ Band of Gypsys
Capitol Records STAO-472. US-Albumveröffentlichung.
Mittwoch, 25. März 1970. Produzent: Jimi Hendrix.
Toningenieur: Eddie Kramer.

„Who Knows"/ „Machine Gun"/ „Changes"/ „Power of Soul"/ „Message to Love"/ „We Gotta Live Together"

Nachdem Capitol so lang darauf gewartet hatte, daß Hendrix dieses Album abliefert, wurde die Platte so schnell

wie möglich in die Läden gebracht. Michael Jeffery lieferte am 25. Februar 1970 den Verantwortlichen von Capitol in Los Angeles das vollständige Master ab – kurz nachdem die Nachbearbeitung beendet war. Das Album wurde am 4. März 1970 gemastert. Nur drei Wochen später hatte Capitol das Produkt in den Geschäften, um die Hendrix- Fans zu bedienen, die die Veröffentlichung mit großer Vorfreude erwarteten. Trotz der dramatischen Veränderung in Hendrix' Sound und Stil – besonders im Vergleich zu „Electric Ladyland"- erntet „Band of Gypsys" überwältigenden Beifall. Obwohl „Band of Gypsys" mit Chartsplatz 5 erst zur Zeit von Hendrix' Tod im September 1970 seinen Höchststand erreichte, übertrafen seine Verkäufe schon jetzt alle Reprise-Alben von Hendrix, abgesehen von „Are You Experienced?"

❑ „Stepping Stone"/ „Izabella"
Reprise 0905. US-Single-Veröffentlichung. Mittwoch, 8. April 1970.

Die zwei Tracks wurden im Februar 1970 von Hendrix und Record Plant-Toningenieur Bob Hughes abgemischt. Sie wurden als Single veröffentlicht, wurden jedoch kurz darauf wieder zurückgerufen. Capitol Records hatte Bedenken, daß Airplay und Single-Verkäufe die Veröffentlichung von „Band of Gypsys" beeinträchtigen könnten. Reprise wollte eine weitere Konfrontation mit Capitol vermeiden, nahm die Platte einfach vom Markt und machte keine Anstalten, einen der beiden Songs noch einmal zu veröffentlichen. Obwohl limitierte Exemplare der Single gepreßt wurden und immer noch existieren, ist nicht bekannt, in welcher Auflage die Platte damals wirklich auf den Markt kam, da sie nicht in den *Billboard* Charts registriert wurde.

❑ Donnerstag, 14. Mai 1970
New York, Record Plant. Toningenieur: Eddie Kramer.
Zweiter Toningenieur: Tom Flye.

Nach den zwei März-Sessions im Record Plant gibt es keinen Hinweis darauf, daß bis zum 14. Mai irgendwelche weiteren Aufnahmeversuche stattge-

Los Angeles Forum am 25. April 1970: Das Eröffnungskonzert von Jimis letzter Tournee.

(Chuck Boyd/Flower Children Ltd.)

funden haben. In der Zwischenzeit versammelte sich die wiedervereinigte Experience, um für ihre kommende US-Tour zu proben, die am 25. April in Los Angeles beginnen sollte. Hendrix erweiterte das Bühnen-Repertoire der Gruppe und nahm unerledigte Studio-Werke wie „Hey Baby (Land of the New Rising Sun)" und „Room Full of Mirrors", wie auch „Message to Love" und „Machine Gun" von dem „Band of Gypsys"-Album mit in das Programm. Trotz der turbulenten Ereignisse der vergangenen neun Monate erinnert sich Billy Cox an keinerlei Feindseligkeiten zwischen ihm, Hendrix, und Mitchell. „Mitch war cool", sagt Cox. „Es gab überhaupt keine Probleme. Er redete nicht mal über die Band of Gypsys. Er ging einfach zu seiner Arbeit und erwähnte es niemals. Mitch und Jimi hatten großen Respekt voreinander. Wir gingen einfach hinunter und spielten, und das war alles."

Die Tour begann mit einem hervorragenden Konzert im ausverkauften Forum in Los Angeles. Sie wurde durch den großen Erfolg des „Band of Gypsys"-Albums weiter angeheizt, dessen eindrucksvolle Verkäufe dazu führten, daß Hendrix zum fünften Mal hintereinander einen Top 10-Erfolg in den US-Charts landen konnte.

Während die Experience als Haupt-Act wieder eine Mischung aus Sälen, College-Auditorien und Sport-Stadien mit ihrer „Cry of Love Tour" bespielte, unterschied sich diese Unternehmung dennoch völlig von jeder früheren Experience-Tour. Die Electric Lady Studios waren fast betriebsbereit und Hendrix rang Michael Jeffery den erbittert erstrittenen Kompromiß ab, die Tour-Engagements auf eine Reihe von dreitägigen Wochenend-Konzerten im Sommer zu begrenzen. Das Geld, das durch diese Termine verdient wurde, sollte das Studio-Projekt liquide erhalten, und Hendrix sollte ausreichend Zeit haben, sich während der Woche zu erholen und mit seiner neuen Anlage aufzunehmen. Hendrix konnte es kaum erwarten, im eigenen Studio Einspielungen vorzunehmen, und entschied sich, lieber zu warten, als zu anderen Studios wie z.B. der Hit Factory oder dem Record Plant zurückzukehren.

Kramer und Studio-Präsident Jim Marron stellten in den Electric Lady Studios eine Crew zusammen. War-

tungs-Toningenieur Shimon Ron, ein nüchterner ehemaliger israelischer Fallschirmjäger wurde von den A&R Studios abgeworben. Dort hatte er sich durch seine Arbeit während Kramers Sessions mit Led Zeppelin einen guten Ruf gemacht. Kim King, der ehemalige Gitarrist von Lothar & the Hand People, hatte als Tonassistent für Kramer im Juggy Sound gearbeitet, als Hendrix und Kramer das „Band of Gypsys"-Album zusammenstellten. Kramer holte auch den Schlagzeuger Dave Palmer von Ted Nugent and the Amboy Dukes als Tonassistent in die Mannschaft. Eine Anleihe über 300.000 Dollar von Warner Bros. Records auf Jimis zukünftige Tantiemen finanzierte das Projekt. Eine augenscheinlich unendliche Reihe technischer Komplikationen strapazierte Hendrix' Geduld.

Anfang Mai wurden erste Testaufnahmen mit Kramer am Klavier gemacht. Dabei kam heraus, daß noch einige Arbeit erforderlich war, bevor Hendrix anfangen konnte. Ursprünglich wollte er am 14. Mai mit den Aufnahmen im Electric Lady zu geginnen. Technische Probleme zwangen Kramer und die Gruppe jedoch, ins Record Plant zu gehen, wo zwei Aufnahme-Tage gebucht wurden: Donnerstag, 14. Mai und Freitag, 15. Mai

Die Stimmung im Record Plant Studios C – der dritte und neueste Anbau der mehrstöckigen Anlage – war trotz des Rückschlages mit dem Electric Lady lebhaft und optimistisch. Obwohl Kramers Name nicht auf den Tonband-Hüllen aufgeführt wurde, beweisen die Session-Tonbänder eindeutig, daß er die Session geleitet hatte.

Die Gruppe begann mit drei Takes von „Come Down Hard on Me", gefolgt von rohen Instrumental-Arbeiten an „Straight Ahead". Zu dieser Zeit war das Tempo des Songs merklich langsamer und das Arrangement ganz anders als die Version, die später im Rahmen von „Cry of Love" veröffentlicht wurde. Take 4 entwickelte sich zu einem Jam von „Night Bird Flying". Nachdem er zusammenbrach, ist eine kleine Diskussion zwischen Jimi, Mitch und Billy kurz zu hören. Jimi kündigte dann „L.A." an. Über das Talkback fragte Kramer: „Was in L.A.?" „L.A. – ohne den Scheißdreck und ohne Text", war Hendrix' verschlagene Antwort, die sowohl im Kontrollraum als auch im Stu-

dio Gelächter auslöste. Vom Mikrophon abgewendet schlug Mitch dann vor: „Lower Alcatraz", was Jimi wiederholte, gefolgt von Billys Vorschlag: „Lower Alabam". „Yeah, Lower Alabama", war Hendrix' Echo. Nach einem Fehlstart bemerkte Kramer über das Talkback-Mikrophon: „Jetzt aber mal ran!" Hendrix ahmte kurz Kramers Bitte auf der Gitarre nach und legte eine einzigartige Mischung aus „Midnight Lightning" und „Keep on Groovin'" hin. Der Track begann mit einer instrumentalen Einführung, in der Mitte signalisierte Jimi dann plötzlich einen ungewöhnlichen Tempo-Wechsel, der für einen Moment Mitch und Billy zu verwirren schien. Obwohl sie den Song bis zum Ende durchspielten, hatte er doch keinen vernünftigen Schluß. Zu diesem Zeitpunkt war es noch nichts weiter als ein inspiriertes Demo mit Potential. „Das [der unbenannte Einleitungs-Part] war ein Muster, das wir in Los Angeles ausgearbeitet hatten", erinnert sich Cox. „Alles, was wir hatten, war der erste Teil. Wir orientierten uns nicht an den Tönen, wir spielten nach Mustern. Es war etwas abgedreht, aber das war unsere Art zu denken. Wir versuchten immer, diese Muster zu Songs zusammenzubauen. Jimi warf uns einfach einen Blick zu, und Mitch und ich wußten, was er machen wollte.

Nachdem Hendrix die charakteristischen Einführungstöne von „Power of Soul" heruntergeschrubbt hatte, ging er in ein mitreißendes Spiel von „Straight Ahead" über. In direktem Gegensatz zu den Versionen am Beginn des Abends, war diese Variante viel kompakter, mit einem schnelleren Tempo und einem Arrangement, das fast identisch mit dem späteren Master war. Hendrix war überschwenglich, und sein Spiel zeigte mehrere echte Glanzlichter.

Als nächstes folgte „Freedom", wobei Jimi den Leadgesang live lieferte, während das Trio den Basic-Track aufnahm. „Freedom" war einer der stärkeren Songs von den März- und April-Proben für die „Cry of Love"-Tour. Hendrix hatte den Song nach diversen Fortschritten in das Bühnen-Repertoire der Gruppe für das Live-Debüt am 25. April beim Auftritt im L.A. Forum aufgenommen. In dieser frühen Version handelte Jimis Songtext hauptsächlich von dem unersättlichen Appetit seiner

Billy Cox auf der Bühne während der 1970er „Cry of Love"-US-Tournee.

(Chuck Boyd/Flower Children Ltd.)

„Freedom" erstklassig, denn sie wurde von aufkochenden Emotionen genährt. Vielleicht um der Intensität von „Freedom" zu entgehen, taumelte Hendrix anschließend durch eine viel zu hoch gesungene völlig verstimmte Variante von Frankie Laines „Catastrophe". Zum Schluß resümierte Kramer: „Für 150 Dollar pro Stunde ist es ganz gut." Als das Gelächter nachließ, fuhr man mit einem einzelnen Take von „Hey Baby (Land of the New Rising Sun)" fort.

⊓ Freitag, 15. Mai 1970
New York, Record Plant. Toningenieur: Eddie Kramer.
Zweiter Toningenieur: Tom Flye.

Hendrix war scharf darauf, das volle Potential von „Freedom" herauszuarbeiten. Die Gruppe versuchte sich an 19 neuen Takes, wobei Take 15 besonders durch Jimis enorme Begeisterung glänzte. Trotz klarer Fortschritte kam kein Master zustande. Hendrix erarbeitete in den kommenden Wochen eine Reihe geringfügiger Verfeinerungen, bevor er sein Ziel schließlich Ende Juni im Electric Lady erreichte.

Die Gruppe arbeitete auch an einer vielversprechenden Instrumentalversion von „Valleys of Neptune". Sie konnten es aber nicht bis zum Ende spielen und Hendrix merkte, daß ihm tatsächlich noch kein angemessener Schluß eingefallen war. „Peter Gunn" und eine kurze Variante von „Catastrophe" (beide später im Rahmen der 1972er Kompilation „War Heroes" veröffentlicht) lockerten die Stimmung auf, bevor Hendrix die Gruppe in einen kraftvollen Durchlauf von „Freedom" führte. Jimi war noch nicht ganz zufrieden, baute seine Anlage wieder um und fing ein langsames „Hey Baby (Land of the New Rising Sun)" an. Ähnlich strukturiert wie das Arrangement auf dem Album „Rainbow Bridge", gelang Hendrix auch hier ein wunderbares, langes Solo. Es folgte ein energisches „Lover Man", nachdem Jimi trocken „Philadelphia" sagte, was Mitch zum Lachen brachte, der diese Anspielung auf ihr Konzert im Temple Stadium von Philadelphia am folgenden Tag sofort verstanden hatte.

Obwohl dem Electric Lady noch

Freundin Devon Wilson auf Heroin. Jimi sang mit großer Überzeugung über seinen Wunsch, ihr „den Junk aus den Händen zu reißen". Trotz einiger Schwächen war diese Version von

eine Reihe wesentlicher Dinge fehlte (wie ein Lastenlift), konnte Hendrix es kaum erwarten, endlich von seinem neuen Studio Gebrauch zu machen. Seine Begeisterung wurde von Eddie Kramer, Studio-Präsident Jim Marron und der Mannschaft der Toningenieure geteilt. Das Electric Lady war für Jimi Hendrix eine eindrucksvolle Leistung, obwohl die sich in die Länge ziehenden Bauarbeiten einen hohen emotionalen und finanziellen Tribut gefordert hatte. Die Electric Lady Studios wurden mit größter Sorgfalt gebaut. Jimis einziger Design-Vorschlag waren die runden Fenster. „Wir hatten uns vorgenommen, eine künstlerische Umgebung im Studio zu schaffen", erklärt Jim Marron. „Die Anlage sollte nicht von technischen Maximen beherrscht sein – überall Drähte und Kabel. Es sollte Hendrix' kreatives Zuhause werden sein." Auch Kramer betont: „Wir bauten das Studio für Jimi, um darin zu arbeiten und uns wohl zu fühlen – im Gegensatz zu den aseptischen Kisten, die damals in Mode waren."

Um eine solche Umgebung zu erschaffen, verwirklichte der Architekt John Storyk in direkter Zusammenarbeit mit Hendrix, eine Reihe von neuer Ideen wie zum Beispiel die schallschluckenden krummen Wände im Kontrollraum und Aufnahmeraum von Studio A. Es gab weiße, mit Teppichboden verkleidete Wände und farbige Lichter, die Hendrix von einer eigenen Schalttafel aus seiner jeweiligen Stimmung anpassen konnte. Kleinigkeiten vielleicht, aber dennoch entscheidende Faktoren einer Anlage, die ausschließlich auf ihn zugeschnitten war. „Er liebte es einfach, im Studio zu sein", erinnert sich Kramer. „Er sagte: 'Gib mir heute abend rotes Licht oder gelbes Licht', und tauchte die Wände in einen Regenbogen von verschiedenen Farben. Es war für ihn immer wichtig, im Studio eine lockere und zwanglose Atmosphäre zu haben, obwohl wir zur gleichen Zeit schwer arbeiteten, um einen hohes Maß von Professionalität aufrechtzuerhalten."

Während Studio A kurz davor stand, in Betrieb genommen zu werden, prüften Kramer und die Toningenieure die Anlage mit einer Reihe von Testaufnahmen. Um Jimi nicht frühzeitig zu große Hoffnungen zu ma-

chen, wurden diese Tests ohne ihn ausgeführt. „Wir führten sehr viele Tests durch", erinnert sich Kim King. „Ich brachte eine Band mit, die ich später produzieren wollte und Michael Jeffery brachte zwei Bands mit, die er eventuell managen wollte."

„Woodstock"
Cotillion SD350. US-Albumveröffentlichung. Mittwoch, 27. Mai 1970. Produzent: Eric Blackstead.
Toningenieure: Eddie Kramer, Lee Osbourne.

„Star Spangled Banner"/ „Purple Haze"/ „Instrumental Solo"

Pünktlich zur großen Jubiläumsfeier von „Woodstock" und dem gleichnamigen Film, der landesweit in die Kinos kam, erschien dieses Drei-LP-Set, das sich hervorragend verkaufte, auf Platz 4 in den *Billboard*-Charts einstieg und anschließend vier Wochen lang die Hitparaden-Spitze hielt.

Während das Soundtrack-Album mit Acts wie Sly & the Family Stone und Jefferson Airplane glänzte, sorgte Jimis überraschende Version von „Star Spangled Banner" für einen der Höhepunkte des Films.

Berkeley Performance Center, Berkeley, Kalifornien
Samstag, 30. Mai 1970. Toningenieur: Abe Jacob.

Die beiden vorzüglichen Hendrix-Auftritte in dieser Halle mit 3000 Sitzplätzen wurden mitgefilmt und aufgenommen. Eine im Vergleich zu Hendrix' nachfolgenden Auftritt in San Francisco/ Oakland Area eher kleine Schar von über tausend Fans ging vor der Halle mit leeren Händen aus, die Konzerte waren längst ausverkauft. Als die Türen für das erste Konzert geöffnet wurden, stürmte eine Horde wildgewordener Fans das Gebäude. Ortspolizei und die Sicherheitsleute des Veranstalters Bill Graham wurden überrannt. Wütende Fans kletterten die Wände hoch und aufs Dach des Gebäudes. Andere warfen mit Steinen auf die, die Karten hatten. Nachdem das Konzert begonnen hatte, öffnete Toningenieur Abe Jacob die hinteren Türen des mobilen Aufnahme-Trucks und beschallte die Straße mit dem Sound der Experience, um die aufgebrachte Menge zu

besänftigen.

Fast alle großartigen Momente dieser beiden Konzerte wurden später in der einen oder anderen Form veröffentlicht. Viele erschienen im Rahmen des Films „Jimi Plays Berkeley", während andere, wie z.B. „Johnny B. Goode", das Rückgrat posthumer Kompilationen wie „Hendrix: In the West" bildeten. Das Umarrangieren von Cover-Material für seine Live Auftritte war eine althergebrachte Hendrix-Tradition, und „Johnny B. Goode" paßte genau in diese Politik. Billy Cox erklärt: „Zwei Wochen zuvor spielten wir in der Temple University, und kurz bevor wir auf die Bühne gingen, sagte Jimi, daß wir die Show mit 'Sgt. Pepper's Lonely Hearts Club Band' und 'Johnny B. Goode' anfangen sollen. Ich sah ihn nur an. 'Sgt. Pepper und 'Johnny B. Goode'? Er lachte und sagte: 'C'mon Mann, du kennst den alten Scheiß!'"

Der Soundcheck der Gruppe am späten Nachmittag wurde ebenfalls aufgenommen und mitgefilmt und warf das spontane „Blue Suede Shoes" ab, das später auf dem „Hendrix: In the West"-Album veröffentlicht wurde. Die beiden 12-Song-Sets der Experience wurden wie folgt aufgenommen: „Fire", „Johnny B. Goode", „Hear My Train A Comin'", „Foxey Lady", „Machine Gun", „Freedom", „Red House", „Message to Love", „Ezy Ryder", „Star Spangled Banner", „Purple Haze" und „Voodoo Child (Slight Return)". Das zweite Konzert begann mit „Pass It On" (eine frühe Version des späteren „Straight Ahead"), danach folgten „Hey Baby (Land of the New Rising Sun)", „Lover Man", „Stone Free", „Hey Joe", „I Don't Live Today", „Machine Gun", „Foxey Lady", „Star Spangled Banner", „Purple Haze" und eine Mischung aus „Voodoo Child (Slight Return)" und „Midnight Lightning".

Ende Mai/Anfang Juni 1970
New York, Electric Lady Studios.

Hendrix war enorm stolz auf die Electric Lady Studios. Sie waren ein greifbarer Beweis dafür, daß sich sein Talent nicht nur bezahlt gemacht hatte, sondern auch eine Anlage ermöglicht hatte, in der er das tun konnte, was er am meisten liebte: seine Musik zu

Unangemeldet platzt die Drogenfahndung backstage in eine kleine Party und unterbricht Jimi bei der Lektüre des „Mad"-Magazins. Mit dabei: Gerry Stickells, Michael Goldstein und diverse Polizisten (v.l.n.r.).

(Michael Ochs Archives)

komponieren und aufzunehmen. Hendrix' engste Freunde waren gleichermaßen beeindruckt. „Ich war von Ehrfurcht ergriffen," gibt Cox zu. „Ich hatte ein solches Studio noch nie zuvor in meinem Leben gesehen. Es war einzigartig und auch sehr persönlich."

Als erste Arbeit im neuen Studio ging man daran, den Haufen von Mehrspur-Tonbändern zu bewerten, den Hendrix in den vergangenen neun Monaten aufgenommen hatte. Hendrix und Kramer verbrachten eine Menge Zeit damit, auszuwählen, welche Masters weitere Overdubs rechtfertigten, welche komplett überarbeitet oder gar völlig verworfen werden mußten. Kramer erklärt: „Als Studio A fertig war, wollte Jimi sofort mit der Arbeit an all den Tonbändern vom vorigen Jahr anfangen, die er in Studios wie dem Record Plant oder der Hit Factory mit Jams und Kompositions-Skizzen bespielt hatte. Der ganze Kram wurde uns in den Schoß gekippt. Wir fingen an, die Bänder durchzuhören und suchten nach sinnvollen Dingen in diesem gewaltigen Bestand an Material. Jimi wußte genau, was auf diesen Tonbändern war, und er wußte, an welchen Bändern er zuerst arbeiten wollte.

Wir hörten sie an und entschieden, ob der Song eine Bearbeitung wert war (was wir bei vielen Gelegenheiten auch taten) – oder ob wir weiter overdubben sollten, was ebenfalls oft geschah."

Einer der ersten Songs, die Hendrix im Electric Lady in Angriff nahm, war „Ezy Ryder", das Funk-Meisterstück der Band of Gypsys. „'Ezy Ryder' war eins der ersten Stücke, die wir uns vornahmen", sagt Cox. „Die Sache hatte im Record Plant begonnen, aber Eddie zog jetzt die Tonbänder heraus, und Jimi verbrachte sehr viel Zeit damit, daran herumzudoktern und die Spuren zu verbessern, die wir schon aufgenommen hatten. Wir verbrachten einige Zeit damit, bis wir dazu kamen, an neuem Material zu arbeiten."

Das Verbessern bereits aufgenommer Tracks steigerte Jimis Lust, neues Material einzuspielen. „Jimi war begierig, wieder aufzunehmen", sagt Kramer „Er kam richtig pünktlich zu den Sessions – gelegentlich sogar zu früh – was sonst selten passierte. Wir arbeiteten bis zu zehn oder zwölf Stunden am Stück und nahmen einen Take nach dem anderen auf. Anders als in der Vergangenheit, wo Hendrix versuchte, beim Jammen die Ideen für neue Songs zu entwickeln, hatte er im Electric Lady eine klare Vorstellung davon, wie jeder Track klingen sollte.

Während dieses Prozesses bemerkte Jimi die beträchtliche Aufwertung, die ihm das Studio für die gesamte Aufnahme-Qualität bot. „Als wir wieder mit den Aufnahmen anfingen, erkannte Jimi sofort die Bedeutung des Electric Lady", sagt Kramer. „Nachdem er all diese Arbeiten mit seinen alten Tonbändern gemacht hatte – wo die Leute in anderen Studios entweder von ihm eingeschüchtert waren oder es ihnen einfach scheißegal war – konnte Jimi hören, daß sein eigenes Studio einen besseren Baß-Sound, besseren Trommel-Sound, einfach einen besseren Sound ermöglichte. Jimi genoß die Herausforderung des neuen Studios."

Während Hendrix' von den Möglichkeiten, die Electric Lady ihm jetzt bot, richtig begeistert war, blieb seine emotionale Instabilität dennoch die treibende Kraft hinter seiner Kreativität. „Es gab Momente, in denen er sagte: 'Ich komm' nicht rein' und nach Hause ging", sagt Kim King. „Dann gab es die Nächte, in denen er gut drauf

war. Selbst wenn Jimi nur in einer einzigen Nacht pro Woche gut drauf war, machte es alles wett."

Billy Cox gibt zu, daß Hendrix' Stimmungsschwankungen in der Tat der entscheidende Faktor für das Ergebnis einer jeder Session waren. „Jimi mußte seiner Inspiration freien Lauf lassen können, um kreativ zu sein", erklärt Cox. „Immer wenn es Dinge in seinem Kopf gab – und davon gab es reichlich – die seinen Geist einnebelten, dann hatten wir einen unproduktiven Abend. Wenn ihn nichts belastete, dann hatten wir eine wahnsinnige Nacht. Mann, wir kamen rein, und es lief alles wie von selbst."

Hendrix' aufreibende Beziehung mit seiner Freundin Devon Wilson beeinflußte seine Konzentration sehr. Immer wenn sie sich gestritten hatten, verdunkelte sich seine Stimmung. „Wenn seine alte Dame ihn genervt hatte, liefen die Dinge nicht besonders gut", gibt Cox unverblümt zu. Hendrix fraß diese Probleme in sich hinein, denn er konnte nie offen über seine persönlichen Probleme sprechen – noch nicht einmal mit engen Freunden wie Cox oder Mitchell. Stattdessen respektierten sie Hendrix' Verschlossenheit und wußten, wann sie ihn anzutreiben und wann in Ruhe zu lassen hatten, ohne ihn auf die Probleme anzusprechen. „Wenn du in Jimis Nähe warst, spürtest du sofort, ob ihn etwas nervte", sagt Cox. „Wir versuchten, ihn mit irgendetwas abzulenken. Mitch oder ich machten einen Scherz oder alberten herum, während Eddie versuchte, Jimis Aufmerksamkeit auf die Musik zu lenken. Er sagte: 'Laß uns den Track abmischen, den wir gestern abend gemacht haben.' Jimi hatte wieder Musik im Kopf und er wollte einen Overdub machen oder in den Aufnahmeraum rausgehen, um etwas Neues auszuprobieren. Mitch, Eddie und ich sahen uns an und dachten: 'Pun, das hätten wir geschafft.'"

Den Sommer über erwies sich Electric Lady oft als ein sicherer Hafen für Hendrix. Er ging von der Wohnung in der 59 West 12. Street, die er sich mit seiner Freundin Devon Wilson teilte, die paar Blocks zum Studio meist zu Fuß. „Jimi genoß es, im Electric Lady aufzunehmen, aber es gab auch Momente, in denen er draußen einfach 'runterkommen' mußte", erinnert sich

Jim Marron. „Devon gab ihm alle Zeit, die er brauchte, so daß er oft im Studio blieb und sich die Aufnahmen anhörte. Meistens ließ er Kramer nach Hause gehen, damit der ein paar Stunden Schlaf bekam, während er versuchte, 'runterzukommen'. Eddie bot ihm an, zu bleiben und weiter zu arbeiten, aber Jimi wollte nur etwas Freizeit haben. Das war einer der Gründe, warum wir ihm dieses Studio gebaut hatten: er saß einfach mit einem von Kramers Assistenten, der die Tonbänder einfädelte, im Kontrollraum und hörte die Bänder ab."

Obwohl Hendrix' engste Mitarbeiter wußten, daß Devons Beziehung mit Jimi ein zweischneidiges Schwert war, wagte es niemand, seine Nase in die intimen Details seines Privatlebens zu stecken. „Zur Hölle nein", sagt Cox. „Man akzeptierte einfach, daß es ein Teil der ganzen Sache war. Jimi mußte damit alleine klarkommen. Es wurde kein Rat angeboten, weil nicht danach gefragt wurde."

Als diese emotionale Spannung eskalierte, traf es die neu formierte Crew im Electric Lady völlig unvorbereitet. „Man verheimlichte eine Menge Zeug vor uns", gibt Kim King zu. „Es kursierten im Studio viele Gerüchte, die meisten davon entbehrten jeder Grundlage. Was oben im Büro abging, mußte nicht unbedingt eine Auswirkung auf das haben, was unten im Studio passierte – hatte es dann aber doch." Und was war mit der Experience? Waren sie noch eine lebensfähige Gruppe oder einfach nur Jimis Begleit-Musiker? „Am Anfang war es seltsam", sagt Kim King „weil Mitch wieder in der Band war, und wenn wir keine neuen Tracks aufnahmen, arbeiteten wir mit Tonbändern, auf denen Buddy Miles Schlagzeug spielte."

Verständlicherweise wurde Mitchells Begeisterung durch seinen andauernden Streit mit Michael Jeffery wegen zurückliegender Tantiemen und Tour-Einnahmen arg gedämpft. „Zu der Zeit wurden wir nicht als Session-Musiker bezahlt," erklärt Cox. „Die einzige Entlohnung bestand darin, diese Songs zu machen und das Album auf die Reihe zu bekommen. Ich war vor allem mir selbst und Jimi gegenüber verantwortlich, also stand ich immer zur Verfügung und war auch immer pünktlich. Wenn Jimi mich anrief und sagte, daß wir uns um 19.30 Uhr im Studio treffen, war ich um 19 Uhr da und wartete auf ihn. Ich saß mit Eddie im Kontrollraum herum, bis er reinkam. Er wußte, daß er auf mich zählen konnte. Aber es passierte oft zu früher Stunde, daß Mitch zu spät kam oder erst gar nicht aufkreuzte. Jimi war darüber sehr traurig. Wenn er die Session absagen wollte, sagte ich: 'Mach dir deshalb keine Sorgen. Das gibt uns eine Chance, unseren Scheiß zu verbessern.' Es gab Tage, an denen wir versuchten, einige Sachen ohne Mitch zu machen und seinen Teil später zu overdubben, aber das funktionierte nie, weil unser Tempo ohne Mitch als Takthalter hin- und herschwankte. Nach einer Weile klinkte sich Mitch aber doch noch in unsere Arbeitsweise ein. Er konnte nicht allzu viel damit anfangen, weil es eher mit einem schöpferischen Prozeß zu tun hatte. Doch als er diese Chemie kapierte, veränderte sich seine Haltung."

Eine weitere entscheidende Veränderung war die verbesserte Sicherheit für Hendrix durch die verschlossene Vordertür des Studios und den 24-stündigen Wachdienst. Kramer nutzte die Gelegenheit und setzte eine Reihe von neuen Regeln durch, um die Horden von Rumhängern, die bislang den Kontrollraum blockierten und um Hendrix' Gunst buhlten, fernzuhalten. „Der Kontrollraum war das Allerheiligste, und besonders Eddie war sehr streng," erklärt Kim King. „Bei jedem Nachttermin gab es Anweisungen von Jimi, wer reingelassen werden sollte und wer draußenbleiben mußte."

Diese Veränderungen mußten durchgesetzt werden, argumentierte Kramer, wenn Jimi die Gelegenheiten des neuen Studios ausnutzen wollte. „Es war unmöglich gewesen, während jener Sessions in der Hit Factory und im Record Plant auch nur den Versuch zu machen, die Arbeit zu Ende zu bringen," erzählt Kramer. „Ich erinnere mich, daß bis zu 30 Leute im Kontrollraum herumhingen. Soweit sollte es im Electric Lady niemals kommen. Ich hätte es nicht erlaubt. Ich wußte, daß er diese Karnevals-Atmosphäre manchmal genoß, weil er immer noch gelegentlich ein paar Leute mitbrachte. Aber wenn ich merkte, daß sie sich in den Vordergrund drängten, drehte ich mich zu ihm und sagte: 'Jimi, so können wir nicht arbeiten.'"

Kramer war nicht der einzige, der eine strengere Türpolitik wollte. Auch Billy Cox hatte viel zu viele frustrierende Sessions ertragen müssen, die von Jimis Gästen gestört wurden. „Die einzigen Leute, die in Kontrollraum des Electric Lady durften, waren Devon, meine Leute und Lynn Mitchell," sagt Cox . „Stella und Colette waren willkommen, ebenso Emmeretta Marks, die Zwillinge, Juma Sultan, Gerry Stickells, Eric Barrett, und Gene McFadden. Es war eine eingeschworene Gemeinschaft."

Da Electric Lady sein Studio war, weichte Hendrix die Regeln gelegentlich auf. „Es herrschte zweifellos eine andere Atmosphäre im Studio, wenn Kramer nicht in der Nähe war", erinnert sich King. „Jimi war wie ein Schuljunge, der die Schule schwänzte. In einer dieser Nächte fuhr ich eine Session, die er für die Patterson Singers produzierte. Überall im Kontrollraum waren Leute, und Jimi sprang zwischen dem Studio und dem Mischpult hin und her. Es wurde mir fast zuviel."

❐ Band of Gypsys

Track Records 2406 001. UK-Albumveröffentlichung. Freitag, 12. Juni 1970. Produzent: Jimi Hendrix. Toningenieur: Eddie Kramer.

„Who Knows"/ „Machine Gun"/ „Changes"/ „Power of Soul"/ „Message to Love"/ „We Gotta Live Together"

Track und Polydor Records hatten noch immer keine Einigung in ihrem langjährigen Rechtsstreit mit Ed Chalpin und PPX Industries über die Urheberrechte von Jimis Aufnahmen erzielt. Deshalb verzögerte sich die britische Veröffentlichung von „Band of Gypsys" um fast drei Monate. Die Wartezeit steigerte jedoch den Appetit von Jimis Fangemeinde, so daß das Album während seines 30wöchigen Aufenthalts in den Charts bis auf Platz 6 kam.

Wieder einmal sorgte Tracks Covergestaltungspolitik für Ärger: Der ursprüngliche Vorschlag zeigte Jimi wenig vorteilhaft als Marionette an der Seite von Puppen, die wie Bob Bob Dylan und Brian Jones aussahen. Was auch immer Track damit bezweckte – die Firma beugte sich schließlich dem öffentlichen Druck und tauschte das Motiv gegen ein Konzertfoto von Hen-

drix auf dem „Isle of Wight"-Festival aus.

❐ Montag, 15. Juni 1970

New York, Electric Lady Studios. Toningenieur: Eddie Kramer. Zweiter Toningenieur: Dave Palmer.

Chris Wood und Steve Winwood von Traffic besuchten das Studio. Die zwei waren von der Anlage sehr beeindruckt und wollten sofort losjammen. Da Mitch Mitchell nicht verfügbar war, brauchte man kurzfristig einen anderen Schlagzeuger. Kramer schlug Dave Palmer vor, den ehemaligen Drummer von Ted Nugents Amboy Dukes, der mittlerweile als Toningenieur im Electric Lady arbeitete. Palmer, der gegenüber dem Studio wohnte, wurde durch einen Telefonanruf von Kramer aus dem Bett geworfen. Palmer erinnert sich: „Kramer rief mich um 2 Uhr morgens an und sagte: 'Hendrix ist unten im Studio, und wir brauchen einen Schlagzeuger. Beweg deinen Arsch rüber und schlag auf diese Kübel.' Als ich dort ankam, zeigten Hendrix und Kramer gerade Steve Winwood die Räumlichkeiten. Nichts war richtig aufgebaut, aber Jimi und Stevie wollten unbedingt spielen. Eddie baute ein paar Mikrophone auf, ich setzte mich hinters Schlagzeug und jammte mit den beiden."

Vor Palmers Ankunft hatte Hendrix Winwood und Wood einige seiner neuen Aufnahmen vorgespielt. Er überredete die beiden, den Hintergrundgesang für „Ezy Ryder" zu liefern.

Der erste lebhafte Jam lehnte sich lose an Traffics „Pearly Queen" an – mit Hendrix am Baß, Winwood auf dem elektrischen Klavier, und Palmer am Schlagzeug. Palmer kehrte dann zum Kontrollraum zurück, und Hendrix hängte sich die Gitarre um. Hendrix und Winwood fingen nach einigem Herumdiskutieren mit einer langsamen, souligen Version von „Valleys of Neptune" an. Zusätzlich zu seinem elektrischen Klavier, gab Winwood mit seinem „Rhythm Ace" (einem elektronischen Metronom) den Takt vor. Die Paarung dieser beiden herausragenden Talente funktionierte sofort. Winwood begriff sofort Hendrix' Arrangement und lieferte dazu nicht einfach nur eine Begleitung, sondern setzte klare eigene Akzente. Die Qualität dieser

woods Jam mit Jimi teilgenommen. Winwood dagegen setzte eine Runde aus, als Wood anschließend mit einem wildem, strukturlosen Jazz-Jam mit Hendrix eine ganze Tonbandspule füllte. Es gab keine Takes, nur überschwengliches, unstrukturiertes Jammen, das sich zum großen Vergnügen aller entwickelte. In spätere Jams stieg Winwood hin und wieder mit ein, wie auch Jenny Dekan, ein gemeinsamer Freund, der seinen Gesang einem ähnlichen freien Zusammenspiel mit dem Titel „Slow Blues" beisteuerte. Insgesamt blieb allen eine wilde Nacht in Erinnerung.

❐ Dienstag, 16. Juni 1970
New York, Electric Lady Studios. Toningenieur: Eddie Kramer. Zweiter Toningenieur: Kim King.

Ein äußerst produktiver Abend und eine der besten Studio-Arbeiten von Jimi seit den letzten Tagen des „Electric Ladyland"-Albums. Die Gruppe begann gemeinsam mit dem Percussionisten Juma Sultan mit dem ersten Versuch von „Nightbird Flying", einem neuen Super-Song von Hendrix.

„Nightbird Flying" war nach und nach entstanden. Das Rhythmus-Muster des Songs enthält kleine Elemente des Jams, der im Oktober 1968 in den TTG Studios veranstaltet wurde. Anfang 1969 begann der Song als „Ships Passing in the Night" Gestalt anzunehmen. Hendrix spielte den Song wiederholt im Laufe des Jahres 1969 bei einer Reihe von Gelegenheiten und ließ immer wieder diverse Teile in verschiedene Jam-Sessions einfließen. Es wurden auch Demos aufgenommen – die erste bekannte Aufnahme fand am 14. April 1969 im Record Plant statt. In der Folge entstanden weitere Demos, aber keines lieferte eine definitive Song-Version. Am heutigen Abend nahm Hendrix erneut 32 Takes auf, bevor das endgültige Master erreicht wurde. Während Take 7 bis kurz vor Schluß zusammenhielt, konnte erst der vollständige Take 12 erkennen lassen, wie vielversprechend der Song wirklich war. Take 17 wurde mit „gut" beschriftet, aber Hendrix war noch nicht zufrieden. Take 23 war schon sehr nahe am Ziel, wurde aber dennoch verworfen. Ein wunderbar Take 24 wurde erneut mit „gut" bezeichnet und auf 3:45

Eddie Kramer bei der Arbeit in den Electric Lady Studios.

(Eddie Kramer)

Aufnahme war zwar eher unbefriedigend (es waren nur schnell ein paar Raum-Mikrophone aufgestellt worden), dennoch wurden einige brilliante Momente auf Tonband eingefangen.

Kramer, der die besondere Ehre genoß, sowohl Hendrix als auch Traffic aufgenommen zu haben, freute sich sehr über die grenzenlosen Möglichkeiten dieser Kolaborationen: „Steve war das perfekte Gegenstück zu Jimi und einer der ganz wenigen Musiker, die ihm das Wasser reichen konnten."

Chris Wood hatte nicht an Win-

Minuten abgestoppt. Nachdem man die Aufnahme abgehört hatte, wurde ein neues Tonband eingefädelt und die Arbeit ging weiter. Take 29 und ein besonders robuster Take 30 wurden mit „gut" gekennzeichnet, aber Jimi machte weiter. Ein vorzüglicher Take 32 erfüllte endlich seine Erwartungen. Nach dem Abhören wurden drei Schnitte versucht – der zweite warf das endgültige Master ab. Am Ende des Bandes, nachdem der Song ausgeblendet worden war, kann man Hendrix und Kramer hören, wie sie darüber diskutieren, wie und wo man den Song ausblenden sollte, um ein sauberes Ende zu erzeugen.

In den folgenden Wochen wurde viel Zeit damit verbracht, Overdubs aufzunehmen und eine Abmischung für „Nightbird Flying" vorzubereiten. Jeder, der an diesen besonderen Abend mit dabei war, wußte, daß Jimi ein Meisterwerk geschaffen hatte, das seine Entwicklung als Musiker und Komponist unter Beweis stellte und seine neue musikalischen Richtung deutlich aufzeigte. „'Nightbird Flying' war wirklich eine überragende Arbeit", lobt Kramer. „Mitch war großartig auf dem Track, er war der Aufgabe wirklich gewachsen." Der komplexe Grund-Rhythmus-Track stellte auch für Jimis Overdubs-Aufnahmen eine Herausforderung dar. „Das Abmischen des Songs war ein harter Brocken, weil wir so viele Gitarren-Parts hatten", erinnert sich Kramer. „Es gibt darin eine Passage [von 2:22 bis 2:30], bei der Jimi seine Country-Einflüsse demonstrierte. Er hatte eigentlich eher auf der Gitarre herumgeblödelt und beim Spielen in einer Tour gelacht. Es war super, wie Jimi solche Sachen spielte."

Nachdem „Nightbird Flying" zu seiner Zufriedenheit vollendet war, fing Jimi mit ersten Arbeiten an „Straight Ahead" an. Die hier aufgenommenen Versionen zeigten aber eher die Versuche der Gruppe, das Arrangement des Songs zu kapieren und verschiedene Rhythmusmuster auszuprobieren.

Nach „Straight Ahead" spielte Hendrix ein nagelneues Instrumental an. „Messing Around", wie die Aufnahme auf der Tonband-Hülle bezeichnet wurde, war ein funkiges, mittelschnelles Instrumental, dessen Arrangement sich von Take zu Take allmählich entwickelte. Bevor Take 17 aufgenommen wurde, verfeinerte Hendrix einige Details und wies Cox an, seine Baß-Linie mit einfacheren Noten zu spielen. Obwohl Cox entsprechend reagierte, war Hendrix nicht in der Lage, den Song zu einem wirkungsvollen Ende zu bringen. Trotz struktureller Probleme klangen die restlichen drei Takes dennoch vielversprechend. Hendrix schien jedoch zu erkennen, daß noch mehr Arbeit erforderlich war, bevor man ein ordentliches Master erreichen konnte. Als er bei Take 20 angelangt war, gab er auf.

Als nächstes kam „Beginnings" an die Reihe, ein Instrumental, das als „Jam Back at the House" bei Jimis Auszug aus dem Shokan-Gebäude im Juli 1969 entstanden war. Einige Takes waren zwar in Ordnung, aber die vier hatten eine Menge zu tun mit der Ausarbeitung der Teile und Hendrix unterbrach immer wieder die Arbeit, um jedem der Musiker Anweisungen zu erteilen. Keine dieser Versionen war vollständig oder verdiente die Bezeichnung Take. Sie dienten jedoch dazu, die Gruppe in Schwung zu bringen, so daß eine äußerst kraftvolle instrumentale Version von „Freedom" folgen konnte. Die Gangart des Songs war merklich langsamer, doch seine Struktur war sofort zu erkennen. Ungewöhnlich war auch der dreckige Gitarrenton von Hendrix, ein sehr spitzer Sound, der auf dem fertigen Master später nicht mehr auftaucht. Bemerkenswert war auch Hendrix' einzigartiges Akkord-Spiel – erdig und rauh wie das gesamte Demo. Ein fertiges Master entstand zwar erst neun Tage später am 25. Juni, aber dieses schillernde Demo gewährt dennoch einen interessanten Einblick in die Entstehungsgeschichte dieses Songs. Am Ende bemerkte ein erschöpfter Hendrix: „Das reicht für heute Nacht. Wir werden daran morgen weiterarbeiten."

☐ Mittwoch, 17. Juni 1970
New York, Electric Lady Studios. Toningenieur: Eddie Kramer. Zweiter Toningenieur: Kim King.

Die außergewöhnliche Abend-Session begann mit einer enthusiastischen Version von „Straight Ahead". Nach 25 Probe-Takes, wurde Take 1, der erste formelle Take, auf 4:20 Minuten gestoppt. Nachdem sie es sich nochmal angehört hatten, fragte Hendrix Kramer: „Welchen Gitarrenton habe ich gerade gespielt? Diesen [spielt eine Kaskade von hohen Tönen] oder den mit mehr Baß?" Kramer antwortete: „Den mit mehr Baß." Hendrix klang sehr zufrieden und die drei Musiker waren offensichtlich gut gelaunt – man kam schnell voran. Take 7 wurde mit „nice feel" beschriftet, während Take 11 als vollständig aufgeführt wurde. Danach versuchte man mit Take 18 eine Bearbeitung des ersten Teils des Songs. Zwei Takes wurden gemacht und der zweite wurde behalten. Nach dem Abhören fügte Jimi einen Leadgitarren-Overdub hinzu.

Als Nächstes konzentrierten Hendrix, Cox und Mitchell sich darauf, einen Teil von „Straight Ahead" einzuspielen, der in das neue Master hineingeschnitten werden sollte. Verschiedene Parts mit hervorragenden Beiträgen von allen dreien wurden aufgenommen. Jimi war sichtbar begeistert, was den Impuls erzeugte, der den meisten Sessions in diesem Jahr gefehlt hatte.

Ähnliche Schnitt-Teile wurden dann für „Astro Man" aufgenommen. Hendrix und Cox spielen das gleiche treibende, verzerrte Rhythmusmuster simultan. Obwohl auch das äußerst gut gespielt wurde, gibt es keinen Hinweis darauf, daß dieser Overdub für das endgültige Master benutzt wurde – anders als die Schnitt-Parts, die für „Straight Ahead" eingespielt wurden.

„Straight Ahead" war vorläufig fertig und Hendrix ging zu seiner Interpretation von Bob Dylans „Drifter's Escape" über. Jimi wollte ursprünglich den Song alleine beginnen, schlug dann aber vor, daß Cox den Track mit seinem Baß einleiten sollte. Als Cox die für den Song charakteristischen Eröffnungnoten spielte, entgegnete Hendrix mit schnellen, kurzen Schlägen auf der Gitarre. Das gefiel ihm dermaßen gut, daß sogar sein aufgeregtes 'Yeah!' auf dem Tonband zu hören war. Nachdem er die Idee aufgegriffen hatte, brachte Jimi die Gruppe zu einem abrupten Ende. „Schalt das Band an! Schalt das Band an!" forderte er. „Haben wir, haben wir, haben wir", beruhigte ihn Kramer. Jimi begann dann mit hoher Stimme „Help me in my weakness" zu singen, anschließend sogar noch eine Oktave höher: „Help me in my ...aah!"...seine Stimme war am Rande

Mitch Mitchell.

(John Gardiner)

des Umkippens. Jimi setzte noch einen drauf und sang das dritte und höchste „Ahhh" – Kramer mußte lachen. „Oh fuck!" lachte Jimi. „Der Teufel ließ mich das singen!" Als Jimi den Song einzählte, bat Kramer ihn, gleich dazu zu singen. „Du willst, daß ich es singe?" fragte Jimi lachend. Es folgte ein vielversprechendes, aber unvollständiges „Drifter's Escape". Take 2, ebenfalls unvollständig, war durch Jimis Live-Gesang in der ersten Hälfte des Songs sogar noch besser. Zum Abschluß dieses Take flachste Hendrix mit den Roadies Eric Barrett und Gen McFadden, die an der Anlage einige Veränderungen vornehmen wollten.„Macht euch keine Sorgen, Eric Barrett und Gen McFadden." „Eric glaubt, daß er bald tot umfällt.", fügte Kramer im nachgeahmten Londoner Cockney-Dialekt hinzu. „Gut, hört zu", alberte Hendrix, „ich werde ihn dieses eine Mal noch verschonen...aber nur, wenn wir es jetzt auf die Reihe kriegen." „Spiel einfach!" brüllte Mitch. „Ihr habt drei Minuten," warf Kramer ein. „Oh, drei Minuten – was für ein Wunder, daß wir so viel Zeit haben" lachte Hendrix. Er verspielte sich bei der Einleitung des Songs, woraufhin er sagte: „Oh fuck! Zweieinhalb Minuten", was allgemeines Gelächter auslöste. Eric Barrett setzte den Spaß mit einer Bemerkung über Mitchs Kopfhörer fort, die von seinem Kopf heruntergefallen waren. „Wir werden dir spezielle Dosen [Kopfhörer] besorgen müssen, Mitch", alberte Kramer. „Die, die mit Blei beschwert sind." „Nein, besser die Sorte mit dem Gummi auf der Innenseite", schlug Hendrix vor, was alle losbrüllen ließ. Die Gruppe machte im Kontrollraum eine Pause, während Barrett und McFadden die Verstärker auswechselten und einen neuen Ampeg für Billy Cox installierten. Nachdem diese Arbeit beendet war, kehrte die Band ins Studio zurück, um den dritten Take aufzunehmen, der auch ein Arbeits-Master einbrachte. Hendrix overdubte später in einer nicht dokumentierten Session zusätzliche Lead-und Rhythmusgitarrenteile sowie einen neuen Leadgesang.

Seit den beiden Maiterminen im Record Plant hatte sich Kramers Rolle zu der des Toningenieurs und Co-Produzenten entwickelt, er trug jetzt die doppelte Verantwortung. Hendrix war noch immer der Chef bei jeder Session und entschied, welche Songs aufzunehmen und welche Arrangements einzusetzen waren. Die Arbeitsbeziehung zwischen den beiden war gereift und erlaubte es Kramer, seinen Einfluß auszuweiten, ohne mit Hendrix' notorischem Arbeitseifer und dessen Besessenheit, alles selber machen zu wollen, aufeinanderzuprallen. „Abgesehen von Gary Kellgren gaben uns die anderen Toningenieure, mit denen wir im Record Plant gearbeitet hatten, nur sehr wenig Input" erklärt Cox. „Sie verließen sich einfach darauf, daß Jimi wußte, was er tat und mischten sich nicht ein. Sie wechselten allenfalls die Batterien im Wah-Wah-Pedal aus oder ersetzten ein kaputtes Fuzz-Face (Verzerrer), aber keiner von ihnen dachte bei den Songs so mit wie Eddie. Kramer vertiefte sich völlig in unsere Arbeit. Jimi mochte das. Eddie war nicht der Typ, der über das Talkback nörgelte: 'Leute, ihr habt da ein Fis statt ein F gespielt.' Er gab sich nie mit so etwas ab. Er war voll auf Jimi konzentriert und sagte ab und zu: 'Höre ich da etwas?'. Und Jimi sagte: 'Ja, ich höre das auch. Laß es uns ändern oder so behalten.'"

Der Schlüssel ihrer äußerst guten Arbeitsbeziehung war für Kramer einfach ein klares gegenseitiges Verständnis ihrer Stärken und Verantwortungsbereiche. „Nachdem wir jetzt wieder angefangen hatten, zusammen zu arbeiten, mischte er sich nicht mehr so sehr in die Mischpultarbeit ein wie er es zuvor gemacht hatte" erinnert sich Kramer. „Er überließ es mehr oder weniger mir und konzentrierte sich mehr auf die Arbeit im Aufnahmeraum. Wann immer wir aber die Songs zusammenmischten, kehrte der alte Teamgeist sofort zurück."

„Kramer war wie ein Regisseur," erklärt Kim King. „Er sagte Jimi nicht, was er spielen sollte. Aber wenn er gut drauf war, kanalisierte Kramer Hendrix' Produktivität. Das sah man allein daran, daß, wenn Kramer nicht gut drauf war, Hendrix die ganze Nacht damit verbrachte, einen wunderbaren Jam aufzunehmen, der aber schlicht und einfach unbrauchbar war."

Kramer hatte sich mit Haut und Haaren Hendrix verschrieben. „Viele Toningenieure, mit denen wir im Record Plant gearbeitet hatten, waren bestimmt nette Typen, aber Eddie war bei dem, was wir machten, immer voll dabei", erinnert sich Cox. „Wir waren voll zufrieden mit Eddie und wußten, daß er uns helfen konnte, unsere Magie auch aufs Band zu bringen. Eddie war in unsere Musik versunken und lenkte unsere Kreativität in die richtige Richtung. Er hörte uns zum Beispiel zu und schlug dann vor, es rückwärts zu spielen oder er veränderte Jimis Gitarren-Sound. In diesen Fällen war er vor allem der penible Toningenieur. Bislang hatten uns die anderen Toningenieure immer gefragt, ob man Equalizer benutzen sollte oder nicht, oder auf welchen Spuren das Schlagzeug aufgenommen werden sollte. Wir wollten aber keinen Toningenieur, der uns solche Dinge fragt – wir wollten, daß er es selber weiß und sich mit der Sache identifizert. Kramer bekam das hin. Du brauchtest das bei Jimi Hendrix, weil er ein solcher Perfektionist war. Oft wollte ich sagen: 'Verdammt, das ist gut! Du kannst das nicht verbessern', aber er versuchte es weiter. Und dann nahm er einen großartigen Gitarren-Overdub auf, und Eddie sagte ihm, daß es super war. Er wußte, daß wir hinter ihm standen und daß er es besser machen könnte. Es gab Zeiten – sogar im Electric Lady – da brauchte er zwei Stunden, um zu dem Entschluß zu kommen, daß das, was er gerade spielte, zwar großartig war, aber auch nicht besser als der Take, den wir gut fanden."

❏ Mittwoch, 24. Juni 1970
New York, Electric Lady Studios. Toningenieur: Eddie Kramer. Zweiter Toningenieur: Dave Palmer.

Nach den Konzerten in Albuquerque (19. Juni), San Bernardino (20. Juni), Ventura (21. Juni) und Denver (23. Juni) kehrte Hendrix nach New York ins Electric Lady zurück, um an die guten Fortschritte, die man im Studio gemacht hatte, anzuknüpfen. Hendrix konzentrierte sich an diesem Abend ausschließlich auf „Astro Man" und wurde von seiner Gruppe nicht enttäuscht. Hendrix hatte 1969 häufig Teile des Rhythmusmusters von „Astro Man" (oder „Asshole Man", wie er den Song gelegentlich nannte) in eine Reihe seiner Record Plant-Jams eingebaut. Der am weitesten gediehene Versuch, diesen Track aufzunehmen,

Jimi auf seiner US-Tour 1970.

(Cuck Boyd/Flower Children Ltd.)

wurde von der Band of Gypsys im Januar 1970 gemacht. Die Version kam jedoch nie über das Demo-Stadium hinaus. Dem Song liegt eine einfache Inspiration zugrunde, die in Hendrix Liebe für Zeichentrickfilme wurzelte. „Davon handelte 'Astro Man'" , lacht Cox. „Wir sahen uns in seiner Wohnung gerne Cartoons an. Er mochte Mighty Mouse und vor allem Rocky und Bullwinkle."

Hendrix' Hauptaufgabe an diesem Abend war es, den ansteckenden Groove des Songs einzufangen. Die Gruppe füllte zwei Tonbandspulen mit Instrumental-Takes, wobei jeder neue Versuch dem endgültigen Arrangement näher kam. „Wir waren in einem Groove in dieser Nacht", erinnert sich Cox. „Es machte einen Riesenspaß, 'Astro Man' zu spielen. Mit der Zeit kannten wir die Muster ganz genau und bauten darauf auf." Spule 3 begann mit einem lockeren Durchlauf von Muddy Waters' „Rollin' Stone", das fälschlicherweise mit „I Just Want to Make Love to You" auf der Tonbandhülle verzeichnet wurde. Es folgten sechs unvollständige Takes von „Astro Man". In dem aufregenden Take 7 spielten Cox und Mitchell wie eine Einheit und erweiterten gemeinsam mit Hendrix die Grenzen des Arrangements. Eine bearbeitete Version dieses Jams wurde ursprünglich für „Bootleg" vorgemerkt, das 1985er Kompilation-Album, das von Reprise Records vorbereitet aber niemals veröffentlicht wurde.

Zum Abschluß dieses erweiterten Take 7 baute Hendrix die Anlage um und führte Cox und Mitchell durch eine interessante Variante von „In from the Storm". Die endgültige Struktur stand noch nicht fest, deshalb klangen einige Passagen recht holprig. Zum Abschluß führte Cox Hendrix zu einen kurzen Ausflug in Creams „Politician". Daran schlossen sich vier zusätzliche Takes von „Astro Man" an, die mit den Nummern 11 bis 14 versehen wurden. Obwohl kein vollständiges Master entstand, spielte Jimi nichtsdestotrotz bemerkenswert. Als die Band voll in Fahrt war und sich ganz in einem weiteren spannenden Take verloren hatte, war die Spule plötzlich zu Ende. Tonassistent Dave Palmer legte hektisch eine neue Spule auf, drückte auf den Aufnahmeknopf und fing die letzten 40 Sekunden des Jams ein. Hendrix jagte

dann durch ein erstaunliches Medley, das ohne Pause fast 26 Minuten dauerte. Sein unglaublicher Höhenflug begann mit einer langsamen, blubbernden, siebenminütigen Version von „Beginnings", bei der Mitchell und Cox hinter ihm herumswingten. Daraus entwickelte sich ein schnelles „Hey Baby (Land of the New Rising Sun)" mit etlichen spannenden Momenten. Als Jimi dann wieder gelandet war, ging er in einen lebhaften Jam über, der sich zu „Keep on Movin'" entwickelte, einer spontanen Mischung aus „Straight Ahead" und „Midnight Lightning". Es folgte ein zorniges Instrumental-Take von „Freedom", das von einem krachenden Tusch beendet wurde. Kramer rief begeistert ins Talkback und auch der Beifall der Gäste, die im Kontrollraum saßen, ist zu hören. Hendrix freute sich sehr über diese Reaktion und rief die Band in den Kontrollraum, um sich das anzuhören, was heute, mehr als 25 Jahre später, als faszinierendes Dokument seines großartigen Talentes übrig geblieben ist.

Sessions wie diese machen Hendrix' schöpferische Verjüngung deutlich. Electric Lady hatte Jimis Kreativität angefacht und forderte ihn heraus, seine unermeßlichen Fähigkeiten als Musiker und Komponist zu vervollkommnen. Innerhalb der Mauern seines neuen Studios hatte Hendrix seine Energie und Konzentration wieder erfolgreich auf seine Musik gelenkt. „Im Studios wurden wir niemals von äußeren Einflüssen belästigt", erinnert sich Cox. „Sogar Michael Jeffery hielt sich heraus. Ich sah ihn nur einmal runterkommen, und zwar, um zu sehen, was so los war. Er hatte überhaupt nichts damit zu tun. Man ließ uns Musik machen, und das ist es, was wir wollten. Das machte Jimi sehr glücklich. Er sagte: 'Mann, wir angeln nicht oder gehen kegeln wie andere Leute. Wir machen Musik, und das macht Spaß.' Ich sagte: 'Genauso ist es. Mir tun all die Musiker leid, die das nicht machen können.' Electric Lady war für unser Zuhause. Sogar wenn wir draußen auf der Straße waren, erdachten wir uns kleine Musikmuster, sangen sie uns gegenseitig vor und sagten: 'Wir müssen das gleich im Studio ausprobieren."

❐ **Donnerstag, 25. Juni 1970**
New York, Electric Lady Studios. Toningenieur: Eddie Kramer. Zweiter Toningenieur: Dave Palmer.

Die Gruppe setzte die Arbeit an „Astro Man" fort. Unter Mitwirkung von Juma Sultan bekam der neue Basic-Track seinen letzten Schliff. Es folgten weitere Overdubs und eine Reihe von Rohmixen. Die Version, die heute aufgenommen wurde, diente als endgültiges Master für das „Cry of Love"-Album.

„Drifting", eine hervorragende neue Ballade, wurde zum ersten Mal eingespielt. Die Gruppe nahm eine Instrumentalspur auf, bei der Hendrix über einen Leslie-Orgellautsprecher spielte, während er gleichzeitig den Pilot-Gesang beisteuerte. Nach dem erfolgreichen Take wurde auch das Intro des Songs aufgenommen. Beide Arbeiten wurden mit „Master" gekennzeichnet.

„Drifting" wurde beiseite gelegt und Hendrix wandte sich „Freedom" zu. Nach einem unvollständigen ersten Take, fiel Take 2 besonders lebhaft aus. Eine kurze Diskussion zwischen Hendrix und Kramer folgte, weil Kramer das Gefühl hatte, daß die Bassgitarre neu eingestellt werden müßte. Die Gruppe ging in den Kontrollraum zurück, um sich das anzuhören. Das Treffen war sehr nützlich, da Take 4 – nach einem Fehlstart als Take 3 gekennzeichnet – besonders gut klang. Hendrix hatte eine unwesentliche Note vergessen und wußte, daß er es besser spielen konnte. Nach einem Fehlstart bei Take 5, wurde der sechste Take zum Master.

„Ursprünglich hatte Jimi ja nur dieses Eröffnungsriff", entsinnt sich Billy Cox. „Ich erinnere mich, wie er es mir während der Zeit von Band of Gypsys in seiner Wohnung vorgespielt hatte. Wir verbrachten sehr viel Zeit damit, den Song auszuarbeiten, bevor wir ihn schließlich im Electric Lady aufnahmen. Wir spielten wie immer zuerst einmal einen Arbeits-Track ein. Ein Arbeits-Track war nichts weiter als ein Basic-Track – einfach die Grundgitarre, Baß und Schlagzeug-Parts. Mit diesem Arbeits-Track waren die Möglichkeiten unbegrenzt. Du konntest die Gitarrenspur durchgehen oder konntest den Baßteil löschen, weil du die Grundbestandteile eines dynamischen Songs schon aufgenommen hattest.

Der Percussionist Juma Sultan. Auch nach dem Auseinanderbrechen von Gypsy Sun & Rainbows nahm Juma häufig an Jimis Aufnahmen Teil. Er besuchte oft das Electric Lady und spielte auch auf Tracks wie „Dolly Dagger".

(Jim Cummins/Star File)

Wir arbeiteten nicht mit Papier und Feder oder Takten und festgeschriebenen Geschwindigkeiten. Wir hatten alles im Kopf. Mit einem vorhandenen Arbeits-Track konnten wir etwas zusammenbauen, und so kam „Freedom" schließlich zustande.

Ein anderer Track – auf der Tonband-Hülle als „Cherokee Mist" bezeichnet – entstand ebenfalls während dieser produktiven Session. Der Basis-Take wurde 1974 von Alan Douglas aus dem Vielspur-Master herausgeschnitten und auf eine Kompilation-Spule überspielt. Diese Arbeitsspule ging jedoch entweder verloren oder wurde gestohlen, und der Verbleib einer Sicherheitskopie, falls überhaupt eine solche existiert, ist unbekannt.

Nachdem Hendrix die Bedingungen seiner Abmachung mit Capitol Records und PPX Industries durch die Veröffentlichung des jüngsten „Band of Gypsys"-Albums erfüllt hatte, wollte er „First Rays of the New Rising Sun" vorbereiten, ein Doppel-Album mit neuem Material. Am 24. Juni machte Hendrix eine vorläufige Bestandsaufnahme und schrieb sich ein Memo, in dem er folgende Tracks als „mit vollendeter Instrumentalspur" aufführte: „Ezy Ryder", „Room Full of Mirrors", „Earth Blues Today", „Have You Heard [Straight Ahead]", „Freedom", „Stepping Stone", „Izabella" „vollständig, braucht neue Abmischung"), „Astro Man" und „Nightbird Flying". Ebenfalls aufgeführt wurden „Drifter's Escape" und „Burning Desire", aber Jimi hatte Fragenzeichen dahinter gesetzt. Er machte sich auch eine Notiz, das Tonband von „Highway Chile" zu besorgen.

☐ Freitag, 26. Juni 1970
New York, Electric Lady Studios. Toningenieur: Eddie Kramer. Zweiter Toningenieur: Kim King.

Ein fleißiger Abend mit Overdubs für bereits vorher aufgenommene Masters. Die Aufnahmen von „Message to Love" vom 19. Dezember 1969 und 20. Januar 1970 aus dem Record Plant wurden durchgehört, aber es wurde kein Overdub-Versuch unternommen. Laut Kramer traf Hendrix diese Entscheidung, weil er fühlte, daß Songs wie z.B. „Message to Love", „Machine Gun" und „Power of Soul" in die Zeit der

Band of Gypsys gehörten. Das Herausbringen von Studio-Versionen dieser Songs – auch wenn sie in Stil oder Arrangement drastisch verändert würden-erschien ihm als Rückschritt und war nicht mit seinen Plänen für das bevorstehende Doppel-Album in Einklang zu bringen.

Die Aufnahme von „Earth Blues" aus dem Record Plant vom 19. Dezember 1969 und 20. Januar 1970 wurde dennoch gründlich überarbeitet. Der Track wurde nicht einfach umgeschnitten. Hendrix restrukturierte den Song durch Ersetzen des größten Teils der ursprünglichen Aufnahme mit neuen Overdubs. So wurde zum Beispiel das ursprüngliche Schlagzeug von Buddy Miles durch einen neuen Overdub von Mitchell ersetzt. Billy Cox verbesserte seine originale Baßlinie und auch Hendrix war auch fleißig: er overdubte eine neue Rhythmusgitarre und nahm auch zwei neue Lead-Tracks auf. Der Backgroundgesang von Buddy Miles und den Ronettes wurde beibehalten, aber Jimi fügte selbst eine weitere Spur mit Hintergrundgesang hinzu.

Obwohl viel Zeit und Arbeit in die Wiederherstellung von „Earth Blues" investiert worden war, hörte Hendrix kurz vor Beendigung des Tracks auf. Er glaubte, ihn später noch weiter verbessern zu können. „Obwohl ‚Earth Blues' musikalisch sehr gut zu seiner neuen Richtung paßte, waren wir nicht sicher, ob er jemals auf die Platte kommen würde", sagt Kramer. Von Jimis gesamten neuen Material war „Earth Blues" mit seinem klaren R&B-Einfluß das beste Beispiel für die tiefe kreative Kluft zwischen Hendrix und seinem Manager Michael Jeffery. ‚Earth Blues' war ein guter Track", erklärt Toningenieur John Jansen. „Aber niemand von oben wollte diese ‚Jedermann'-Gesänge auf einer Platte von Jimi hören. Wenn Jimi nicht in der Nähe war und Jeffery uns daran arbeiten hörte, hob er seine Hände in die Luft und verdrehte die Augen."

„Stepping Stone" war ein weiterer wichtiger Band of Gypsys-Song, der im Electric Lady umgearbeitet wurde. An diesem Abend overdubte Hendrix zusätzliche Rhythmus und Leadgitarren-Parts. Spätere undokumentierte Sessions lieferten weitere Gitarrenoverdubs von Jimi, einem Gesangs-Overdub und den neuen Schlagzeug-Parts von Mitch

Mitchell, die Buddy Miles' ursprüngliche Spuren ersetzten. Nichtsdestotrotz fühlte Eddie Kramer, daß Jimi an „Stepping Stone" weiter herumbasteln würde. „Das Tempo war immer das Problem bei diesem Song", erklärt Kramer. „Sowohl Buddy als auch Mitch hatten bei diesem Stück Schwierigkeiten, mit Jimi mitzuhalten."

Auch an „Valleys of Neptune" wurde weitergearbeitet. Der Song hatte während Hendrix' Aufenthalt im Shokan Haus im Sommer 1969 feste Formen angenommen. Im September 1969 erkannte Hendrix in der Hit Factory erstmals das Potential des Songs, von dem er in den folgenden neun Monaten eine Reihe unvollendeter Versionen aufnahm. Trotz dieser außergewöhnlichen Anstrengungen gelang es ihm nicht, ein zufriedenstellendes Master-Take zu vollenden. „Ich liebte diesen Song", sagt Cox. „Jimi verbrachte sehr viel Zeit in seiner Wohnung damit, ihn zu straffen. Er hielt sich an seine ursprüngliche Idee. Um ein Haar hätten wir den Song im Electric Lady vollendet.Wenn wir es geschafft hätten, wäre es ein Monster-Song geworden."

Abgehärtet von den Overdub-Versuchen von Hendrix und Cox an „Valleys of Neptune" arbeiten sie an diesem Abend auch noch an einem weiteren fesselnden Hendrix-Song. Es kam zu dem Debüt eines kargen Solo-Demos mit dem Titel „Heaven Has No Sorrow". Auf der Basis dieses skelettartigen Takes arbeitete Hendrix mit Cox an einer passenden Basslinie und an einer Verbesserung des existierenden Rhythmusmusters. ‚Heaven Has No Sorrow' war eine von Jimis Ideen, zu der wir niemals wirklich kamen", gibt Cox zu. „Das Demo war nicht besonders, aber es hätte sich wahrscheinlich sich zu einem hübschen dynamischen Song entwickeln können, etwas in der Art von ‚Angel'".

In dem Maße, in dem das Studio von Tag zu Tag besser funktionierte, wuchs auch Hendrix' Begeisterung. „Das Studio war eine Art Labor für uns", sagt Cox. „Wir waren auf Tour und spielten etwas in unserem Hotelzimmer herum. Wenn wir ein gutes Muster hinbekamen, sagten wir: ‚Wir müssen das versuchen, wenn wir wieder ins Studio zurückkommen. Genau das bedeutete das Studio für Jimi. Wir waren unterwegs und konnten zurück

im Electric Lady gleich wieder arbeiten."

Kramers Anwesenheit hatte Jimis Konzentration geschärft und den störenden Einfluß der vielfältigen Ablenkungen um ihn herum minimiert. Kramer und der Studio-Präsident Jim Marron wies die Angestellten und den Techniker-Stab an, Jimi die Distanz zu gewähren, die er wünschte. „Jenseits der Eingangstür des Studios existierte Jimi für die Tonassistenten nicht mehr", erklärt Kim King. „Sein Privatleben war absolut getrennt von dem Studio. Das war eine der Regeln im Electric Lady – Jimi konnte aus der Tür gehen und irgendwo anders sein. Die Außenwelt endete an der Eingangstür."

Das rund um die Uhr laufende Kamerasicherheitssystem des Studios rechtfertigte seine Unkosten schnell, da sich jede Person, die vor der verschlossenen Tür der neuen Anlage stand, sich erst anmelden mußte. Uneingeladene Gäste konnten nicht länger einfach in das Studio gehen und die Arbeit im Kontrollraum stören – wie es im Record Plant Usus war. Electric Ladys neue Türpolitik fand starke Zustimmung bei Billy Cox. „Als ich das erste Mal an Bord kam, waren Jimis Sessions nichts weiter als eine große Party", erzählt Cox. „Er sah, daß es mich störte, wenn die vielen Fremden reinkamen und unsere Sessions unterbrachen. Es war einfach nicht produktiv. Ich war kein Partytyp und wollte deshalb nicht die ganze Zeit damit verschwenden, herumzustehen und nichts zu tun. Ich hatte einfach ein schlechtes Gefühl, wenn all diese Leute in unsere Sessions stürmten. Das Studio ist der Ort, an dem du experimentieren und Fehler machen kannst während du an den Songs arbeitest. Das Studio war nicht unsere Live-Bühne. Jimi wußte was geschah. Im Vertrauen sagte er: ‚Wenn ich ein Hausmeister wäre, glaubst Du, daß all diese Leute mich dabei beobachten wollten, wie ich den Boden aufwische?' Aber dann warf er trotzdem niemanden hinaus, weil er keine Szene machen wollte. All das veränderte sich im Electric Lady. Wir waren endlich in der Lage, unsere Arbeit zu machen ohne gestört zu werden. Das Ergebnis war eine bessere geistige Verfassung von Jimi, und die Aufnahmen klangen besser. Wir schafften sehr viel in dem Sommer, und ein Grund

PAGE 1

Chant: Ball and chain for sale
master's gone to hell

HOTEL Navarro

Cowbell Beat

ON-THE-PARK July 19, 1960
112 central park south, new york, n.y. 10019
212 circle 7-7900
Cable NAVARROTEL

1. You got me sitting up on the shelf
   while you're out bewitching someone else
   Do I live, Do I die
   Do I laugh, Do I cry
   What game am I spose to lose in this Time?

2. You got chains attached to my head
   You spreading magic honey all in your bed
   what is it you want just
   a puppet that talks
   or mabye just a lover who makes love to the dead.

BRIDGE Step onto the stage. Just a few more minutes.
   let's see what kind of juggler, you really are
   Say, without that whip and those Bloody Boots,
   which are rented ... You actually could become
   a morning star...

TALK But you rang your last bell
   Even your planets, they've gone to hell
   And your world turns to nothing but a bubble
                    in a shotgun Jar.

Manuskript des unveröffentlichten Songs „Ball
and Chain", zu dem Jimi von seiner Beziehung
mit Devon Wilson inspiriert wurde.

(James A. Hendrix)

dafür war, daß wir uns diese Ablenkungen vom Halse hielten."

Während der Großteil seiner früheren Sessions im Record Plant zumeist erst nach Mitternacht begonnen hatten, fingen Hendrix' Sessions im Electric Lady normalerweise um 19 Uhr an. „Wir wußten, wenn Jimi angekommen war, weil er an der Haustür klingeln mußte, um reinzukommem" erinnert sich King. „Jimi ging selten gleich die Treppen in den Kontrollraum hinunter. Er steckte zumeist erst seinen Kopf oben ins Büro. Eddie hatte meistens einen Rohmix von irgendeiner Nummer aus dem Programm, mit dem man gleich losarbeiten konnte, aber oft stellte sich heraus, daß Jimi an etwas anderem arbeiten wollte. Jimi ging in den Kontrollraum und sprach unter vier Augen mit Eddie – die Tonassistenten durften nicht dabei sein. Wenn sie fertig waren, ging Jimi als erster ins Studio, und Eddie sagte uns, was wir in dieser Nacht machen würden. Aber auch dann wurden Jimis Sessions fast völlig von seiner Stimmung und Launen geleitet. In einigen Nächten klebten wir am Spielplan; in anderen Nächten wollte er mittendrin alles umwerfen und etwas anderes machen."

Obwohl die Beseitigung der Horden von Abhängern das Arbeitsklima innerhalb des Studios verbessert hatte, trug es wenig dazu bei, den heiklen Zustand von Hendrix' Privatleben zu ändern. Die Unbeständigkeit seiner Beziehung mit Devon Wilson, gekoppelt mit seinen vielen Auseinandersetzungen mit Michael Jeffery, forderte seinen Tribut. „Es gab auch einige Nächte, da kam Jimi an, ging zuerst nach oben, und kam nicht mehr herunter", erinnert sich King. „Wir warteten, und manchmal bekam Eddie einen Telefonanruf von oben und erfuhr, daß Jimi nicht vorhatte, diese Nacht noch zu arbeiten. Es gab da oben ernste Auseinandersetzungen, aber Eddie verbot uns jedwede Einmischung. Wir sollten unsere Finger davon lassen."

Devon Wilson warf einen grossen Schatten auf das Electric Lady. Ihr Status als Jimis Freundin verlieh ihren Nörgeleien und Beobachtungen beträchtliches Gewicht. „Devon war ebenso verschlagen wie Michael Jeffery", erinnert sich Jim Marron. „Sie steckte ihre Nase in alle Dinge, von denen sie glaubte, sie seien gut für Jimi. Jeffery gab einen Scheiß auf ihr Wort, aber zur gleichen Zeit versuchte sie herauszufinden, wie weit sie ihn treiben konnte."

Devons Einfluß reichte bis in den Kontrollraum hinein, wo sie häufig Gast während dieses langen Sommers war. „Sie hing sehr oft dort herum", erinnert sich Toningenieur Dave Palmer. „Sie wollte die ganze Zeit dabei sein und sagte einmal: ‚Wenn du mit Jimi Musik machen möchtest oder ihn abmischen willst, muß ich dabei sein.' Das war ziemlich daneben – ein notwendiges Übel für Hendrix, schätze ich. Kramer kam gut mit ihr aus, aber ich spürte immer, daß er sie lieber nicht dabei gehabt hätte."

Devons Einfluß innerhalb des Electric Lady war eng mit dem jeweiligen, schwankenden Zustand ihrer Beziehung mit Jimi verknüpft. Ihre Beziehung war so unbeständig, daß Hendrix sie gelegentlich sogar nicht ins Studio hineinließ. „Meistens war Devon Teil der Szene hier, aber es gab Tage, an denen sie nicht reinkommen durfte." erklärt Kim King. „An einigen Abenden wies uns Jimi an, die Tür für Devon nicht aufzumachen."

🗓 Montag, 29. Juni 1970

New York, Electric Lady Studios. Toningenieur: Eddie Kramer. Zweiter Toningenieur: Kim King.

Eine Session, die dem Aufnehmen von Overdubs gewidmet war. Jimi konzentrierte sich auf „Drifting", overdubte einen Leadgesang und experimentierte mit einer Reihe von interessanten Ideen, einschließlich der rückwärts abgespielten Aufnahme seines Atems als Effekt. Man arbeitete auch an einigen elektronischen Soundeffekten und versuchte den „Seemöven"-Sound von „1983 (A Merman I Should Turn to Be)" auf dem „Electric Ladyland"-Album wieder hinzukriegen. Außer dem Leadgesangs-Teil des Songs wurde keiner der Ideen, die an diesem Abend ausgearbeitet wurden, für das „Cry of Love"-Album benutzt.

🗓 Mittwoch, 1. Juli 1970

New York, Electric Lady Studios. Toningenieur: Eddie Kramer. Zweiter Toningenieur: Dave Palmer.

Seit Jahren wird dieser Tag irrtümlicherweise als Electric Ladys inoffizieller Eröffnungstermin bezeichnet. Obwohl diese Behauptung nicht wahr ist, war diese ausgedehnte Session wohl Hendrix' produktivste, die er dort jemals abgehalten hatte. An diesem Abend entstand „Dolly Dagger", einer von Hendrix' vielversprechendsten neuen Songs. Anders als die meisten anderen Hendrix-Kompositionen dieser Periode entwickelte sich „Dolly Dagger" nicht aus wiederausgegrabenen Jam-Sessions des Record Plant vom letzten Jahr. „Hendrix hat 'Dolly Dagger' zweimal aufgenommen", erinnert sich Kramer. „Er hatte ein Roh- Demo im Record Plant [im November 1969] aufgenommen, aber das wurde völlig verworfen. Wir machten den neuen Basic-Track [während dieser Session], verbrachten aber drei oder vier Tage mit verschiedenen Gitarren-Overdubbings und der Fertigstellung des Hintergrundgesanges."

Während Billy Cox' Basslinie Hendrix ursprünglich zu dem Rhythmusmuster des Songs inspirierte, wurde der farbenprächtige Songtext von „Dolly Dagger" – sagt Gitarrist Arthur Lee – durch Devon Wilson inspiriert. Der Songtext „She drinks her blood from a jagged edge" hatte (wie Wilson später Lee erzählte) seinen Ursprung an Hendrix' Geburtstagsparty am 27. November 1969. Mick Jagger hatte sich versehentlich in den Finger gestochen. Als er um ein Heftpflaster bat, rannte Devon zu ihm hin und sagte ihm, daß das nicht notwendig sei. Dann saugte sie ihm vor Hendrix' Augen das Blut aus seinem Finger.

Die Gruppe, die wieder einmal von dem Percussionisten Juma Sultan begleitet wurde, begann mit der Aufnahme von sechs Probe-Takes von „Dolly Dagger", die ohne Mitchells Schlagzeug gespielt wurden. Bei diesen sechs Takes entwickelten Hendrix und Cox, unterstützt durch Sultans beharrliche Conga-Arbeit, den charakteristischen Groove des Songs. Nach der sechsten Probe zogen sich Hendrix und die anderen in den Kontrollraum zurück, um ihre Fortschritte anzuhören. Als die Einspielungen wieder aufgenommen wurden, setzte sich Mitch Mitchell hinter sein Gretsch-Schlagzeug (mit zwei Bassdrums) und spielte zu einer charmanten Interpretation von „Bolero". „Bolero" wurde als Take 1 festgehalten, gefolgt von einem wenig effektiven, vollständigen Take von „Dolly Dagger". Hendrix hatte nicht synchron mit der Gruppe spielen können. Er baute seine Anlage um und spielte mit ihnen zunächst das vertrautere „Hey Baby (Land of the New Rising Sun)". Jimi sang die erste Zeile in einer falschen Tonart, was ihm ein kurzes „schwach!" entlockte. Sie spielten den Song dann als Instrumental zu Ende. Ihr nächster Versuch war um einiges besser – die Version wurde später im Rahmen des „Rainbow Bridge"-Albums veröffentlicht. Ein instrumentaler Ausflug zu „Drifting" beendete die Spule.

Nach dem Einfädeln eines frischen Tonbandes eröffnete ein kräftiges „Dolly Dagger" die Spule zwei, das von Hendrix' Energie und Begeisterung angetrieben wurde. Man kann hören, wie Jimi, der live sang und spielte, den Songtext improvisierte, während er den mitreißenden Rhythmus-Track formte.

Damit fing die Arbeit an „Dolly Dagger" erst richtig an. Es folgte eine Reihe von Takes mit den Nummern 3 bis 17, aber jeder war unvollständig. Obwohl es nicht das Master einbrachte, veränderte ein ermutigender Take 18 schließlich die Situation. Die Band, die endlich Erfolg haben wollte, lieferte nun mit Take 19 das Master und mit „Slow Part" noch eine freudige Überraschung:. „Als 'Dolly Dagger' auseinanderzufallen drohte", erklärt Kramer „fing Billy Cox an, die Basslinie zu 'Gimme some Lovin", einem Song der Spencer Davis Group, zu spielen. Das entwickelte sich zu einem Jam, der fast zehn Minuten dauerte."

„'Dolly Dagger' war zusammengebrochen", erinnert sich John Jansen „aber die Band spielte weiter. Nach drei Minuten etwa fing Hendrix an, diese schöne Melodie zu spielen, und der Rest der Jungs stieg mit ein."

„Als der Jam anfing, machte Jimi nur Mist", entsinnt sich Kramer. „Der Sound, den er benutzte, war nur sein ruhiger Jam-Ton mit heruntergefahrenem Verstärker und nicht mit dem Volldampf-Marshall-Sound, den er zuvor bei dem Basic-Track aufgenommen hatte. Hinterher, als ihm klar wurde, daß aus all dem hier etwas rauszuholen war, overdubte er eine zweite Gitarre und ein neues Solo – mit dem Marshall wieder in voller Lautstärke. Er benutzte den Uni-Vibe und ein Leslie am Ende."

Der Jam wurde von dem zweiten Toningenieur Dave Palmer auf der Tonband-Hülle als „Slow Part" gekennzeichnet. Eine bearbeitete Version dieses Instrumental, die posthum in „Pali Gap" umbenannt wurde, erschien gemeinsam mit „Dolly Dagger" im Rahmen des „Rainbow Bridge"-Films und dem dazugehörigen Soundtrack-Album. Der Titel „Pali Gap" war ein Versuch von Michael Jeffery, den Song mit dem Hawaii-Ambiente des Films zu verbinden. Obwohl Hendrix „Slow Part" diverse Overdubs hinzufügte, kann sich Kramer nicht daran erinnern, daß dieses Instrumental für das „First Rays of the New Rising Sun"-Projekt ernsthaft in Erwägung gezogen wurde.

Als nächstes kamen zwei Versuche des bluesbasierten „Midnight Lightning" an die Reihe, von denen aber keiner ordentlich zu Ende gespielt wurde. Hendrix hatte 1969 und 1970 mehrfach versucht, diesen Song aufzunehmen und war offensichtlich scharf darauf, eine endgültige Version zu entwickeln, die dem geplanten Doppel-Album erscheinen sollte. In diesem Stadium kam jedoch kein passendes

Arrangement zustande. „Wir kamen zu dem Punkt, an dem sich 'Midnight Lightning' nur noch wiederholte", gibt Cox zu. „Es war ein guter Song, aber wir hatten uns festgefahren. Als wir zu touren anfingen, bekamen wir einige neue, erfrischende Ideen, wie man es versuchen und machen könnte, aber

die Arbeit war noch nicht vollendet."

Es folgte ein Jam, der auf einem völlig neuen Muster basierte, aber Hendrix stieg kurz darauf in „Beginnings" ein. Es wurden fünf außergewöhnliche Takes aufgenommen, wobei der fünfte später bearbeitet und im Rahmen der 1972er-Kompilation „War Heroes" ver-

Buddy Miles in Hollywood.

(Robert Fitzpatrick Archives)

öffentlicht wurde.

Am Ende der Sessions war „Dolly Dagger" für alle ein klares Zeichen dafür, daß Jimi damit wieder einmal seine eindrucksvollen Fähigkeiten unter Beweis gestellt und seine neue musikalische Richtung definiert hatte. Während die weiteren Arbeiten an „Dolly Dagger" in den nächsten Wochen vollendet wurden, stärkte die Musik, die an diesem Abend gemacht wurde, nachdrücklich Jimis Selbstvertrauen und machte erneut den positiven Einfluß des Electric Lady Studios auf Hendrix' Leistungen deutlich.

❏ Sonntag, 2. Juli 1970
New York, Electric Lady Studios. Toningenieur: Eddie Kramer. Zweiter Toningenieur: Kim King.

Wichtige Arbeit an „Ezy Rider" wurde heute abend vollendet. „Ezy Ryder" war gemäß Kim King eine der Nummern aus einer Reihe älterer Aufnahmen vom Record Plant, die für jene Nächte reserviert wurden, in denen Jimi allein rein kam und lediglich Leadgesang oder Gitarrenparts ersetzen wollte. In dieser Nacht leitete Jimi seinen Leadgesangs-Overdub mit seiner eigenen Variation von „Stop Down Baby" des Bluesers Chick Willis ein: „Die alte Mutter Hubbard ging zum Schrank, um einen Knochen für ihren armen Hund zu finden. Sie beugte sich vor, Rover nahm sie von hinten, er holte einfach seinen eigenen Knochen hervor. Shakespeare! Seite 35!" „Ich fand es lustig„ erinnert sich Kramer „aber Jimi hielt es für zu vulgär und wies mich an, es aus der Abmischung rauszunehmen."

Hendrix hatte viel Arbeit in „Ezy Ryder" investiert und Stunden damit verbracht, exakt den Gitarrenklang zu finden, den er haben wollte. „Jimi kam mit einem Riff vorbei, und wir nahmen es auf eine Zwei-Spur auf", erinnert sich King. „Diese Idee hat noch zu etwas anderem geführt: als er zurückkam, wollte er eine der Gitarrenspuren auswechseln oder einen bestimmten Teil auf einer der Leadgitarren-Spuren ersetzen. Der Kampf um freie Spuren belastete einige der Songs, für die wir Overdubs aufgenommen hatten. Aber dies war ein Gitarrensong, ein symphonischer Gitarrensong. Wir behandelten ihn wie ein Streichquartett, obwohl nichts niedergeschrieben wurde – es war alles improvisiert. Wir overdubten acht Gitarren-Spuren. Alles paarweise – vier Spuren Lead und vier Spuren Rhythmus – und alles im Electric Lady. Die Arbeit dauerte wochenlang und wir

mußten eine Reihe komplizierter Punch-Ins machen. Es gab damals kein Bandzählwerk oder Autolocators oder etwas vergleichbares, so daß ich eine Art Tape-Jokey spielen mußte. Wir bildeten eine Einheit und mußten nicht darüber reden, wo man einsteigen mußte und was man behalten konnte."

Die Vorbereitung der letzten Abmischung des Songs erwies sich als gleichermaßen aufreibend. King erklärt: „Während der letzten Abmischsession des Songs benutzten wir zwei Bandmaschinen, und Eddie und Jimi mischten mit vier Händen am Mischpult ab, während ich mich um das Flangen kümmerte – ich hielt meinen Daumen auf die Tonband-Spule und variierte den Druck auf die Flanken (flange) der Spule. Damit kontrollierst du die Geschwindigkeit und somit auch die Tonhöhe. Indem du die Tonhöhe minimal änderst, wechselt auch der Phasenwinkel zwischen den beiden Tönen. Was man dann tatsächlich hört, klingt so, als würden die beiden Töne miteinander kämpfen. Ich machte das Flanging während Jimi und Eddie sich um diese dramatischen Pannings kümmerten, mit denen der Sound die Seiten wechselte und zum Teil direkt aus der Mitte kam. Ich hatte fürchterliche Blasen an meinem Daumen, aber der Sound war phantastisch – in der Tat war die ganze Abmischung richtig magisch. Eddie, Jimi und ich rutschten herum und lehnten uns zwischendurch in unseren Stühlen zurück. Kurz vorm Ende des Songs lehnten wir uns zu weit zurück und fielen alle von den Stühlen. Wir krabbelten auf dem Boden herum, bis Eddie endlich das Pult erreichen konnte sich den Master Fader griff und ihn voll aufriß, damit wir hören konnten, ob wir wirklich am Ende des Songs angelangt waren. Dummerweise hatten wir es tatsächlich verpaßt und es war eine Menge Müll am Ende auf dem Band – aber der Mix war in Ordnung und Jimi fand die ganze Sache lustig. Also ließen wir es drin."

Am gleichen Tag wurde ein auch ein Vier-Spur-Demo von dem Flötisten Jeremy Steig aufgenommen. Kramer fuhr diese Session,Hendrix aber hatte nichts damit zu tun.

❏ Atlanta Pop Festival
Samstag, 4. Juli 1970.

„Fire"/ „Lover Man"/ „Spanish Castle Magic"/ „Red House"/ „Room Full of Mirrors"/ „Hear My Train A Comin'"/ „Message to Love"/ „All Along the Watchtower"/ „Freedom"/ „Foxey Lady"/ „Purple Haze"/ „Hey Joe"/ „Voodoo Child (Slight Return)"/ „Stone Free"/ „Star Spangled Banner"/ „Straight Ahead"/ „Hey Baby (Land of the Rising Sun)"

Nach der Session vom 2. Juli für „Ezy Ryder" fuhr die Experience mit ihrem Tourplan fort, der mit Hendrix' Engagement auf dem riesigen „Atlanta Pop Festival" am 4. Juli begann. Sein dort gespieltes Super-Set wurde später teilweise auf dem Album „Stages" veröffentlicht, das eine Reihe von Songs beinhaltete, die gegenwärtig im Electric Lady entwickelt wurden, darunter auch „Room Full of Mirrors", „Freedom" und „Straight Ahead".

Wenn ihn die Tourverpflichtungen vom Aufnahmestudio fernhielten, schrieb er unterwegs weiter, tauschte mit Billy Cox Ideen aus und nahm mit ihm in seinen Hotelsuiten auf. Andererseits wurde während der Soundchecks vor Konzerten niemals ernsthafte Arbeit an neuem Material versucht – Hendrix verabscheute das. „Soundchecks waren der denkbar schlechteste Moment, um an Songs zu arbeiten", erklärt Cox. „Jimi haßte sie besonders. Wir beide empfanden das als abschreckend und unnötig. Dort standen Leute herum, die seine Show sehen wollten – da war keine Zeit für so etwas. Es diente dazu, unsere Monitore und Verstärker einzustellen, wofür wir ein oder zwei Songs durchspielten. Ich stimmte sogar meine E- und G-Saiten rauf und runter, um sicherzustellen, daß wir einen guten Sound hatten. Sobald wir ihn eingestellt hatten, machten wir uns einen schönen Tag."

Hendrix zog es vor, mit Songs wie „Straight Ahead" vor seinem Publikum aufzutreten, anstatt an ihnen während der Sound-Checks herumzubasteln. „Wir betraten die Umkleidekabine und Jimi sagte: 'Hey, laßt uns heute abend diesen oder jenen Song versuchen'", erinnert sich Cox. „Und die Leute liebten es. Er mußte mindestens immer 'Fire', 'Foxey Lady' und 'Purple Haze' spielen. Manchmal, wenn die Menge ihn dazu anfeuerte, spielte er 'All Along the Watchtower'. Eigentlich war er es leid, all diese Songs zu spielen, mit Ausnah-

me von 'Foxey Lady'. Er liebte diesen Song, weil er nicht allzu kompliziert war und er ihm erlaubte, seine Sprünge und all diese Bühnensachen zu machen. Aber nach der Show redete er nur darüber, wie die neuen Songs angekommen waren."

Von Atlanta aus reiste die Experience für zwei Auftritte im Jai Alai Fronton am 5. Juli nach Miami. Hendrix hängte ein paar Urlaubstage in Miami dran. Während seines Aufenthaltes traf er auch den Jazz-Bassisten Jaco Pastorius, obwohl keine Aufnahmeversuche un-

Konzert am 30. Mai 1970: Berkeley Community Center, zweites Konzert.

(Richard Peters)

ternommen wurden.

Trotz der beträchtlichen Rolle, die Electric Lady – sogar in seinem unfertigen Zustand – für die Erneuerung von Hendrix' Kreativität spielte, tauchten neue Probleme auf, die von der jüngsten Euphorie nur vorläufig überdeckt worden waren. Obwohl Hendrix mit dem „Band of Gypsys"-Album die ausgehandelte Vereinbarung des erbitterten Streites mit Ed Chalpins PPX Industries und Capitol Records erfüllt hatte, stellte Michael Jeffery ständig neue Forderungen an Jimi. Er hatte auf der „Cry of Love"-Tour bestanden, um das Studio wie auch die ganze Firma zahlungskräftig zu halten. Jeffery hatte sich das Zugeständnis abringen lassen, Jimis Tour-Plan auf eine Reihe von dreitägigen Wochenend-Engagements zu begrenzen. Viel schwerer im Magen jedoch lag ihm, daß sich Hendrix' Aufnahmepläne nur schwer mit den Terminwünschen der zahlender Kundschaft koordinieren ließen. Die Philosophie der zwei Männer hätte nicht unterschiedlicher sein können. Electric Lady Studios – oder zumindest das Studio A – war als Hendrix' Kreativraum gedacht. Es gab nur diesen einen voll funktionsfähigen Raum und Hendrix fand, daß Jeffery ihr unausgesprochenes Übereinkommen gebrochen hatte – nämlich, daß der Gewinn, der durch die Vermietung von Studio B erzielt wurde, die Betriebskosten der Anlage decken und die Rückzahlung der Anleihe von Warner Bros. ermöglichen sollte. Hendrix sollte dafür einen privaten Arbeitsbereich haben, der vierundzwanzig Stunden pro Tag verfügbar war. Jeffery hielt sich jedoch nicht daran und versuchte, die State-Of-The-Art-Anlage und deren künstlerfreundliche Umgebung zu vermarkten. Interessierte Kunden überhäuften Jeffery und Marron mit Anfragen nach Studiozeit. Die verschlos- senen Türen, Sicherheitskameras, und Privatsessions verbesserten die Arbeitsatmosphäre für Jimi, aber sie steigerten auch das Mysterium um das Electric Lady. Hendrix selbst hatte nur zwei Jahre zuvor kurz nach der Studioeröffnung für einen vollen Buchungsplan im Record Plant gesorgt. Jetzt, da die Betriebskosten im Electric Lady anstiegen und die Schulden an Warner Bros. zurückgezahlt werden mußten, erwiesen sich die Angebote und Anfragen als zu verlockend,

um sie ignorieren zu können. Jeffery ließ sich schließlich erweichen und vermietete das Studio während der profitablen Zeit tagsüber und während der Wochenenden, an denen Hendrix unterwegs auf Tour war.

Hendrix hatte seinen eigenen Plan im Studio etabliert. Er fing am liebsten am frühen Abend an, die Wartungsarbeiten und die Buchungen anderer Kunden fanden in den übrigen Stunden statt. Während Jimi mit Kramer in Studio A arbeitete, versuchte Shimon Ron fieberhaft, das Studio B benutzbar zu machen. Viele geringfügige technische Einzelheiten blieben ungelöst und ließen Kramer, Ron, Palmer und King mit unzähligen Aufgaben allein. Bis Juli blieb Studio B noch unvollständig, so daß Jimi gelegentlich Zeit verweigert wurde oder er gezwungen wurde, seine Session so zu beschränken, damit das Studio für andere, nachfolgende Kunden wieder in Ordnung gebracht werden konnte. Solche Unterbrechungen machten Hendrix wütend. „Obwohl es nicht so oft passierte, gab es Situationen, in denen Jimi das Studio verlassen mußte, weil eine Morgen-Session gebucht war", erinnert sich Kim King. „Das pißte ihn an. Einmal gab es ein besonders großes Ducheinander, und ich erinnere mich gut daran, wie er sich beschwerte: 'Das ist mein Studio. Warum muß ich jetzt rausgehen?'"

King war nicht der einzige Mitarbeiter des Electric Lady, der Zeuge solcher Vorfälle wurde. Auch Linda Sharlin bestätigt: „Jimi beschwerte sich, daß er nie einfach so reinkommen konnte, um aufzunehmen. Manchmal mußte er warten, bis die Tages-Sessions beendet waren, um anfangen zu können. Er fragte, ob sein Studio für ihn da war, oder dafür, Geld zu machen. Manchmal kam er auch unangekündigt und mußte, wenn das Studio besetzt war, wieder gehen. Er wollte doch nur seine Gitarre einstöpseln und spielen. Mehr wollte er nicht."

„Tief in seinem Herzen wußte Jimi, daß er das Studio nicht für sich allein beanspruchen konnte", sagt Cox. „Aber er akzeptierte es. Er war nicht so naiv, zu glauben, daß er ein Aufnahmestudio im Greenwich Village komplett für sich allein besitzen konnte. Er wußte, daß er mächtige Leute hinter sich haben mußte."

Zusätzlich zu den ersten Kunden

wie Jeremy Steig, akquirierte Studio-Präsident Jim Marron Arbeit in der Madison Avenue und erzeugte so einen stetigen Einnahme-Fluß, der verhältnismäßig kurze Sessions und wenig technischen Aufwand erforderte. Es wurden häufig Wochenend-Sessions veranstaltet – meistens während die Experience auf Tour war – in denen Michael Jeffery neue Talente vorspielen lassen konnte oder die Haus-Toningenieure Demos von Gruppen aufnehmen ließ, auf die er ein Auge geworfen hatte. „So kam ich dazu, auf dem großen Stuhl sitzen zu dürfen", fügt Dave Palmer mit einem Lachen hinzu. „Michael Jeffery arrangierte diese Sessions für seine Management-Firma. Er brachte Bands mit, um Demos und Tracks aufzunehmen, in der Hoffnung, mit ihnen einen Platten-Vertrag zu bekommen."

Hendrix und Jeffery waren vielleicht im Unternehmen gleichwertige Partner, ihre Ziele für das Studio jedoch hätten nicht unterschiedlicher sein können. Für Hendrix verkörperte das Electric Lady eine eindrucksvolle Leistung und ein greifbares Ergebnis seines Erfolges und schwerer Arbeit. Das Studio sollte sein schöpferischer Hafen sein, ein Heim, das durch die Früchte seiner Musik entstanden ist und davon auf ewig unterstützt werden sollte. Für Jeffery war die Vermietung des Studios notwendig, um die Anlage solvent zu halten. Obwohl sie Partner waren, hatten Hendrix und Jeffery einfach nicht die gleiche Betriebs-Philosophie.

In nur zwei Monaten wurden die letzten Feinheiten geregelt und das Electric Lady blühte in einer Weise auf, die Hendrix sich niemals hätte vorstellen können. Das Studio in all seinem gefeierten Glanz war für ihn nur der einfache Arbeitsraum, um den er ursprünglich gebeten hatte. Und obwohl die Veröffentlichung von „Band of Gypsys" geholfen hatte, die Luft aus dem Streit mit PPX zu nehmen hatte der Druck, etwas neues zu produzieren, nicht nachgelassen. Die Ansprüche wurden stattdessen sogar noch höher geschraubt. Zusätzlich zu der Bringschuld an Reprise, endlich den langerwarteten Nachfolger von „Electric Ladyland" abzuliefern, stand Hendrix unter dem Druck der 300.000 Dollar-Anleihe, die mit allen Tantiemen, die er verdienen würde, gegengerechnet

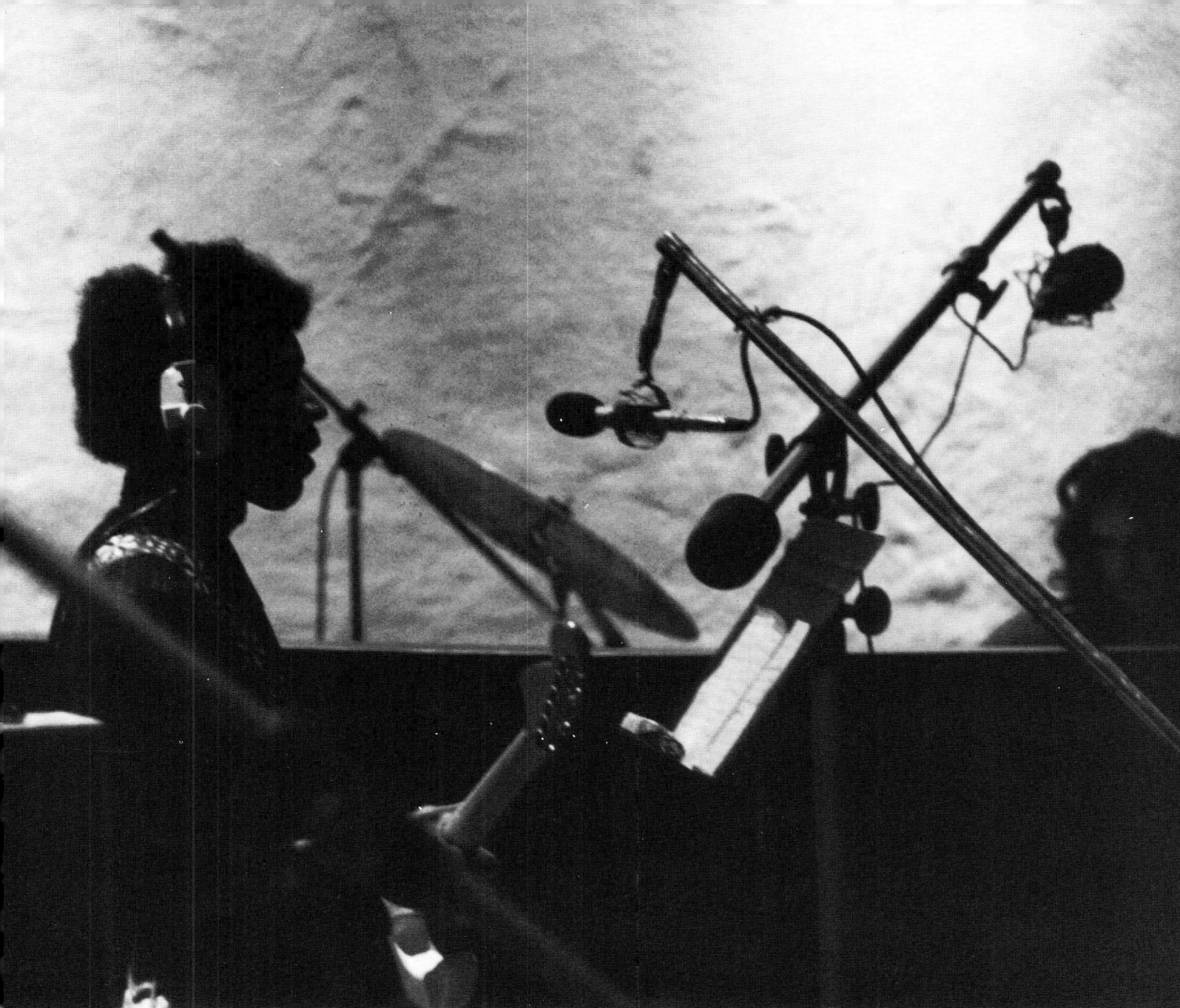

Eine der wenigen erhaltenen Aufnahmen, die Jimi Hendrix bei Aufnahmen im Electric Lady zeigen.

(Eddie Kramer)

werden sollte. Electric Lady war mehr als nur ein Arbeitsplatz für Hendrix: Jefferys Hauptquartier nahm den ganzen zweiten Stock ein – eine sichtbare Ermahnung daran, daß in dem Studio sowohl gearbeitet als auch gespielt wurde. „Michael Jeffery hatte alles entfernt, was auch nur im Entferntesten an ein schäbiges altes Nacht- lokal erinnerte und hatte dieses Plastik-Raumschiff bauen lassen", erinnert sich Kim King. „Und jetzt mußte Jimi etwas liefern. Es war ein ständiges hin und her. Jimi mußte aufkreuzen und zur Arbeit gehen, aber er wollte nicht einfach nur zur Arbeit gehen. Manchmal schwänzte er, manchmal kam er und hatte keine Lust, aber manchmal kreuzte er auf, es machte „klick" und plötzlich nahm er magische, hochqualitative Musik auf. Jimi wollte einen Ort zum Aufnehmen haben, an dem er alles aufgebaut lassen konnte und rein- und rausgehen konnte. Er wollte, daß es sein Studio war. Plötzlich hatte sich das ganze Ding wie eine Lawine so weit von dem weg bewegt, was auch immer die ursprüngliche Idee gewesen war, daß er sauer auf Michael wurde. Und dann gab es noch dieses Tauziehen zwischen Michael und Eddie. Electric Lady war nicht Jimis Studio, es war Eddies Studio. Eddie wollte, daß Jimi das gottverdammt beste Studio der Welt hatte, alles sollte State-Of-The-Art sein. Jimi mochte die Komplexität des Studios und hatte die nötige Zeit, die er brauchte. Nur so war er in der Lage, ein Produkt zu liefern. Aber zur großen Bestürzung aller Leute da oben, scherte sich Jimi offensichtlich einen Dreck um das Produkt. Eddie war in einer sehr schwierigen Position. Es war dafür verantwortlich, daß ein Produkt abgeliefert wird, Jimi aber war generell genervt, überhaupt ein Produkt abliefern zu müssen. Alles lief permanent gegeneinander."

Kramers Beziehung zu Jeffery war von Anfang an gestört und dabei blieb es auch. Jeffery mißtraute Kramer offen und blieb auf der Hut wegen dessen Beziehung zu Hendrix. „Jeffery wollte Kramers Rolle im Electric Lady immer einschränken", erklärt Jim Marron. „Das beste wäre gewesen, ihn in die Familie aufzunehmen und eine für alle Seiten nützliche Kooperation auszuhandeln. So lief das aber nicht, denn Eddie und Michael waren sich spinnefeind. Jeffery beneidete Kramer wegen dessen Beziehung zu Hendrix. Er wollte bei allem was Eddie im Erdgeschoß machte, immer eine Nasenlänge voraus sein."

❏ Dienstag, 14. Juli 1970
New York, Electric Lady Studios. Toningenieur: Eddie Kramer. Zweiter Toningenieur: Dave Palmer.

18 Takes von „Jam", später in „Comin' Down Hard on Me Baby" und schließlich in „Come Down Hard on Me" umbenannt, wurden aufgenommen. Es kamen zwar keine vollständigen Takes zustande, aber Take 11 und 18 wurden mit „gute Anfangsteile" gekennzeichnet. Diese Versionen wiesen ein geringfügig geändertes Arrangement und ein komplizierteres Rhythmus-Gitarren-Muster von Hendrix auf. Probleme mit dem Timing behinderten jedoch wiederholt das Weiterkommen der Gruppe. Man kann Hendrix hören, wie er die ganze Zeit über Mitchell, Cox und Sultan Anweisungen gibt und sie durch etwas führt, was in diesem Stadium ganz klar einer Probe ähnelte.

Es folgte „Jam", obwohl dies eigentlich nur eine rauhe Skizze von „Bolero" war, bei der Hendrix Cox und Sultan durch die Akkord-Wechsel führte. Mitchell nahm nicht teil und es wurden weder Masters noch formelle Takes erreicht. Als die Aufnahmen fortgesetzt wurden, war Mitchell zurückgekehrt, und man probierte es mit „Midnight Lightning". Trotz des vielversprechenden Intros hatte Hendrix den Song noch nicht völlig entwickelt. Die Folge: Der Versuch fiel kurz nach der Vier-Minuten-Marke auseinander. In diesem Stadium wurde „Midnight Lightning" trotz seines Rhythmus-Musters und einer neuen Annäherung an Chick Willis' wagemutigen Klassiker „Stop Down Baby" aufgegeben. Nachdem eine Reihe technischer Einstellungen gemacht wurden, ging Hendrix zu „Bolero" über. Die Takes stellten eine spürbare Verbesserung gegenüber den früheren Arbeiten der Gruppe dar und enthielten mehrere Glanzlichter von Hendrix.

Nach „Bolero" versuchte sich Hendrix wieder an „Comin' Down Hard on Me". Auch dieser Song wurde drastisch verbessert. Erstaunlicherweise können frühere, zur Seite gelegte Takes zwischen diesen neu aufgenommen Takes gehört werden. Die früheren Proben und Takes wurden von Toningenieur Dave Palmer gelöscht, der das Tonband einfach an den Start der Spule zurückspulte und die neuen Takes darüberspielte. Hendrix hielt offensichtlich wenig von der ganzen Arbeit dieser Nacht – weder von der gelöschten noch von der aufgenommenen – da die Tonband-Hülle mit „Nicht benutzen" gekennzeichnet wurde. Die Versionen wurden am darauffolgenden Abend durch neue Takes und Overdubs ersetzt.

❏ Mittwoch, 15. Juli 1970
New York, Electric Lady Studios. Toningenieur: Eddie Kramer. Zweiter Toningenieur: Dave Palmer.

Hendrix wiederholte erfolgreich „Comin' Down Hard on Me" und nahm mehrere neue Basic-Tracks auf, gefolgt von Overdubs und einem Rohmix. Die Version, veröffentlicht auf der 1973er „Loose Ends"-Kompilation, wurde aus diesen Takes herausgezogen, die posthum von Electric Lady-Toningenieur John Jansen bearbeitet wurden. Jansen benutzte nicht einen einzelnen, vollständigen Take, sondern kombinierte stattdessen zwei getrennte Takes mit den Gitarren-Overdub und Leadgesang, die Hendrix an diesem Abend aufgenommen hatte. Es entbehrt nicht einer gewissen Ironie, daß Alan Douglas und Tony Bongiovi das eigentliche Multitrack-Tonband-Master nicht finden konnten, als sie 1974 „Crash Landing" vorbereiteten. Als hätte niemals ein solches Master existiert, overdubten Bongiovi und Douglas einfach auf Jansens zusammengesetztes Master und fügten eine Rhythmus-Gitarren-Figur von Jeff Miranov hinzu. Außerdem ersetzten sie Cox' und Mitchells ursprüngliche Beiträge mit neuen Overdubs von dem Bassisten Bob Babbit und dem Schlagzeuger Alan Schwartzberg.

❏ New York Pop-Festival
Downing Stadion, Randall's Island, N.Y. Freitag, 17. Juli 1970.

Der Auftritt der Experience auf diesem chaotischen und völlig desorganisierten Open-Air-Konzert auf dem Manhattan gegenüberliegenden Flußufer wurde sowohl mitgefilmt als auch aufgenommen. Die Gruppe spielte „Stone Free", „Fire", „Red House", „Message to Love", „Lover Man", „All Along the Watchtower", „Foxey Lady", „Ezy Ryder", „Star Spangled Banner", „Purple Haze" und „Voodoo Child (Slight Return)".

Eine bearbeitete Version von „Red House", die seltsamerweise in einem Echo-Effekt fast untergeht, wurde später der 1982er Kompilation „Jimi Hendrix Concerts" beigefügt. Abgesehen von Stückchen aus „Foxey Lady" und „Star Spangled Banner", die auf den Alben „Free" und „Freedom" (die selten vorgeführte Filmdukumentation des Konzertes) erschienen, sind keine anderen Mitschnitte dieses Auftrittes jemals veröffentlicht worden.

❏ Sonntag, 19. Juli 1970
New York, Electric Lady Studios. Toningenieur: Eddie Kramer. Zweiter Toningenieur: Kim King.

Man beendete die Arbeit an „Nightbird Flying", „Straight Ahead", „Astro Man", „Freedom" und „Dolly Dagger".

❏ Montag, 20. Juli 1970
New York, Electric Lady Studios. Toningenieur: Eddie Kramer. Zweiter Toningenieur: Dave Palmer.

Ein ernsthafter Versuch, die definitive Studio-Version von „Lover Man" aufzunehmen. Es entstand zwar ein Master-Take, aber merkwürdigerweise fehlte

Jimi und Taj Mahal.

(Jim Marshall)

ihm die Energie und Begeisterung, die den Song zu einem der Höhepunkte des Bühnen-Repertoires der Experience gemacht hatten. Insgesamt 14 Takes wurden aufgenommen, bei denen sich die Experience für das Arrangement entschied, das während ihrer Auftritte benutzt wurde (z.B. die am 30. Mai 1970 in Berkeley aufgenommene Version, die später auf „Hendrix: In the West" veröffentlicht wurde). Take 10, auf 3:00 Minuten gestoppt und ohne einen Gesang von Jimi eingespielt, wurde kurz als Master in Erwägung gezogen. Man versuchte zwei Gitarren-Overdubs, wobei der erste für „nicht gut" befunden wurde, während der zweite anscheinend in Ordnung war. Bei einer nachfolgenden Überprüfung des Masters, entschied sich Hendrix sich, diese Version zu verwerfen und es noch einmal zu versuchen. Vier weitere Takes entstanden, von denen Take 14 als bester abschnitt. Take 14 war jedoch nur minimal besser als Take 10, überraschend lustlos für den inzwi-

schen erreichten Standard im Electric Lady. Es kam ein Rohmix zustande, aber die Arbeit an „Lover Man" wurde zurückgestellt. Keine verfügbare Quelle weist darauf hin, daß Hendrix den Song jemals vor seinem Tod wieder in Angriff genommen hätte.

Hendrix, Mitchell und Cox arbeiteten an zusätzlichen Overdubs für „Angel", wobei ihnen eine Reihe feiner Verbesserungen gelang. Im Electric Lady wurden Gitarren- und Baß-Overdubs wie diese im Kontrollraum eingespielt. Cox und Hendrix saßen lieber in der Nähe des Mischpultes als im Studio. Diese Praxis ist heute normal, 1970 war sie jedoch nicht üblich. Cox sagte, der wichtigste Vorteil habe darin gelegen, daß der Künstler die ganze Aufnahme über die Kontrollraum-Lautsprecher viel besser als über Kopfhörer hören konnte. Außerdem konnten Hendrix und Cox sofort von Angesicht zu Angesicht Kramers Reaktion sehen, der am Mischpult saß. „Jimi und ich fanden es am bequem-

sten, unsere Overdubs direkt am Pult zu machen", erklärt Cox. „Du warst nicht durch diese Kopfhörer behindert. Du kamst sofort rein, wenn du die Musik durch diese Lautsprecherboxen hörtest. Das war ein weiterer Vorteil der Arbeit im Electric Lady. Eddie verstand, daß es unsere Art war, wie wir Overdubs machten. Wir mußten nicht erst darum kämpfen oder erklären, warum wir es so machten. Wir machten es einfach."

Mitch Mitchells Stil hatte sich synchron zu Hendrix' Musik entwickelt. Mitchs Spiel reflektierte jetzt eine feinere und komplizierte Einfühlsamkeit und nicht mehr wie früher nur Kraft, Geschwindigkeit und Geschicklichkeit. Neue Songs, wie „Freedom", „Straight Ahead" und „Hey Baby (Land of the New Rising Sun)", in Rhythmus und Blues feinsinnig abgestuft, machten diese Veränderung nötig. „Mitch trug bestimmt eine Menge zu Jimis Musik bei", sagt Cox. „Auch wenn jeder von uns ein anderes Instrument spielte, vereinigte uns unsere Arbeit zu einem Trio. Jimi und ich dachten an die Muster, die wir spielten, aber Mitch ging aus einer anderen Perspektive an die Musik heran. Er hörte etwas und sagte: 'Das ist gut, aber wenn ihr den Takt zu Ende gespielt habt, laßt mich doch mal dies ausprobieren'. Er machte das mit allen Sachen, die wir dort aufgenommen haben."

„Jimi und Mitch warfen sich die Riffs einander zu", erinnert sich Kim King. „Mitchs Rolle war es, Lead-Schlagzeug zu spielen, und nicht nur den Rhythmus zu liefern. Billy Cox hielt mit seinem geradlinigen Baß alles zusammen, so daß Jimi und Mitch es miteinander auskämpfen konnten."

Während Hendrix Vorschläge von Cox, Mitchell und Kramer annahm, war das einzige Gebiet, das ihm ganz alleine gehörte, seine Songtexte. „Das war ein Bereich, in dem wir ihn alleine ließen", erklärt Cox. „Jimis Songtexte waren hochheilig. Falls es etwas gab, das offensichtlich nicht paßte, wußte er es und wir wußten es auch. Wir sagten nie etwas, aber er bemerkte es. 'Gut, das ist alles, was ich bis jetzt aufgeschrieben habe. Ich werde den Rest morgen machen.' Ich fragte ihn manchmal, über wen er denn in einigen der Songs sang, aber er lachte nur und verriet es mir nie."

Dienstag, 21. Juli 1970

New York, Electric Lady Studios. Toningenieur: Eddie Kramer. Zweiter Toningenieur: Dave Palmer.

„Tune X – Just Came In", besser bekannt als „In from the Storm", war der Mittelpunkt des heutigen Abends. „Der Song wurde in einer Session in Jimis Hotelzimmer zusammengesetzt als wir auf Tour waren", erklärt Cox. „Wir hatten einen kleinen Verstärker dabei und wir arbeiteten den ganzen Song aus. Der Zimmerservice kam mit einigen Steaks und Bergen von Essen, und ich sagte: 'Jimi, erinnerst du dich noch an die Zeiten, in denen wir uns früher in Indianapolis Chili teilten?' Er schnappte sich einen der Teller und sagte: 'Ja Mann. Schau uns jetzt an, wir essen horsie doors [hors d'oeuvres]!' Ich

konnte nicht anders, als in Lachen auszubrechen." Nach dem Essen und einigen Stunden konzentrierter Arbeit, hatten Cox und Hendrix einen starken neuen Song aufpoliert, der dazu bestimmt war, ein Höhepunkt der schicksalhaften Europa-Tour im September 1970 wie auch des Albums „Cry of Love" zu werden.

Obwohl im Verlauf dieser Session kein Master aufgenommen wurde, durchliefen Hendrix, Cox und Mitchell 30 Versuche, bei denen sie das Arrangement verfeinerten und raffinierte Änderungen an ihren individuellen Parts vornahmen.

Mittwoch, 22. Juli 1970

New York, Electric Lady Studios. Toningenieur: Eddie Kramer. Zweiter Toningenieur: Dave Palmer.

Die Arbeit an „Tune X – Just Came In" wurde mit einer Reihe Proben fortgesetzt, die wesentlich besser klangen als die vom Vortag. Mit den ersten acht Takes wurden allmähliche Fortschritte erzielt, wobei der komplett eingespielte achte Take der beste war. In einer Pause hörte die Gruppe im Kontrollraum die Aufnahmen ab. Es folgten elf neue Takes, Nummer 5, 6, 10, und 11 waren jeweils bis zum Ende durchgespielt. Das Arrangement des Songs stand jetzt fest, so daß die verschiedenen Takes fast identisch klangen. Hendrix schien jedoch vor allem sein eigenes Spiel weiter verbessern zu wollen. Nach einem besonders starken Take rief Jimi aus: 'Und deine Mama auch!', woraufhin alle loslachten. Take 10 sollte ursprünglich das Master werden, und die Gruppe spielte erfolgreich einen Part ein, der später in das Master hineingeschnitten werden sollte. Nach dem Abhören entschied sich Hendrix jedoch, den Take zu verwerfen und den Song erneut aufzunehmen. Der inspirierte Take 11 wurde schließlich zum Master erklärt.

Nachdem man den Basic-Track des Songs in der Tasche hatte, wurden anschließend Overdub-Sessions angesetzt, um weitere Rhythmus- und Leadgitarren-Teile einzuspielen. Jimi und Emmeretta Marks nahmen den Chorgesang auf. Zuvor hatten sich Cox und Mitchell vergeblich an dieser Aufgabe versucht. Hendrix ersetzte seinen Leadgesang, und sein Kommentar, der

diese Aufnahme einleitete, blieb am Anfang des fertigen Masters für die Nachwelt erhalten: „Egal, ob ihr es brauchen könnt oder nicht"

Die Rohmixe für „Just Came In" und „Comin' Down Hard on Me" wurden ebenfalls erfolgreich beendet. Hendrix beaufsichtigte innerhalb des nächsten Monats zwar weitere Rohmixe von „Just Came In", dennoch gelang ihm vor seinem Tod keine definitive Abmischung des Songs. Damit „Just Came In" ein Teil des „Cry of Love"-Albums werden konnte, wurde das fertige Master am 29. November 1970 aus dieser Spule herausgezogen und von Kramer und Mitch Mitchell abgemischt. Umbenannt in „In from the Storm" wurde der Song am 3. Dezember 1970 dem endgültigen Masterband des Albums hinzugefügt.

Donnerstag, 23. Juli 1970

New York, Electric Lady Studios. Toningenieur: Eddie Kramer. Zweiter Toningenieur: Dave Palmer.

Zwei wichtige Konzerte – am 25. Juli in San Diego und am 26. Juli im Sicks Stadion in Seattle – standen unmittelbar bevor. Hendrix konzentrierte sich im Studio auf die zwei stärksten Balladen von „Cry of Love" – „Drifting" und „Angel".

Der Abend begann mit einem großartigen Take von „Drifting", gefolgt von zwei unvollständigen aber gleichermaßen inspirierten Takes. „Wir haben den Song nicht sehr oft geprobt, bevor wir den Basic-Track aufnahmen", erinnert sich Billy Cox. „Es strömte alles aus Jimi heraus. Es war sehr spirituell und erforderte nicht viele Takes."

Zusätzlich zu dem Einsatz des Leslie-Orgel-Lautsprechers, den er am 25. Juni bei den Aufnahmen von „Drifting" in Szene gesetzt hatte, wollte Hendrix nun unbedingt einen „wässrigen" Ton auf seiner Gitarre realisieren. Kramer wurde von Jimis Faszination für Wasser angesteckt und schickte Shimon Ron los, einen Plastik-Lautsprecher zu kaufen. Als Ron zurückkam, versenkte Kramer den Lautsprecher in einem

Ein Foto von einem der besten Hendrix-Konzerte: Jimi spielt am 30. Mai im Berkeley Community Center.

(Richard Peters)

großen Wassereimer, schloß Hendrix' Gitarre daran an und stellte ein Mikrophon auf, um das Ergebnis aufzunehmen. „Es klang völlig beschissen", lacht Kramer. Hendrix hatte weit mehr Erfolg mit einer anderen neuen Technik, die ihm vertrauter war – das Einfügen rückwärts abgespielter Gitarren-Parts. Die Session-Tonbänder dokumentieren, wie mühelosen Hendrix den Umgang mit dieser komplizierten Technik beherrschte.

„Drifting" führte direkt zu „Angel", bei dem ebenfalls ein Leslie-Gitarren-sound eingesetzt wurde. Hendrix hatte seit geraumer Zeit an „Angel" gearbeitet, wie das vor kurzem aufgetauchte, charmante Akustik-Demo beweist, das irgendwann Anfang 1968 aufgenommen worden war. Lange bevor der Song im Electric Lady angepackt wurde, hatte Jimi ihn unter großen Mühen entwickelt. „Bevor wir dazu kamen, 'Angel' aufzunehmen, haben wir es immer und immer wieder überarbeitet, weil Jimi einen netten, süßen Song haben wollte", erklärt Cox. Wir haben hier und da einige Veränderungen gemacht und den Song auf Tour in unseren Hotelzimmern geübt. Jimi hat ihn dann selbst vollendet. Die Baß-Linie für den Track war von „Cherry Pie" inspiriert worden, einem alten Song, den wir gerne hörten [ursprünglich 1960 von Skip & Flip aufgenommen]", erinnert sich Cox. „Das gab dem Song das Feeling der großartigen R&B-Balladen der 50er Jahre." Die Gruppe nahm sieben Takes auf – Take 2, 6 und 7 (der als Arbeits-Master in Frage kam) waren vollständig eingespielt.

Nachdem Jimi mit dem Basic-Track zufrieden war, overdubte Mitch eine Reihe von Percussion-Einlagen, die mit einem VFO (Variabler Frequenz-Oszillator) sehr effektvoll bearbeitet wurden. Dennoch wurden diese Overdubs nach Hendrix' Tod gelöscht und von Mitchell durch neue Schlagzeug-Parts ersetzt.

Nach Mitchells Overdubs gab es einige Probedurchläufe von „Belly Button Window", für das anschließend ein einzelner, vollständiger Take aufgenommen wurde. Die Gruppe benutzte nur sechs der verfügbaren 16 Spuren und spielte diese Version – im Gegensatz zum fertigen Master – als mittelschnellen Blues-Shuffle. Es wurde jedoch nicht daran weitergearbeitet, weil

Hendrix seine Konzentration auf „Drifting" und „Angel" lenkte und für beide Songs einige Gitarren-Overdubs aufnahm.

Obwohl für beide Songs noch an diesem Abend alle nötigen Overdubs eingespielt wurden, konnte weder „Angel" noch „Drifting" zu Hendrix' Lebzeiten fertiggestellt werden.

Nach den zwei Konzerten in San Diego und Seattle reiste die Gruppe nach Hawaii, um an den Dreharbeiten von „Rainbow Bridge" auf der Insel Maui teilzunehmen. Die Konzertszenen des Films wurden am 30. Juli gedreht. Die Experience flog anschließend nach Oahu, um am 1. August im Honolulu International Center aufzutreten. Dann legte Hendrix noch einen zehntägigen Urlaub in Maui ein, bevor er in der zweiten Augustwoche nach New York zurückkehrte.

Sobald er wieder im Electric Lady war, machte Hendrix eine Bestandsaufnahme seiner Studio-Arbeit und schrieb eine neue Liste mit Songs zusammen, die er auf seinem nächsten Album haben wollte. Er schrieb „Songs für die LP Straight Ahead" auf den Zettel und listete auf: „Ezy Ryder", „Room Full Of Mirrors", „Earth Blues Today", „Valley of Neptune", „Cherokee Mist" („das soll ein Instrumental werden"), „Freedom", „Stepping Stone", „Izabella", „Astro Man", „Drifter's Escape", „Angel", „Bleeding Heart", „Burning Desire", „Nightbird Flying", „Electric Lady" („langsam"), „Getting My Heart Back Together Again", „Lover Man", „Midnight Lightning", „Heaven Has No Tomorrow" („langsam"), „Sending My Love" („langsam bis mittel"), „This Little Boy", „Locomotion", „Dolly Dagger" und „The New Rising Sun ['Hey Baby]'".

Die Arbeit im Electric Lady kam so gut voran, daß Hendrix sogar erwägte, ein Set mit drei Platten unter dem Titel „People, Hell and Angels" zu veröffentlichen. Seit Januar 1969 hatte Hendrix den Album-Titel „First Rays of the New Rising Sun" bevorzugt. Im Electric Lady wurde das Projekt zwar unter dem Arbeitstitel „Straight Ahead" geführt, aber „First Rays of the New Rising Sun" war dennoch nie fallengelassen worden. Das Drei-Platten-Konzept war sicher viel zu ehrgeizig, aber Hendrix hatte die feste Absicht, Warner Bros. zumindest ein Doppelalbum

zu liefern, damit die Firma mit einer neuen Hendrix-Platte in das lukrative Weihnachtsgeschäft starten konnte.

Nach seiner Rückkehr aus Hawaii hatte Hendrix jetzt ein Gerüst für die Gestalt des Albums im Kopf, so daß seine Sessions im August 1970 hauptsächlich für Abmischungen reserviert wurden. „Wir verbrachten viel Zeit mit Overdubs und Mixes, um die Tracks fertig zu kriegen", erinnert sich Kramer. „Einige Sachen, wie z.B. „Room Full of Mirrors", erforderten besonders viel Arbeit. Ich war nie glücklich mit dem Schlagzeug-Sound auf dem Original-Master, weil er viel zu flach klang – deshalb brauchten wir für diesen Track besonders lange. Wir machten etliche Overdubs und Remixes, fügten Gitarren hinzu und kreierten zum Schluß noch einige komplizierte Panning-Effekte."

☐ Freitag, 14. August 1970
New York, Electric Lady Studios. Toningenieur: Eddie Kramer.

Die Overdubs und Rohmixe für „Dolly Dagger" und „Freedom" wurden fertiggestellt. Während Hendrix vor seinem Tod „Dolly Dagger" vollenden konnte, scheiterte „Freedom" nur kurz vor dem Ziel – es fehlte ein einziger Gitarren-Overdub. Kramer enthüllt, daß auf dem fertigen Master in den acht Sekunden zwischen 2:22 und 2:30 Minuten stattdessen eine Guide-Spur (möglicherweise an diesem Abend aufgenommen) zu hören ist. Hendrix wollte diesen Teil noch ersetzen, aber er starb, bevor er die Arbeit vollenden konnte.

Meistens waren alle drei Experience-Musiker bei den Abmisch-Sessions anwesend. Kramer begann diese Sessions damit, einen Rohmix anzulegen und seine Ideen vorzuspielen. Hendrix folgte ihnen wohlwollend, blieb aber auch offen gegenüber Vorschlägen von Cox und Mitchell. „Jimi wollte, daß Eddie die Mixes aufbaute, weil er wußte, daß er das Ohr dafür hatte", erinnert sich Cox. „Eddie konnte Dinge hören, die wir nicht hören konnten. Mitch konnte einen bestimmten Schlagzeug-Sound vorschlagen, oder

Konzert beim Atlanta Pop Festival am 4. Juli 1970.

(Joe Sia)

ich hatte eine Idee, und immer wenn Eddie die Sachen für ihn anpackte, hatte Jimi die Möglichkeit, selbst hinter dem Pult zu arbeiten. Eddie trieb Jimi immer an, dachte sich Effekte aus und fragte immer: 'Wie wär's damit? Wie ist es mit dem hier?' und Jimi mochte das. Er wußte genau, wie Jimi die Musik klingen lassen wollte. Jimi sagte, daß seine Gitarre soundso klingen sollte, und Eddie konnte das umsetzen. Sie hatten schon solange zusammen gearbeitet, und Jimi wußte, daß Eddie ihm das geben konnte, was er wollte."

☐ Dienstag, 18. August 1970

New York, Electric Lady Studios. Toningenieur: Eddie Kramer. Zweiter Toningenieur: Dave Palmer.

Ein Abend mit Overdub-Arbeiten für „Dolly Dagger". Hendrix nahm eine Reihe von Leadgitarren-Parts auf und overdubte einen neuen Leadgesang. Auch der Hintergrund-Gesang von Albert und Arthur Allen – bekannt als die „Ghetto Fighters" – wurde an diesem Abend aufgenommen.

Trotz der Intimität, die Electric Lady ihm jetzt bot, bestand Hendrix nach wie vor darauf, seinen Leadgesangs-Part hinter Trennwänden, außerhalb der Sichtweite der anderen im Studio, aufzunehmen. Obwohl Kramer die von Jimi gewünschten Trennwände immer brav aufbaute, sang Hendrix dennoch auch während der Aufnahmen der Basic-Tracks mit. Doch diese inspirierten Gesänge, warnt Kramer, durfte man nicht mit den fertigen Vocals verwechseln. Für Hendrix, der noch immer kein Vertrauen in seine stimmlichen Fähigkeiten hatte, erforderte die Aufnahme einer Leadgesangs-Spur völlige Konzentration. „Wenn Jimi während der Aufnahme der Basic-Tracks mitsang, war es für ihn mehr wie bei einem Konzert", sagt Kramer. „Erst wenn wir die eigentlichen Vocals aufnahmen, war es für ihn richtiges Singen." „Jimi zweifelte immer an seiner Stimme", erklärt Cox. „Er mußte diese Mauer um sich haben. Ich sagte ihm: 'Mann, du brauchst das nicht.' Aber er nahm seinen Gesang nicht auf, bevor man sie aufgestellt hatte. Mitch,

Der exzessive Gebrauch des Vibratorhebels war eines der Markenzeichen von Jimi Hendrix.

(Barry Gruber Archives)

Eddie und ich brachen manchmal vor Lachen zusammen. Die Ironie bei der Sache war doch, daß wir ihn zwar nicht sehen konnten, weil er sich vor uns versteckte – aber hören konnten wir ihn schon! Aber das war sein Ding, und daran war nicht zu rütteln. Wenn er die Wand haben mußte, um sich wohl zu fühlen, dann wurde es auch so gemacht."

Zusätzlich zum Aufnehmen von Leadvocals und dem Ersetzen von Gitarren-Parts durch neue Overdubs, versuchte Hendrix auch, die Songtexte zu schreiben. „Weil Jimi so stark unter Druck stand, bekam er oft seine Songtexte nicht rechtzeitig zusammen", gibt Cox zu. „Musikalisch konnte er auf die Unterstützung von Mitch und mir zählen, aber bei den Texten war er völlig auf sich allein gestellt. Wenn er sie nicht hinbekam, ging es eben nicht mehr weiter. Wir hatten einfach keinen Zugang zu seinen Songtexten, wir ließen ihn das machen."

☐ Donnerstag, 20. August 1970
New York, Electric Lady Studios. Toningenieur: Eddie Kramer. Zweiter Toningenieur: Dave Palmer.

Auf der einzigen übriggebliebenen Mehrspur-Tonband-Spule von dieser Session findet sich ein Jam, an dem gearbeitet wurde. Hendrix führte mit einen warmen, einfühlsamen Gitarrenton, wie man ihm selten von ihm hörte, durch diesen großartigen, langsamen Blues-Jam, der weniger als drei Minuten lang ist. Leider brach die Aufnahme unerklärlicherweise plötzlich ab und danach kam nichts mehr.

Was auch immer diese Unterbrechung verursachte – es wurde vermutlich repariert, da eine umfangreiche Abmischsession folgte. Rohmixe und weitere Arbeit wurde für folgende Songs beendet: „Straight Ahead", „Room Full of Mirrors", „Ezy Ryder", „In from the Storm", „Drifting", „Angel", „Belly Button Window", „Dolly Dagger" und „Freedom".

Jimis Konzert auf dem Atlanta Pop Festival am 4. Juli 1970.

(Joe Sia)

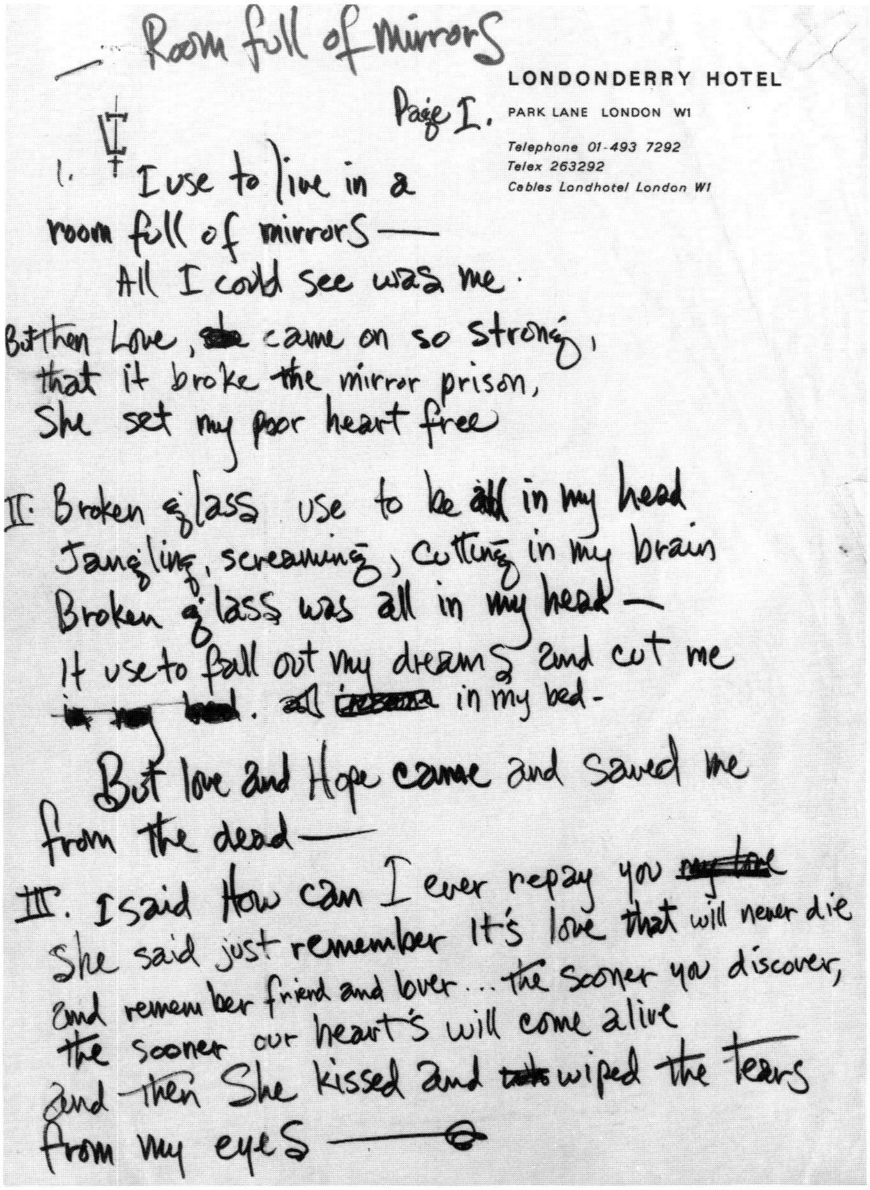

LONDONDERRY HOTEL
PARK LANE LONDON W1
Telephone 01-493 7292
Telex 263292
Cables Londhotel London W1

Room full of mirrors
Page I.

I. I use to live in a room full of mirrors —
All I could see was me.
But then Love, she came on so strong,
that it broke the mirror prison,
She set my poor heart free

II. Broken glass use to be all in my head
Jangling, screaming, cutting in my brain
Broken glass was all in my head —
It use to fall out my dreams and cut me in my bed.

But love and Hope came and saved me from the dead —

III. I said How can I ever repay you
She said just remember It's love that will never die
and remember friend and lover... the sooner you discover,
the sooner our heart's will come alive
and then She kissed and wiped the tears from my eyes

Eine frühe Skizze von Jimis „Room Full of Mirrors".

(James A. Hendrix)

☐ Samstag, 22. August 1970
New York, Electric Lady Studios. Toningenieur: Eddie Kramer.

Rough-Mixes von „Straight Ahead", „Ezy Ryder", „Nightbird Flying", „Drifter's Escape", „Astro Man", „Comin' Down Hard on Me", „In from the Storm", „Beginnings" und „Cherokee Mist (Valleys of Neptune)".
Hendrix, der alleine mit Kramer arbeitete, nahm auch ein charmantes Vier-Spur-Demo von „Belly Button Window" auf. ‚Belly Button Window' wurde als Demo aufgenommen", erinnert sich Kramer. „Wir beide mochten

es sehr." Die schlichte Schönheit des Songs brachte Kramer zu der begeisterten Bemerkung, daß der Track ihn an die Arbeit von Mose Allison erinnerte. Davon angespornt machte Hendrix weiter und nahm eine zweite Gitarre auf. „Ich bin sicher, daß Jimi es verändert hätte, wenn er noch lebte" sagt Kramer. „Aber sogar in der Demoform war es ein richtig cooler Song."

Billy Cox hält überhaupt nichts von den Theorien einiger Leute, daß „Belly Button Window" von Jimis eigenen

Jimi beim Warmspielen vor einem Konzert.

(Jim Cummins/Star File)

Kindheitserfahrungen inspiriert gewesen sei, oder – noch schlimmer – eine Ankündigung seines bevorstehenden Ablebens war: „Jimi erzählte mir, daß 'Belly Button Window' von dem Baby handelt, das Mitch und seine Frau Lynn erwarteten. Er sagte immer, daß uns das Baby aus Lynns Bauchnabelfenster zusah."

Hendrix hatte viel Zeit im Electric Lady verbracht, um fortgeschrittene Songs zu Ende zu bringen, aber Demos wie z.B. „Belly Button Window" waren eher die Ausnahme als die Regel. Wenn er plötzliche Eingebungen hatte, nahm Jimi diese Ideen für zukünftige Arbeit aufs Band auf. „Bei sehr vielen Sessions kam Hendrix ohne Mitch Mitchell oder Billy Cox ins Studio", erklärt Dave Palmer. „Er nutzte die Zeit zum Komponieren. Es war nicht: 'Okay, das ist die Melodie für den Song, laßt uns anfangen.'. Es war viel mehr: 'Okay,

laßt uns ein paar Sachen machen und sehen, was wir haben."

„Wir hatten immer eine Half-Inch-Vier-Spur-Maschine mit aufgespanntem Tonband bereit stehen für den Fall, daß Jimi nur komponieren wollte", erklärt Kim King. „Anstatt es gleich auf die 16-Spur oder die Viertel-Zoll-Zwei-Spur Machine zu spielen, nahm er Demos lieber auf der Vier-Spur-Maschine auf. Seine ersten beiden Alben waren komplett auf Vier-Spur aufgenommen worden, so daß es für ihn ein Luxus war, so etwas zu haben."

Leider sind jedoch fast alle von Jimis Vier-Spur-Aufnahmen aus dem Electric Lady verschwunden – abgesehen von dem oben erwähnten „Belly Button Window". Deshalb weiß man nicht, wie die unfertigen Hendrix-Ideen „Locomotion", „Electric Lady – slow" oder „This Little Boy" klangen.

❐ Montag, 24. August 1970
New York, Electric Lady Studios. Toningenieur: Eddie Kramer. Zweiter Toningenieur: Kim King.

Ein weiterer Abend wurde dem Verbessern des „Dolly Dagger"-Masters gewidmet. Billy Cox spielte einen Verzerrer-Baß-Overdub – ein weiterer charakteristischer Akzent des Songs – während Hendrix an den letzten Gitarren-Overdubs arbeitete, die von Kramer später in der endgültigen Abmischung abwechselnd ein- und ausgeblendet wurden. „Jimi und Eddie ließen mir sehr viel Spielraum, um verschiedene Ideen auszuprobieren", erinnert sich Cox. „Ich nahm den Verzerrer-Bass-Overdub in einem Durchgang auf und punchte anschließend für eine einzelne Note nochmal ein, um sicherzustellen, daß alles stimmt."

Cox durfte bei der komplizierten Abmischung von „Dolly Dagger" auch einige Fader auf dem Mischpult bedienen. „Ich war im siebten Himmel", lacht Cox. „Eddie und Jimi nahmen mich in die Mitte, und ich kümmerte mich um das Fading, während sie über das Pult flogen, um abzumischen. Es war fantastisch."

Die Endabmischung des Songs wurde an diesem Abend vollendet und es entstand das später auf „Rainbow Bridge" veröffentlichte Master. „Dolly Dagger' war eine runde Sache", erklärt Kramer. „Es war gut geplant und durchdacht. Jimi beseitigte alles, was ihm nicht gefiel. Der Mix war fertig. Alles war in Ordnung. Der Sound der Leadgitarre war genauso, wie er ihn gewollt hatte. Der Baß hatte die richtige Relation zu der Gitarre, die wiederum die richtige Relation zum Schlagzeug hatte. Und seine Stimme war komplett auf Band."

Die Sessions in den Electric Lady Studios hatten Jimis Batterien wieder aufgeladen. Die allmähliche Rückkehr seiner künstlerischen Stärke zeigte sich sehr gut bei „Dolly Dagger": Für viele war der Song ein leuchtendes Beispiel dafür, was Jimi in dem neuen Studio erreichen konnte. Er hatte die besten Werkzeuge zur Verfügung und das kreative Ergebnis seiner Arbeit begann eindrucksvoll zu keimen. Leider wurde „Dolly Dagger" nicht mal einen Monat später durch Jimis plötzlichen Tod stattdessen zum Symbol unerfüllter Erwartungen, ein bittersüßer Ausblick auf das, was noch alles hätte passieren können. „Nachdem Jimi gestorben war", erinnert sich John Jansen „spielten wir sehr oft 'Dolly Dagger', besonders während anderer Abmisch-Sessions – einfach, um festzustellen, ob das, woran wir gerade arbeiteten, ähnlich klang." Für Kramer bestand der entscheidende Unterschied in der einzigartigen Perspektive, die Hendrix geschaffen hatte: „Immer wenn Jimi Hendrix da war, passierten besondere Dinge. Es war eine spirituelle Sache. Du hast in Jimis Gegenwart immer anders mit den Reglern gearbeitet, als du es getan hast, wenn du alleine warst. Er war sehr inspirierend."

Ob Jimi am 25. August gearbeitet hat, ist nicht dokumentiert. Falls er an diesem nicht im Studio gearbeitet hat, ist die Session vom 24. August Jimis letzte bekannte Arbeit im Electric Lady.

Historic Performances Recorded at the Monterey International Pop Festival
Reprise M 2029. US-Albumveröffentlichung. Mittwoch, 26. August 1970.

„Like a Rolling Stone"/ „Rock Me Baby"/ „Can You See Me"/ „Wild Thing"

Mehr als drei Jahre nach diesem Konzert-Meilenstein veröffentlichte Reprise diese Zusammenstellung der Auftritte von Hendrix und Otis Redding.

Abgesehen von „Wild Thing", das in dem Dokumentarfilm auftaucht, der auf dem Festival gemacht und später von ABC gesendet wurde, ist keiner der anderen Songs vorher veröffentlicht worden. Der Auftritt war hervorragend, aber die armselige Abmischung des Albums wurde den Songs nicht gerecht.

Durch eher bescheidene Werbeanstrengungen von Reprise unterstützt, zogen die Verkäufe des Albums erst nach Jimis Tod am 18. September 1970 an. Ende des Monats erreichte das Album seinen Höchststand auf Nummer 16 und blieb schließlich zwanzig Wochen in dem Album-Charts.

Der 26. August war auch der Termin für die öffentliche Einweihung der Electric Lady Studios. Für diesem Abend wurden keine Aufnahmen angesetzt; die Studio-Crew arbeitete fieberhaft an den Vorbereitungen für die Eröffnungsparty. Obwohl das Studio B noch nicht fertig war, steckte Shimon Ron etliche Kabel in das Mischpult, damit es so aussah, als sei das Studio voll funktionsfähig. Jim Marron überredete Hendrix mühevoll dazu, vorbeizuschauen, aber Jimi hielt sich stark zurück und stand meistens bei der kleinen Gruppe seiner Freunde herum. Die Party war ein durchschlagender Erfolg – die Gäste fielen über das Büffet mit japanischem Essen her und wurden mit Aufnahmen unterhalten, die vor kurzem im Studio gemacht worden waren. Abgesehen von Aufnahmen der von Michael Jeffery gemanagten Kunden wie die Patterson Singers und Jimmy & Vela, wurden auch einige neue Hendrix-Songs gespielt. „Wir stellten für die Party ein Tonband mit drei fertigen Abmischungen zusammen", erinnert sich Kim King. „Es wurde in dieser Nacht immer wieder gespielt."

Hendrix verließ die Party und flog nach London. Er kehrte nie wieder ins Electric Lady zurück. Jimi Hendrix starb am Freitag, 18. September 1970 in der Londoner Wohnung von Monika Dannemann. Die epochale Musik, die Jimi Hendrix in weniger als vier Aufnahmejahren erschuf, inspiriert und beeinflußt bis heute weite Teile der Pop-Musik.

„Voodoo Child (Slight Return)"/ „Hey Joe"/ „All Along The Watchtower"
Track Records 2095 001. UK 3-Song- Single. Freitag, 23. Oktober 1970.

Diese posthum veröffentlichte Single mit verlängerter Spielzeit vereinigt „Voodoo Child (Slight Return)" von der „Electric Ladyland" mit „Hey Joe" und „All Along the Watchtower". „Die Single war ein Tribut an Jimi", erklärte Daniel Secunda, Manager bei Track Records. „Wir kalkulierten den Kaufpreis der Platte so nahe wie möglich an den Herstellungskosten." Die britischen Plattenkäufer demonstrierten ihre ungebrochene Liebe und Sympathie für Jimi, indem sie die Verkaufszahlen der Platte in die Höhe trieben. Die Platte erreichte die Spitze der UK-Charts und lieferte Jimi posthum seine erste britische Nummer-1-Single.

The Cry of Love
Reprise M 2034. US-Albumveröffentlichung. Mittwoch, 5. März 1971. Produzenten: Jimi Hendrix, Eddie Kramer, Mitch Mitchell. Toningenieur: Eddie Kramer. Weitere Toningenieure: Kim King, Dave Palmer.

„Freedom"/ „Drifting"/ „Ezy Ryder"/ „Nightbird Flying"/ „My Friend"/ „Straight Ahead"/ „Astro Man"/ „Angel"/ „In from the Storm"

Trotz der Fortschritte, die während des Sommers im Electric Lady gemacht wurden, war das ganze Material, das Jimi aufgenommen, overdubt und abgemischt hatte, in höchst verschiedenen Stadien der Vollendung liegengeblieben. Hendrix hatte zwar bereits die Songs für das geplante Doppelalbum ausgesucht, doch er konnte wegen seines frühzeitigen Todes die Arbeit an dem Projekt nicht mehr vollenden.

Ende Oktober 1970 begann für Eddie Kramer und Mitch Mitchell der schmerzhafte Prozess, ein Album aus den hinterlassenen Tonbändern zusammenzustellen. Obwohl Hendrix sich auf das Doppel-Album-Konzept festgelegt hatte, wies Michael Jeffery Kramer und Mitchell an, zwei getrennte Alben zu konstruieren, von denen das eine als Soundtrack für den noch unfertigen Dokumentarfilm „Rainbow Bridge" dienen sollte.

Abgesehen von „My Friend" und „Ezy Ryder", waren alle Songs auf „Cry of Love" im Electric Lady aufgenommen worden – wobei „Ezy Ryder" im

diesem Studio durch die Aufnahme neuer Overdubs völlig umgekrempelt worden war. „Dolly Dagger" und „Room Full of Mirrors" wurden in letzter Minute für das bevorstehende „Rainbow Bridge"-Album zurückgehalten, die Perlen von Jimis neuen Material jedoch wurden abgemischt und für das „Cry of Love"-Album vorbereitet. Einige Songs wurden stärker aufpoliert als andere -"Nightbird Flying" und „Freedom" brauchten zum Beispiel nur geringfügige Nacharbeiten, während „Angel" und „Drifting" beträchtlich mehr Aufmerksamkeit erforderten.

Alle Beteiligten hatten diese Session als ein gespanntes, bewegendes Ereignis empfunden. Mitch Mitchell kehrte in Electric Ladys Studio A zurück und ersetzte all seine ursprünglichen Schlagzeug-Parts von „Angel". „Mitch saß im Kontrollraum, hörte sich Playbacks an, und ich fragte mich, ob er wirklich bei der Sache war", erinnert sich John Jansen, Tonassistent der Session. „Dann setzte er sich an sein Schlagzeug und verdoppelte seine ursprüngliche Schagzeuglinie in einem Take. Es war erstaunlich." Ich erinnere mich, daß wir ihm dafür Beifall klatschten", pflichtet Kramer bei.

Mitchells beherzte Arbeit, sagt Kramer, gab dem Track eine besondere Bedeutung. „Mitch hatte immer vorgehabt, die Tom-Toms mit Schlegeln zu overdubben, weil das ein Sound war, den wir besonders gut hinbekamen. Wir hatten diese Idee früher schon besprochen und waren alle – auch Jimi – der Ansicht, daß es dem Track gut bekommen würde. Deshalb hatte ich kein Problem damit, daß Mitch die Overdubs hinzufügte."

Mitchells Schlagzeug-Overdub für „Angel" verfestigte das bereits bestehende Rhythmusmuster. „Drifting" stellte sich als eine wesentlich kompliziere Arbeit heraus, der Song mußte von Grund auf neu aufgebaut werden. Der Basic-Track des Songs basierte auf der gemeinsamen Arbeit von Hendrix, Mitchell und Cox, seine zarte Melodie war degegen von nur zwei Gitarrenfiguren eingerahmt und durch aufwendige Einblendungen von Jimis rückwärts abgespielter Gitarre gestützt. Kramer schnitt Teile der Aufnahme vom 25. Juni mit denen des Masters vom 23. Juli zusammen, um den Basic-Track des Songs weiterzuentwickeln. Um den Gitarrensound anzugleichen, mußte Kramer improvisieren. „Eines Nachts arbeitete ich in Studio A an 'Drifting' und bemerkte, daß ich für diesen überaus wichtigen Lead-Rhythmus-Teil nur eine per DI (direkt in das Pult gespielt) aufgenomme Gitarrenspur zur Verfügung hatte. Jimi wollte ursprünglich einen sehr reinen Gitarrensound haben und hatte diesen Teil eigentlich nur als Guide-Spur aufgenommen. Es gab keine echte Verstärkerspur, also legte ich dieses DI-Signal durch das Cue-System des Studios in den Aufnahmeraum, jagte es über einen Transformator in Jimis Marshall-Stack und nahm den Sound per Mikro ab. Bis auf das Glimmen der Röhren im Marshall-Top waren alle Lichter im Studio ausgeschaltet und es klang so, als würde Jimi gerade über den Verstärker spielen. Die Hintertür des Studios stand offen und mitten in der Überspielung des Sounds auf das Band erschreckte Jimis kreischende Gitarre im Studio A einen Tonassistenten. Er rannte völlig verwirrt in den Kontrollraum, sein Gesicht war kreidebleich. Er war sich sicher, Jimi wieder spielen zu hören bis er dann mitbekam, was ich gerade machte."

Nachdem Hendrix' Gitarren-Tracks restauriert waren, erneuerte Mitch Mitchell seine Schlagzeug-Parts. „Mitch konnte bei dieser Art zu spielen richtig glänzen" erklärt Kramer. „Er spielte das perfekt, mit viel Beckenarbeit, Doppel-stops und synkopischen Betonungen. Eine großartige Vorstellung." Der Vibraphonist Buzzy Linhart wurde angeheuert, um mit seinem charmanten, geschmackvollen Overdub dem Song einen letzten Schliff zu verleihen. „Es war eine schwierige Session", erinnert sich Kramer. „Buzzy Linhart war todernst, wenn es um sein Spiel ging." „Eddie Kramer und Mitch Mitchell hatten mich angerufen und mir von dem Track erzählt, bei dem sich Jimi nicht ganz sicher gewesen ist, ob er die Grundakkorde von einem Vibraphon oder einer weiteren Rhythmus-Gitarre haben wollte. Sie fragten mich, ob ich diesen Song für sie spielen wolle. Es berührte mich tief, in dem Studio zu sein, das er gebaut hatte und dort sein Band und seine wunderbare Stimme zu hören."

Hendrix' frühzeitiger Tod bewirkte auch, daß Cox keine Anteile bekam, weil er nicht als Co-Autor geführt wurde. „Diese Songs sind Teil meiner Seele. Ich mochte die Kameradschaft und es machte großen Spaß, Jimi dabei zu helfen, diese Songs zu erschaffen – aber mein Name tauchte nirgendwo auf. Ich weiß, wenn Jimi leben würde, stünde mein Name bei einigen Songs dabei. Aber bei wem sollte ich mich beschweren? Mitch und Buddy können bezeugen, was ich alles beigesteuert habe, aber viel passierte auch unter vier Augen mit Jimi. Ich fühlte mich auch gekränkt, daß ich nicht gebeten wurde, mitzuhelfen, „Cry of Love" fertigzustellen. Ich habe vielleicht im Studio meinen Mund gehalten, aber das schmälert nicht meine Beiträge, die Jimi immer anerkannt hatte."

„The Cry of Love" wurde von Kritikern und Fans positiv aufgenommen. Das Album erreichte Platz 3 und blieb insgesamt 39 Wochen in den *Billboard*-Charts.

Gnade der frühen Geburt: Viele konnten Jimi Hendrix noch live erleben. Die später Geborenen müssen sich mit seinen Platten begnügen (siehe nachfolgende Diskographie).

(Willis Hohans jr./Bill Nitopi Collection)

Die Alben

Are You Experienced?

Track Records 612 001
Erscheinungstermin: Mai 1967
Produzent: Chas Chandler
Toningenieur: Eddie Kramer
Weitere Toningenieure: George Chkiantz, Mike Ross, Dave Siddle
Studios: CBS, DeLane Lea, Olympic, Pye, Regent (London)
Foxey Lady/Manic Depression/Red House/Can You See Me/Love or Confusion/I Don't Live Today/May This Be Love/Fire/Third Stone from the Sun/Remember/Are You Experienced?

Are You Experienced?

Reprise RS 6261
Erscheinungstermin: August 1967
Produzent: Chas Chandler
Toningenieur: Eddie Kramer
Weitere Toningenieure: George Chkiantz, Mike Ross, Dave Siddle
Studios: CBS, DeLane Lea, Olympic, Pye, Regent (London)
Purple Haze/Manic Depression/Hey Joe/Love or Confusion/May This Be Love/I Don't Live Today/The Wind Cries Mary/Fire/Third Stone from the Sun/Foxey Lady/Are You Experienced?

* Bei den hier aufgelisteten Platten und Bestellnummern handelt es sich ausschließlich um US-Veröffentlichungen!

Axis: Bold as Love

Reprise RS 6281
Erscheinungstermin: Januar 1968
Produzent: Chas Chandler
Toningenieur: Eddie Kramer
Weitere Toningenieure: George
Chkiantz, Andy Johns, Terry Brown
Studio: Olympic (London)
EXP/Up from the Skies/Spanish Castle
Magic/Wait Until Tomorrow/Ain't No
Telling/Little Wing/If Six Was Nine/You
Got Me Floatin'/Castles Made of
Sand/She's So Fine/One Rainy Wish/Little Miss Lover/Bold as Love

Electric Ladyland

Reprise 2RS 6307
Erscheinungstermin: Oktober 1968
Produzent: Jimi Hendrix
Co-Produzent: Chas Chandler
Toningenieure: Eddie Kramer, Gary Kellgren
Weitere Toningenieure: Tony Bongiovi,
George Chkiantz, Andy Johns
Studios: Olympic (London), Record
Plant, Mayfair, Bell Sound (New York)
And the Gods Made Love/Have You Ever
Been (to Electric Ladyland)/Crosstown
Traffic/Voodoo Chile/Little Miss Strange/Long Hot Summer Night/Come On
(Part 1)/Gypsy Eyes/Burning of the Midnight Lamp/Rainy Day Dream
Away/1983 (A Merman I Shall Turn to

Be)/Moon, Turn the Tides . . . Gently
Gently Away/Still Raining, Still Dreaming/House Burning Down/All Along the
Watchtower/Voodoo Child (Slight Return)

Smash Hits

Track Records 613 004
Erscheinungstermin: April 1968
Produzent: Chas Chandler
Toningenieure: Eddie Kramer, Mike
Ross, Dave Siddle
Purple Haze/Fire/The Wind Cries
Mary/Can You See Me/51st Anniversary/Hey Joe/Stone Free/The Stars That
Play with Laughing Sam's Dice/Manic
Depression/Highway Chile/The Burning
of the Midnight Lamp/Foxey Lady

Smash Hits

Reprise MS 2025
Erscheinungstermin: Juli 1969
Produzenten: Chas Chandler,
Jimi Hendrix
Toningenieure: Eddie Kramer, Dave
Siddle, Mike Ross
Purple Haze/Fire/The Wind Cries
Mary/Can You See Me/Hey Joe/All Along
the Watchtower/Stone Free/Crosstown
Traffic/Manic Depression/
Remember/Red House/Foxey Lady

(Eddie Kramer)

Band of Gypsys

Capitol STAO–472
Erscheinungstermin: April 1970
Produzent: Heaven Research Unlimited
(Jimi Hendrix)
Toningenieur & Remix-Überwachung:
Eddie Kramer
Hilfs-Toningenieure: Wally Heider,
Jimmy Robinson
Live-Aufnahme: Fillmore East, New
York, 1. Januar 1970
Bearbeitung & Mix: Juggy Sound
(New York)
Who Knows/Machine Gun/Changes/Po-
wer of Soul/Message to Love/We Gotta
Live Together

Historic Performances Recorded at the Monterey International Pop Festival

Reprise MS 2029
Erscheinungstermin: August 1970
Produzenten: Lou Adler, John Phillips
Toningenieure: Wally Heider,
Eric Weinbang
Live-Aufnahme: Monterey Pop Festival,
Monterey, Calif., 18. Juni 1967
Like a Rolling Stone/Rock Me Baby/Can
You See Me/Wild Thing

Woodstock

Cotillion SD 3500
Erscheinungstermin: Juni 1970
Produzent: Eric Blackstead
Toningenieure: Eddie Kramer,
Lee Osbourne
Live-Aufnahme: Woodstock Festival,
Bethel, N.Y., 19. August 1969
Star Spangled Banner/Purple Haze/In-
strumental Solo

Woodstock II

Cotillion SD 2400
Erscheinungstermin: März 1971
Produzent: Eric Blackstead
Toningenieure: Eddie Kramer,
Lee Osbourne
Live-Aufnahme: Woodstock Festival,
Bethel, N.Y., 19. August 1969
Jam Back at the House/Izabella/Getting
My Heart Back Together Again

(Richard Peters)

(Jim Marshall)

The Cry of Love

Reprise MS 2034
Erscheinungstermin: März 1971
Produzenten: Jimi Hendrix, Eddie Kramer, Mitch Mitchell
Toningenieur: Eddie Kramer
Weitere Toningenieure: Dave Palmer, Kim King, John Jansen

Weitere Toningenieure: Jack Adams
Studios: Electric Lady, Record Plant (Basic Tracks: Ezy Ryder), Sound Center (Basic Tracks: My Friend)
Freedom/Drifting/Ezy Ryder/Night Bird Flying/My Friend/Straight Ahead/Astro Man/Angel/In from the Storm/Belly Button Window

Experience

Ember 5057 (in den USA nicht veröffentlicht)
Erscheinungstermin: August 1971
Produzent: Jerry Goldstein
Co-Produzent: Chas Chandler
Live-Aufnahme: Royal Albert Hall, London, Februar 24, 1969
Sunshine of Your Love/Room Full of Mirrors/C# Blues (Bleeding Heart)/Smashing Amps

More Experience

Ember 5061 (in den USA nicht veröffentlicht)
Erscheinungstermin: März 1972
Produzenten: Jerry Goldstein, Chas Chandler
Live-Aufnahme: Royal Albert Hall, London, 24. Februar, 1969
Little Ivey (Little Wing)/Voodoo Chile (Voodoo Child Slight Return)/Room Full of Mirrors/Fire/Purple Haze/Wild Thing/Bleeding Heart

The First Great Rock Festivals of the Seventies: Isle of Wight/Atlanta Pop Festival

Columbia G3X 30805
Erscheinungstermin: September 1971

Produzent: Ted Macero
Toningenieure: Don Puluse, Stan Tonkel, Russ Payne
Live-Aufnahme: Isle of Wight Festival, 30. August 1970
Power to Love (eigentlich Message to Love)/Midnight Lightning/Foxey Lady

Isle of Wight

Polydor 2302 016 (in den USA nicht veröffentlicht)
Erscheinungstermin: November 1971
Produzent: Michael Jeffery
Mixing-Ingenieure: Eddie Kramer (Electric Lady Studios), Carlos Olms (Polydor Studios, London)
Live-Aufnahme: Isle of Wight Festival, 30. August 1970
Midnight Lightnin/Foxey Lady/Lover Man/Freedom/All Along the Watchtower/In from the Storm

Rainbow Bridge

Reprise MS 2040
Erscheinungstermin: Oktober 1971
Produzenten: Jimi Hendrix, Eddie Kramer, Mitch Mitchell, John Jansen
Toningenieur: Eddie Kramer
Weitere Toningenieure: John Jansen, Abe Jacob, Dave Palmer, Kim King, Tony Bongiovi, Gary Kellgren, Angel Balestier, Bob Cotto, Ron Beekman
Studios: Electric Lady, Record Plant (Ba-

sic Tracks: Star Spangled Banner, Room Full of Mirrors, Earth Blues), TTG (Basic Tracks: Look Over Yonder)
Live-Aufnahme: Hear My Train A Comin', Berkeley, 30.Mai 1970, erster Auftritt/Dolly Dagger/Earth Blues/Pali Gap/Room Full of Mirrors/Star Spangled Banner/Look Over Yonder/Hear My Train A Comin'/Hey Baby (The Land of the New Rising Sun)

Hendrix in the West

Reprise MS 2049
Erscheinungstermin: Februar 1972
Produzenten: Eddie Kramer, John Jansen
Toningenieure: Eddie Kramer,
John Jansen
Live-Aufnahmen: Berkeley, San Diego, London, Isle of Wight
Johnny B. Goode (Berkeley, 30.5. 70, erster Auftritt)/Lover Man (Berkeley, 30.5. 70, zweiter Auftritt)/Blue Suede Shoes (Berkeley, 30.5. 70, Nachmittags-Proben)/Voodoo Child (Slight Return) (Royal Albert Hall, London, 24.2 69)/God Save the Queen/Sgt. Pepper's Lonely Hearts Club Band (Isle of Wight, 30.8. 70)/Little Wing (Royal Albert Hall, London, 24.2. 69)/Red House (San Diego, 24.5. 69)

War Heroes

Reprise MS 2103
Erscheinungstermin: Dezember 1972

Produzenten: Jimi Hendrix, Eddie Kramer, John Jansen
Toningenieure: Eddie Kramer, John Jansen, Dave Palmer, Kim King
Weitere Toningenieure: Gary Kellgren, Tony Bongiovi, Bob Hughes, Jack Adams, Dave Ragno
Studios: Electric Lady, Record Plant (Basic Tracks: Izabella, Stepping Stone, Three Little Bears, Bleeding Heart, Tax Free, Izabella, Stepping Stone), Olmstead (Midnight), Olympic (Highway Chile, Tax Free)
Bleeding Heart/Highway Chile/Tax Free/Peter Gunn/Catastrophe/Stepping Stone/Midnight/Three Little Bears/Beginning/Izabella

Soundtrack Recordings from the Film: Jimi Hendrix

Reprise 2RS 6481
Erscheinungstermin: Juni 1973
Live-Aufnahmen: Berkeley, Monterey, Isle of Wight, Fillmore East, London, Woodstock (wie auch Interviews mit Hendrix und anderen Beteiligten)
Rock Me Baby (Monterey, 18.6. 67)/Wild Thing (Monterey, 18.6. 67), Machine Gun I (Isle of Wight, 30.8. 70)/Interviews I/Johnny B. Goode (Berkeley, 30.5. 70, erster Auftritt)/Hey Joe (Monterey, 18.6. 67)/Purple Haze (Berkeley, 30.5. 70, erster Auftritt)/Like a Rolling Stone (Monterey, 18.6. 67)/In-

(Willis Hogans Jr./Bill Nitopi Collection)

terviews II/Star Spangled Banner (Wood-stock, 19.8. 69)/Machine Gun II (Fill-more East,1.1. 70, erster Auftritt)/Hear My Train A Comin' (London, 19.12. 67)/Interviews III/Red House (Isle of Wight, 30.8. 70)/In from the Storm (Isle of Wight, 30.8. 70)/Interviews IV

Loose Ends

Polydor 2310 301 (in den USA nicht ver-öffentlicht)
Erscheinungstermin: Februar 1974
Produzent: Michael Jeffery
Toningenieur: Alev Trevor (John Jansen)

Co-Produzent: Jimi Hendrix,
Chas Chandler
Weitere Toningenieure: Eddie Kramer,
John Jansen, Dave Palmer, Kim King,
Gary Kellgren, Jack Adams, Tom Flye,
Bob Hughes, Dave Ragno
Studios: Electric Lady, Record Plant (Basic Tracks: Blue Suede Shoes, Jam 292),
Baggy's Studios (Burning Desire, I'm
Your Hoochie Coochie Man), Mayfair
(The Stars That Play with Laughing
Sam's Dice), Olympic
(Electric Ladyland)
Coming Down Hard on Me/Blue Suede
Shoes/Jam 292/The Stars That Play with
Laughing Sam's Dice/Drifter's
Escape/Burning Desire/I'm Your Hoochie
Coochie Man/Electric Ladyland

Crash Landing

Reprise MS 2204
Erscheinungstermin: März 1975
Produzenten: Alan Douglas,
Tony Bongiovi
Arrangeur: Brad Baker
Toningenieure: Les Kahn, Tony
Bongiovi, Ron Saint Germain
Studios (1974): Shaggy Dog (Stockbridge, Mass.), Track (Washington, D.C.),
Media Sound (New York)
Message to Love (Record Plant, 19.12. 69)/Somewhere Over the Rainbow (Sound Center, März 68)/Crash Landing (Record Plant, 24. und 29.4. 69)/Come Down Hard on Me (Electric Lady, 14.7. 70)/Peace in Mississippi (TTG, 24.10. 68)/With the Power (Record Plant, 15.5. 69)/Stone Free Again (Record Plant, 9.4. 69)/Captain Coconut (zusammengeflickte Teile von Original-Aufnahmen aus Electric Lady, Record Plant, TTG und Hit Factory)

Crash Landing
Unveröffentlichte Version

Crash Landing (H-256, Record Plant, 24.4. 69)/Somewhere (H-124, März 68)/Anything Is Possible (with the Power) (H-36, Record Plant, 21.1. 70)/New Rising Sun (H-264, TTG, 22.10. 68)/Message to Love (H-34, Record Plant, 20.1. 70)/Scat Vocal-Lead 1-Scat Vocal 2-Lead Vocal 2 (H-273, Hit Factory, 28.8. 69)/Stone Free (H-255, Record Plant, 7.4. 69)/Peace in Mississippi (H-282, TTG, 24.10. 68)/Here Comes Your Lover Man (H-248, TTG, 29.10. 68)

Midnight Lightning

Reprise MS 2229
Erscheinungstermin: November 1975
Produzenten: Alan Douglas,
Tony Bongiovi
Arrangeur: Brad Baker
Toningenieure: Les Kahn, Tony
Bongiovi, Ron Saint Germain
Studios (1974–75): Shaggy Dog (Stockbridge, Mass.), Track (Washington, D.C.), Media Sound (New York)
Trash Man (Olmstead, 4.4. 69)/Midnight Lightning/Hear My Train (Record Plant, 9.4. 69)/Gypsy Boy (Record Plant, 18.3. 69)/Blue Suede Shoes (Record Plant, 23.1. 70)/Machine Gun (Hit Factory, 29.8. 69; Record Plant, 23.9. 69)/Once I Had a Woman (Record Plant, 23.1. 70)/Beginning (Electric Lady, 1.7. 70)

Multicolored Blues

Unveröffentlichte Version
Seven Dollars in My Pocket/Hootchie Cootchie Man (Record Plant, 18.12. 69)/Midnight Lightning/Lee Blues (H-396, Hit Factory, 28.8. 69)/Izabella

(Willis Hogans Jr./Bill Nitopi Collection)

Blues (H-276, Hit Factory, 29.8. 69)/Blue Suede Shoes (H-38, Record Plant, 23.1. 70)/Farther On Down the Road (Electric Lady)/Winter Blues (H-309, Record Plant, 7.5. 69)/Slow Time Blues (H-39, Record Plant, 23.1. 70)/Blues for Me and You (H-242, Hit Factory, 6.9. 69)/Last Thursday Morning (H-83, Electric Lady, 20.7. 70)/Comin' Down Hard (Electric Lady)

Essential Jimi Hendrix Volume One

Reprise 2RS 2245
Erscheinungstermin: Juli 1978
Are You Experienced?/Third Stone from the Sun/Purple Haze/Little Wing/If Six Was Nine/Bold as Love/Little Miss Lover/Castles Made of Sand/Gypsy Eyes/Burning of the Midnight Lamp/Voodoo Child (Slight Return)/Have You Ever Been (to Electric Ladyland)/Still Raining, Still Dreaming/House Burning Down/All Along the Watchtower/Room Full of Mirrors/Izabella/Freedom/Dolly Dagger/Stepping Stone/Drifting/Ezy Ryder

Essential Jimi Hendrix Volume Two

Reprise 2293
Erscheinungstermin: April 1979
Hey Joe/Fire/Foxey Lady/The Wind Cries

Mary/I Don't Live Today/Crosstown Traffic/Wild Thing/Machine Gun/Star Spangled Banner/Gloria (Unveröffentlichter Studio-Track: TTG, 29.10. 68)

Nine to the Universe

Reprise HS 2299
Erscheinungstermin: März 1980
Produzent: Alan Douglas
Produktionsassistenz: Les Kahn
Toningenieur: Ron Saint Germain
Nine to the Universe/Jimi-Jimmy Jam/Young-Hendrix/Easy Blues/Drone Blues

Jimi Hendrix Concerts

Reprise 22306-1
Erscheinungstermin: August 1982
Produzent: Alan Douglas
Weitere Produzenten: Daniel Secunda, Albert Koski
Toningenieure: Bob Potter, John Porter, Les Kahn, Buddy Epstein, Rino Roucco
Live-Aufnahmen: Winterland, San Diego, New York, London, Berkeley
Fire (Winterland, 12.10. 68, erster Auftritt)/I Don't Live Today (San Diego, 24.5. 69)/Red House (Randall's Island, N.Y., 17.7. 70)/Stone Free (Royal Albert Hall, London, 24.2. 69)/Are You Experienced? (Winterland, 10.10. 68, erster Auftritt)/Little Wing (Winterland, 11.10. 68, zweiter Auftritt)/Voodoo Child (Slight Return) (Winterland, 10.10. 68,

erster Auftritt)/Bleeding Heart (Royal Albert Hall, London, 24.2. 69)/Hey Joe (Berkeley, 5/30/70)/Wild Thing (Winterland, 12.10. 68, erster Auftritt)/Hear My Train A Comin' (Winterland, 10.10. 68, erster Auftritt)/Foxey Lady (San Diego, 24.5. 69 — nur als CD Bonus-Track)

Kiss the Sky

Reprise 25119
Erscheinungstermin: Oktober 1984
Produzenten der Kompilation: Kevin Laffey, Chip Branton, Alan Douglas
Are You Experienced?/I Don't Live Today (Live-Aufnahme: San Diego, 24.5. 69)/Voodoo Child (Slight Return)/Stepping Stone/Killing Floor (Live-Aufnahme: Monterey, 18.6. 67)/Purple Haze/Red House/Crosstown Traffic/Third Stone from the Sun/All Along the Watchtower

Jimi Plays Monterey

Reprise 25358-1
Erscheinungstermin: Februar 1986
Produzent: Alan Douglas
Weiterer Produzent: Chip Branton
Originalproduktion: Lou Adler, John Phillips
Original-Toningenieure: Wally Heider, Eric Weinbang
Remix-Toningenieur: Mark Linett
Killing Floor/Foxey Lady/Like a Rolling Stone/Rock Me Baby/Hey Joe/Can You See Me/The Wind Cries Mary/Purple Haze/Wild Thing

Johnny B. Goode

Capitol MLP 15022
Erscheinungstermin: Juni 1986
Produzenten: Alan Douglas, Chip Branton
Remix Toningenieur: Mark Linett
Voodoo Child (Slight Return) (Atlanta Pop Festival 4.7. 70)/Johnny B. Goode (Berkeley, 30.5. 70, erster Auftritt)/All Along the Watchtower (Atlanta Pop Festival, 4.7. 70)/Star Spangled Banner (Atlanta Pop Festival, 4.7. 70)/Machine Gun (Berkeley, 30.5. 70, zweiter Auftritt)

Band of Gypsys 2

Capitol SJ-12416
Erscheinungstermin: Oktober 1986
Produzenten: Alan Douglas, Chip Branton
Hear My Train A Comin' (Fillmore East, 31.12. 69, erster Auftritt)/Foxey Lady (Fillmore East, 1.1. 70, erster Auftritt)/Stop (Fillmore East, 1.1. 70, erster Auftritt)/Voodoo Child (Slight Return) (Atlanta Pop Festival, 4.7. 70)/Stone Free (Berkeley, 30.5. 70)/Ezy Ryder (Berkeley, 30.5. 70)

Live at Winterland

Rykodisc RCD 20038
Erscheinungstermin: Mai 1987
Produzent: Alan Douglas, Chip Branton
Mixing-Toningenieur: Mark Linett
Prologue/Fire (11.10. 68, erster Auftritt)/Manic Depression (12.10. 68, zweiter Auftritt)/Sunshine of Your Love (10.10. 68, zweiter Auftritt)/Spanish Castle Magic (12.10. 68, zweiter Auftritt)/Red House (11.10. 68, erster Auftritt)/Killing Floor (10.10. 68, zweiter Auftritt)/Tax Free (11.10. 68, zweiter Auftritt)/Foxey Lady (11.10. 68, zweiter Auftritt)/Hey Joe (12.10. 68, erster Auftritt)/Wild Thing (12.10. 68, erster Auftritt)/Epilogue

Radio One

Rykodisc RCD 20078
Erscheinungstermin: November 1988
Produktionsüberwachung: Alan Douglas
Remix-Toningenieur: Mark Linett
Mono BBC Radio Recordings
Stone Free (13.2. 67)/Radio One (15.12. 67)/Day Tripper (15.12. 67)/Killing Floor (28.3. 67)/Love or Confusion (13.2. 67)/Catfish Blues (6.10. 67)/Drivin' South (6.10. 67)/Wait Until Tomorrow (15.12. 67)/Hear My Train A Comin' (15.12. 67)/Hound Dog (6.10. 67)/Fire (28.3. 67)/I'm Your Hoochie Coochie Man (17.10. 67)/Purple Haze (28.3. 67)/Spanish Castle Magic (15.12. 67)/Hey Joe (13.2. 67)/Foxey Lady (13.2. 67)/Burning of the Midnight Lamp (6.10. 67)

Red House: Variations on a Theme

Hal Leonard HL00660040
Erscheinungstermin: November 1989
Produzent: Alan Douglas
Red House (Berkeley, 30.5. 70, erster Auftritt)/(Electric Church) Red House (TTG, Studios, 29.10. 68)/Red House (L.A. Forum, 26.4. 69)/Red House (Randall's Island, N.Y., 17.7. 70)/Red House (Royal Albert Hall, London, 24.2. 69)/Red House (Winterland, 10.10. 68, erster Auftritt)

Lifelines

Reprise 9 26435
Erscheinungstermin: Dezember 1990
Produzent: Bruce Gary
(Radio Program)
Introduction/Testify/Lawdy Miss Clawdy/I'm a Man/Like a Rolling Stone/Red House/Hey Joe/Hoochie Coochie Man/Purple Haze/The Wind Cries Mary/Foxey Lady/Third Stone from the Sun/Rock Me Baby/Look Over Yonder (Mr. Bad Luck)/Burning of the Midnight Lamp/Spanish Castle Magic/Bold as Love/One Rainy Wish/Little Wing/Drivin' South/The Things That I Used to Do/All Along the Watchtower/Drifter's

Escape/Cherokee Mist/Voodoo Child (Slight Return)/1983 (A Merman I Should Turn to Be)/Voodoo Chile/Come On (Part I)/Manic Depression/Machine Gun/Room Full of Mirrors/Angel/Rainy Day Shuffle/Valley of Neptune/Send My Love to Linda/South Saturn Delta/Dolly Dagger/Night Bird Flying
(L.A. Forum Concert: 26. April 1969)
Tax Free/Foxey Lady/Red House/Spanish Castle Magic/Star Spangled Banner/Purple Haze/I Don't Live Today/Voodoo Child (Slight Return)/Sunshine of Your Love

Stages

Reprise 9 26732
Erscheinungstermin: November 1991
Produzent: Alan Douglas
(Stockholm, 5.9. 67)
Sgt. Pepper's Lonely Hearts Club Band/Fire/The Wind Cries Mary/Foxey Lady/Hey Joe/I Don't Live Today/Burning of the Midnight Lamp/Purple Haze
(Paris, 29.1. 68)
Killing Floor/Catfish Blues/Foxey Lady/Red House/Drivin' South/The Wind Cries Mary/Fire/Little Wing/Purple Haze
(San Diego, 24.5. 69)
Fire/Hey Joe/Spanish Castle Magic–Sunshine of Your Love/Red House/I Don't Live Today/Purple Haze/Voodoo Child (Slight Return)
(Atlanta, 4.7. 70)
Fire/Lover Man/Spanish Castle Magic/Foxey Lady/Purple Haze/Hear My

Train A Comin'/Stone Free/Star Spangled Banner/Straight Ahead/Room Full of Mirrors/Voodoo Child (Slight Return)

☐ Highlights von Hendrix als Gast und/oder Produzent

Lonnie Youngblood

Fairmont Records F-1002
Go Go Shoes/Go Go Place
Fairmont Records F-1022
Soul Food (That's What I Like)/Goodbye Bessie Mae

Isley Brothers

Atlantic 2263
Testify (Part I)/Testify (Part II)
The Last Girl/Looking for a Love
Atlantic 2303
Move Over and Let Me Dance/Have You Ever Been Disappointed?

Rosa Lee Brooks

Revis Records 1013
My Diary/Utee

Little Richard

Vee Jay 698
I Don't Know What You've Got but It's Got Me (Part 1)/I Don't Know What You've Got but It's Got Me (Part 2)

King Curtis

Atco 6402
Help Me (Part 1)/Help Me (Part 2)

Curtis Knight & the Squires

RSVP 1120
How Would You Feel/Welcome Home
RSVP 1124
Hornet's Nest/Knock Yourself Out

Get That Feeling

Jimi Hendrix Plays and Curtis Knight Sings
Capitol ST 2856
Erscheinungstermin: Dezember 1967
Produzent: Ed Chalpin
Toningenieur: Mickey Lane
Studio: Studio 76 (New York)
How Would You Feel/Simon Says/Get That Feeling/Hush Now/Welcome Home/Gotta Have a New Dress/No Business/Strange Things

Flashing

Jimi Hendrix Plays and Curtis Knight Sings
Capitol ST 2984
Erscheinungstermin: Oktober 1968
Produzent: Ed Chalpin
Toningenieur: Mickey Lane
Studio: Studio 76 (New York)
Gloomy Monday/Hornet's Nest/Fool for You Baby/Happy Birthday/Flashing/Day Tripper/Odd Ball/Love Love/Don't Accuse Me

Von den relativ wenigen Studio-Sessions, die Jimi gemeinsam mit Curtis Knight gemacht hatte, sind Hunderte Kompilationen zu sammengestellt worden - bei weitem zu viele, um sie hier einzeln zu erwähnen. Diese Bänder entstanden während diverser Sessions im Oktober und Dezember 1965, sowie am 17. Juli und am 8. August 1967. Produzent Ed Chalpin riß sich eine weitere Knight/Hendrix-Aufnahme unter den Nagel und benutzte sie als Backing Track für „Suey", eine obskure Single von der Schauspielerin Jayne Mansfield. Nahezu genauso viele Alben wurden aus den primitiven Aufnahmen von dem Konzert am 26. 12.1965 im George's Club 20, in Hackensack, N.J., sowie bei einem weiteren Gig in New York oder New Jersey (Termin unbekannt) zusammengestellt.

Drivin' South/California Night/On the Killin' Floor/What'd I Say/I'll Be Doggone/Bright Lights Big City/I'm a Man/Sugar Pie Honey Bunch (I Cant Help Myself)/Get Out of My Life Woman/Ain't That Peculiar/Last Night/Satisfaction/Land of 1000 Dances/UFO/You Got Me Running/Money/Let's Go, Let's Go, Let's Go/You Got What It Takes/Sweet Little Angel/Walkin the Dog/There Is Something on Your Mind/Hard Night

McGough & McGear

Parlophone PCS 7047
Erscheinungstermin: Oktober 1968

(Bob Oleson)

H E N D R I X

Produzent: Paul McCartney
Studio: DeLane Lea
So Much/Ex Art Student

Eire Apparent

Buddah Records 2011-117
Rock n Roll Band/Yes I Need
Someone

Eire Apparent

Sunrise
Buddah Records 2011-117
Erscheinungstermin: Mai 1969
Produzent: Jimi Hendrix
Studios: Record Plant (New York),
TTG (Los Angeles),
Polydor (London)
Toningenieure: Eddie Kramer,
Gary Kellgren, Tony Bongiovi
(Record Plant), Jack Hunt (TTG),
Carlos Olms (Polydor)
The Clown/Let Me Stay/Magic
Carpet/Mr. Guy Fawkes/Someone
Is Sure to (Want You)/Morning
Glory/Captive in the Sun/Got to
Get Away/1026/Yes I Need
Someone

Cat Mother & the All Night Newsboys

The Street Giveth . . . and The
Street Taketh Away
Erscheinungstermin: Juni 1969
Polydor 24-4001
Produzenten: Jimi Hendrix &
Cat Mother

Studio: Record Plant
Toningenieure: Gary Kellgren,
Tony Bongiovi
Bad News/Probably Won't/Track in a
(Nebraska Nights)/Favors/Can You Dan-
ce to It/Marie/Good Old
Rock'n'Roll/How I Spent My
Summer/Bramble Bush/Boston Burglar

Buddy Miles Express

Electric Church
Mercury SR-61222
Erscheinungstermin: Juni 1969
Produzent: Jimi Hendrix
Studios: Record Plant (New York), Mer-
cury Studios (New York)
Inkl. einiger von Hendrix
produzierter Songs
Miss Lady/69 Freedom Special/Destruc-
tive Love/My Chant

Timothy Leary

You Can Be Anyone This Time Around
Douglas Records I
Erscheinungstermin: April 1970
Produzent: Alan Douglas
Toningenieur: Stefan Bright
Studio: Record Plant
Live and Let Live

Lightnin' Rod

Doriella Du Fontaine
Celluloid/Douglas Records CEL-166
Erscheinungstermin: Juli 1984
Produzent: Alan Douglas
Toningenieur: Stefan Bright
Mixdown: Material & Dave Jerden

Studio: Record Plant (Basic Tracks),
RPM (1984 mixing)
Doriella Du Fontaine

Stephen Stills

Stephen Stills
Atlantic SD 7202
Erscheinungstermin: November 1970
Produzenten: Stephen Stills & Bill Hal-
verson
Toningenieur: Andy Johns
Studio: Island (London)
Old Times Good Times

Love

False Start
Blue Thumb BTS 22
Erscheinungstermin: Dezember 1970
Produzent: Arthur Lee
Session-Datum: März 1970
Studio: Olympic (London)
The Everlasting First

Ghetto Fighters

Ghetto Fighters
Unveröffentlicht
Produzenten: Jimi Hendrix & the Ghetto
Fighters (Albert & Arthur Allen)
Toningenieur: Eddie Kramer
Studio: Electric Lady

Danksagungen

Ohne die freundliche Hilfe und Unterstützung der nachfolgend aufgeführten Leute hätte weder dieses Buch, noch sein Gegenstück, „Hendrix: Setting the Record Straight", geschreiben werden können: Leslie Aday, Tunde und Taharqa Aleem (Albert und Arthur Allen), Carmine Appice, Dan Armstrong, Bob Babbit, Angel Balestier, Frank Barselona, Jeff Baxter, Danny Blumenauer, Tony Bongiovi, Joe Boyd, Stefan Bright, Al Brown, Terry Brown, Baird Bryant, Randy California, Jim Capaldi, Paul Caruso, Jack Casady, Ed Chalpin, Chas Chandler, Neville Chesters, George Chkiantz, Larry Coryell, David Crosby, Monika Dannemann, Lillian Davis, Spencer Davis, Leon Dicker, Alan Douglas, Andy Edlin, Tom Edmonston, Tom Erdelyi, Kathy Etchingham, Mike Finnigan, Robert Fitzpatrick, Tom Flye, John Gardiner, Jerry Goldstein, Michael Goldstein, Keith Grant, Gerry Guida, John Head, Michael Hecht, John Hillman, Duane Hitchings, Elliot Hoffman, Tom Hulett, Abe Jacob, John Jansen, Andy Johns, Glyn Johns, Les Kahn, Henry Kalow, Steve Katz, Linda Keith, Marta Kellgren, Kim King, Al Kooper, Howard Krantz, Bob Krasnow, Bob Kulick, Kevin Laffey, Joe LaNostra, Arthur Lee, Bob und Kathy Levine, Mark Linett, Emmeretta Marks, Jim Marron, John Marshall, Paul Marshall, Dave Mason, Roger Mayer, Paul und Linda McCartney, Jim McCarty, Eugene McFadden, Terry McVey, Buddy Miles, Jeff Miranov, Mitch Mitchell, Tom Moffat, Nigel Morgan, Juggy Murray, Graham Nash, Mike Neal, Stevie Nicks, Dave Palmer, Peter Pilafian, Ken Pine, Faye Pridgeon, Dave Ragno, Noel Redding, Bill Rich, Barry Reiss, Jim Robinson, Roland Robinson, Shimon Ron, Mike Ross, Tony Ruffino, Ron Saint Germain, Don Schmitzerle, Abby Schroeder, Alan Schwartzberg, Daniel Secunda, Mickey Shapiro, Linda Sloman, Joe Smith, Chris Stamp, Jeremy Steig, Mark Stein, Gerry Stickells, Stephen Stills, Bill Stoddard, Chris Stone, John Storyk, Ron Terry, Ed Thrasher, Velvert Turner, Willie Vacarr, Larry Vaughan, Jerry Velez, John Veneble, Johanan Vigoda, Chuck Wein, Steve Weiss, Judy Wong, und Herbie Worthington.

Besonderen Dank auch an Ilene Bellovin, Ben Dewey, Bruce Gary, Barry Gruber, Bob Elliott, James 'Zeus' Fahey, Andrew Johns, David Kramer, Steve Lang, Jeff Leve, Bill Levenson, Mark Lewisohn, Virginia Lohle, Jim Marshall, Colin Newman, Bruce Pates, Bruce Pilato, Jenifer Polenzani, Faye Pridgeon, Diane Quintana, Peter Shukat, Joe Sia, John Stix, Brad Tolinski/Guitar World, Ken Voss, und Herbert Worthington.

Ganz besonderen Dank gilt meinem Herausgeber Michael Pietsch, für dessen Geduld, sein permanentes Interesse und seinen Glauben in dieses Projekt.

Ihnen bin ich besonders dankbar: Felix Carcano für seine Freundschaft und Unterstützung. Vielen Dank auch an Chas, Madeline und die Chandler-Familie für ihre nette Gastfreundschaft wärend unseres Aufenthaltes in Culler-coates, Newcastle.

Jeff Gold von Warner Bros. Records verdient eine besondere Erwähnung, denn er unternahm jegliche erdenkbare Anstrengung, dieses Projekt zu unterstützen. Vielen Dank auch an Steve Lang und die komplette Mannschaft des Ton-band-Archives von Warner Bros. in Burbank, wie auch an Bill Levenson und Joe Palmaccio vom Polygram-Bandarchiv in Edison, New Jer-sey. Eddie und ich möchten ebenfalls Mark Linett dafür danken, Your Place und Mine Stu-dios für die Recherchen geöffnet zu haben.

Wir begrüßen die Unterstützung von Al Hen-drix, Janie und Troy Wright, Yale Lewis und Ka-ren Wetherell.

Etliche Interview-Stunden wurden von Geri Chapman transkribiert. Vielen Dank an Kathy Lowe, die uns ihren Computer geliehen hat und deren Drucker wir mißbrauchen durften; Bill Abbate für die Hilfe am Computer, sowie an Maura Griffins Cut & Paste Technologies, Inc.

Noel Reddings detaillierte Autobiographie, „Are You Experienced?" (gemeinsam mit Carol Appleby geschrieben) lieferte uns eine unbe-zahlbare Quelle. Die US-Chart-Positionen ha-ben wir aus Joel Whitburns „Billboard Top LPs", die UK-Charts stammen aus Paul Gam-baccinis, Jonathan Rices, und Tim Rices Wer-ken „British Hit Singles" und „British Hit Al-bums".

Dieses Buch wäre nicht realisierbar gewesen ohne die Hilfe von Peter Shukat und allen an-deren bei Shukat, Arrow, Hafer & Weber.

Ehre gebührt den vielen Hendrix-Archivisten, die uns Fragen beantwortet haben und Artikel, Fotos, Filme, Bänder und Erinnerungsstücke zur Verfügung gestellt haben, damit wir dieses Projekt verbessern können. Bob Elliott, Barry Gruber, Jeff Leve, Bill Nitopi, Bruce Pates, Bruce Pilato und Ken Voss haben sich für diese Pflicht krummgemacht.

Danke an alle, inklusive der McDermott-Fa-milie, und an all jene, deren Namen wir an die-ser Stelle vergessen haben. Viel Spaß!